大夏书系·全国中小学班主任培训用书

挑战班主任15项全能

郑学志/主编

它是班主任工作的"头脑风暴"
更是班主任的"成功导向图"

华东师范大学出版社
EAST CHINA NORMAL UNIVERSITY PRESS

图书在版编目（CIP）数据

挑战班主任 19 项全能/郑学志主编 . —上海：华东师范大学出版社，2010.9

ISBN 978 - 7 - 5617 - 8134 - 0

Ⅰ.①挑... Ⅱ.①郑... Ⅲ.①班主任—工作

Ⅳ.①G451

中国版本图书馆 CIP 数据核字（2010）第 193848 号

大夏书系·全国中小学班主任培训用书

挑战班主任 19 项全能

主　　编	郑学志
策划编辑	朱永通
审读编辑	周　莉
封面设计	李　妍
版式设计	朱静蔚
责任印制	殷艳红

出版发行	华东师范大学出版社
社　　址	上海市中山北路 3663 号　邮编 200062
网　　址	www.ecnupress.com.cn
电　　话	021 - 60821666　行政传真 021 - 62572105
客服电话	021 - 62865537
邮购电话	021 - 62869887　地址　上海市中山北路 3663 号华东师范大学校内先锋路口
网　　店	http://ecnup.taobao.com/

印 刷 者	北京密兴印刷有限公司
开　　本	700×1000　16 开
印　　张	18
插　　页	1
字　　数	251 千字
版　　次	2011 年 1 月第一版
印　　次	2019 年 11 月第 八次
书　　号	ISBN 978 - 7 - 5617 - 8134 - 0/G · 4746
定　　价	29.80 元

出 版 人	朱杰人

目 录

CONTENTS

第3项　干部建设：挑战班主任的组织能力

【焦点问题】如何创建一个自动化的干部体系

第4项　学习成绩：挑战班主任的治学能力

【焦点问题】学生成绩总是没起色，班主任该怎么办

第5项 班级活动：挑战班主任的策划能力

【焦点问题】学生对班级活动反应冷漠，班主任该怎么办

第6项 班风建设：挑战班主任的管理能力

【焦点问题】班上的风气总不正，班主任该怎么办

第7项 理想教育：挑战班主任的鼓动能力

【焦点问题】学生对未来没有一点渴望，班主任该怎么办

第8项 批评教育：挑战班主任的平衡能力

【焦点问题】**如何有效地批评学生**

第9项 上网指导：挑战班主任的引导能力

【焦点问题】**学生沉溺于网络，班主任该怎么办**

第10项 手机入校：挑战班主任的纳新能力

【焦点问题】**学生把手机带进学校，班主任该怎么办**

第 11 项　外号文化：挑战班主任的鉴赏能力

【焦点问题】班上流行外号风，班主任该怎么办

第 12 项　校园防暴：挑战班主任的斡旋能力

【焦点问题】学生之间发生暴力冲突，班主任该怎么办

第 13 项　班级失盗：挑战班主任的综合治理能力

【焦点问题】班上经常丢失钱物，班主任该怎么办

第14项 师生冲突：挑战班主任的协调能力

【焦点问题】师生发生暴力冲突时，班主任该怎么办

第15项 人际关系：挑战班主任的社交能力

【焦点问题】老师们为何总在人际交往中受伤

第19项 专业进修：挑战班主任的研究能力

【焦点问题】如何提升班主任的专业素养

万 玮

序　交流改变生活，研究提升你我
——写给我的团队"班主任工作半月谈"

◉ 高　飞

2003 年 8 月，当我从山东曲阜师范大学毕业，应聘到西藏林芝工作的时候，还是一位意气风发、准备在教育行业一展拳脚、为祖国边疆的教育事业添砖加瓦的热血青年！

在刚到单位时参加的第一次教研活动上，一位前辈就毫不客气地给我泼了一瓢冷水："这里不是干事的地方，是混日子的地方！小伙子，你慢慢就会明白了！"面对异化了的教研活动，我的心当时就凉了半截……

听课，当班主任……虽然我以这些方式努力去提高自己的专业水平，努力去提高教学质量，但任教三年后还是不幸地发现，理想的棱角已被磨平了大半。现在我再回过头去看，那几年竟然没有买过一本教育类书籍，没有订过一份教育类期刊，没有参与过一次正规的教育讨论会。我的精神领地日益荒芜，即便是在面对学生时，也只是"不求有功，但求无过"！

就这样持续了好几年。每次深夜梦醒的时候，我总会扪心自问：这就是你想要的、理想的教育生活吗？你就甘愿这样沉沦下去？这些问题总让我很痛苦。如果我甘心沉沦也就罢了，可是，我的心底却还存在着不甘的念头。

2008 年 5 月，这种状况终于得到了彻底的改变。我为了评职称开始在各种教育网站寻找教育类期刊的投稿信箱。就在那时，我认识了郑学志老师——一个被誉为"班主任民间领袖"的青年教师。他曾多次和魏书生、张万祥等名师一起给全国优秀班主任做培训，不到39岁就出版了25部教育教学专著！他告诉我："现在还上专业网站的老师，是有追求的老师，因为在实际工作和生活中找不到这种氛围，他们的心灵找不到真实的依靠，找不到团队感。但是在网上，他们可以。"这句话唤醒了我迷途的灵魂：我孤独、徘徊、挣扎，不就是因为心里还有梦吗？在他的指引下，我进入到班主任之友论坛、中国教师研修网、教育在线……我像刘姥姥进大观园——开了眼界。原来，班主任工作也可以做得这样精彩，也可以有如此广阔的发展空间。这里聚集了那么多对教育充满挚爱、充满理想、充满热情的教育工作者。

2008年6月30日，我们成立了一个民间研究团体——班主任工作半月谈。记得当时参加团队的第一次全体会议时，我心情很激动，敲击键盘的手是颤抖的，全身的血液是奔涌的，两个小时的时间转瞬即逝！"你的一生有我同行，让我们一起过一种幸福而完整的人本教育生活"成为我们团队的主题。我们以"每半个月研究班主任工作一个热点问题、每半个月举办一次专题学习"作为团队的活动方式。一些平时我们想见却见不到的班主任工作名家，如张万祥、熊华生、郑立平、万玮、李迪、钟杰等，也都相继在群内给成员免费上课，并与我们亲切交流，甚至为了给我们解答问题，他们有好几次都熬到深夜！夜风不觉寒，只因是春天，这让我们这群心灵焦渴的班主任，心里充满了惊喜。"周一七点半，我们不见不散"成为全体成员共同的期待。

张万祥老师说："世界就是这样，想不寂寞的人，常常终生寂寞；而甘于寂寞的人，却常常不寂寞。"在郑学志老师的带领下，我们群的成员逐渐从默默无闻的平凡的教师变成了不再寂寞的班主任。我们不仅自己开展讨论，还与全国各地一些具有远见的学校联合举办研讨活动。不久，《班主任之友》、《班主任》等杂志纷纷为我们开办专栏，《人民日报·平安校园》、《中国教育报》、《中国教师报》等70多家主流媒体纷纷刊登我们成员的作品，大家发表的作品总量达360余篇，华东师范大学出版社、万千教育、湖南师范大学出版社等相继出版了我们成员的专著共7部，我们为《班主任》杂志创办的专栏"我该怎么办"成为该杂志的金牌栏目，承担教育部全国班主任培训项目的中国教师研修网，专门为我们开通了视频会议室。

曾有人预言：QQ群这种民间研讨组织的寿命也就是一年左右，当最初的激情消退、各人沉沦于日常琐碎的工作之中时，也就是QQ研讨群消亡之日！可是，我们"班主任工作半月谈"团队的QQ群自创建以来，至今已经经历了几年的风风雨雨，不仅没有消亡的迹象，反而展现出更加盎然的生机和活力。2010年8月16日，我们在河南省济源市召开了全国首届班级自主教育管理论坛，18个省市的1500名教师参加了我们的会议，盛况可谓空前。

两年多来的团队活动让我收获颇多：近60次常规研讨树立了我的教育细节意识，读书会开阔了我的教育理论视野，名师讲座提升了我的思想境界，教育叙事和案例书写促进了我的专业发展，我从一个只为职称发表论文的功利主义者变成了一个自信的班主任工作者，我的作品也得到了全国各大班主任主流媒体的转载。团队交流改变了我的生活，团队研究改变了我的精神状态。团队中的兄弟姐妹无不感到生活充实和快乐。年龄最大的王莉老师快退休了，且已评上高级职称，可是，每次周一讨论她都一场不落，有时候连晚饭也顾不上吃，时间一到就坐在计算机旁开始研讨。用她爱人的话说，她又获得了第二次青春！

我们成员的老师们，也一个个从班主任工作半月谈团队的幕后走向了全国，钟杰（网名"艾岚"）在海南、江苏徐州等地相继开展演讲，而且每次开讲，场面异常火爆。2009年4月，《班主任之友》杂志常务副主编熊华生博士莅临团队讲课时，高度肯定了这种专业成长的方式，他说："班主任工作半月谈是一种非常好的研讨形式，选题非常好，坚持时间长，我每看一次，都会受到感动。《班主任之友》看好这种形式，这是网络时代班主任进修的好形式！"继我们"班主任工作半月谈"之后，依托班主任之友论坛，先后出现了王立文老师和周德明老师组织的

"910名师家园"团队，曹建英老师组织的"心灵有约"团队。我们都在寻觅一条班主任专业发展的通幽曲径。

这次，我们把两年多来研究的主要课题结集成"挑战班主任19项全能"交付出版，这是我们"班主任工作半月谈"QQ群的一件盛事，也是在新的网络形势下，班主任专业进修成果的一次展示。在书稿即将出版之际，我感慨万千，想起了这两年多来的700多个让人激动的日日夜夜，想起了参与我们研究的成百上千的班主任，想起了和我们联合研讨的学校，我更加坚定了自己所选择的道路。

现在，每逢周一的晚上，坐在计算机前，敲击着键盘，与志同道合的"战友"进行思想碰撞、经验交流已经成为我的一种习惯，成为我教育生命的一部分！

2010年9月于西藏林芝

第 **1** 项

新手接班：挑战班主任的开局能力

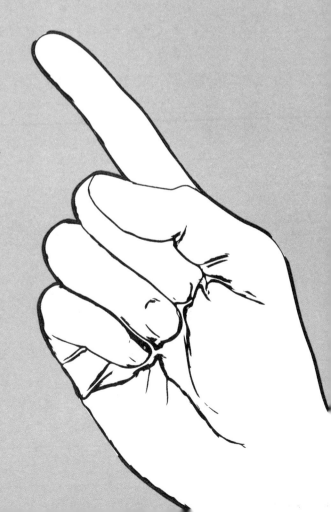

新班主任怎样做才能够 "一炮打响"

又到了新生、新教师入校时间，美丽的秋色已染上枝头。随着 "班主任工作半月谈" 在全国的影响越来越大，我们在全国两大班主任主流媒体《班主任之友》和《班主任》杂志上成功地开办了自己的专题讨论栏目。可以说，是我们 "班主任工作半月谈" 的努力才促成了这些专栏的开办。根据《班主任》杂志读者的反馈意见，我们主办的 "我该怎么办" 栏目已经成为该杂志最受欢迎的金牌栏目了。

今天，受《班主任之友》杂志社的委托，我们以 "新班主任的接班" 为主题举办了这次专题研讨。新手上路，开局很重要。第一次出演班主任的角色，怎样做才能 "一炮打响"，成功地上演一场漂亮的开场秀呢？下面，请让我们用一些成功的案例，与新班主任们一起来分享成功的经验。

1 新班主任要注意的六个细节

高 飞

一、把握好师生交往的尺度

亲其师才能信其道，新班主任上任，最难把握的就是与学生的 "亲" "疏" 的度。

有些新班主任在思想上尚未完成从学生到教师的角色转换，他们和学生走得过近，甚至以"哥们"相称、不分彼此。学生开始会很喜欢这样的老师，他们往往会很快打成一片，彼此十分喜欢。但当一部分要求较高的学生意识到老师应该有教育他们的责任之后，对老师的这种亲密感觉就和当初不一样了。

有一些年轻老师则走另一种极端：他们对学生很专制，在学生面前，总强调自己的老师身份，不给学生说话的余地，师生关系搞得极为对立。

二、千万不要装老成

新班主任刚走上工作岗位，总担心自己年轻，压不住台脚。因此，总喜欢装出一副老成相，什么事都照搬老教师的做法，甚至连说话的语气、走路的姿态都模仿得惟妙惟肖，成了名副其实的小"老"师。

其实，学生并不喜欢这些装出来的成熟，很多学生都很"狡猾"，他们一试探，就会知道这种伪装只是虚有其表。所以，初做班主任，最重要的是给学生一种真实的感觉，用自己的人格魅力去感染学生，用自己的高尚情操去温暖学生，这样学生才会信服你。千万不要装老成，老成是时间、阅历和修养积累的综合结果，而不是装出来的。

三、设置恰当的工作期望

初当班主任，有远大的目标和抱负，这是好事情。但是接班之后，往往会被许多纷繁芜杂的具体事务束缚了手脚。此时，如果看到别人对班主任工作驾轻就熟而自己却是焦头烂额，新班主任往往很容易犯自我否定的毛病，就会对自己的能力产生怀疑，从而降低工作积极性。

我认为，初做班主任，首先要对自己有个清醒的定位。如果把初当班主任当作是自己的学习机会，尽全力做好，而不强求完美，这样我们就不会因为工作比不上资深班主任而妄自菲薄。

四、可以学习名师但没有必要模仿

在名师的著作中，有很多教育的具体案例。一些年轻老师在阅读和学习的过程中，每每读到这些案例都会如获至宝。如果碰巧自己班级出现类似的情况，就会像套用数学公式一样，模仿名师的方法处理。可有时结果却与名师相差甚远，于是，他们就开始怀疑自己是不是当班主任的料，怀疑名师的教育方法是否真实。

齐白石曾说过："学我者生，似我者死。"这个道理在教育上也是一样的。忽略学生个体差异，忽视教师知识结构、性格气质等因素的不同，一味照搬照抄名师的做法是行不通的。新手做班主任，是要善于学习，但是不要模仿。一个充满个性的老师才是最受学生们欢迎的老师。

五、控制好自己的脾气

发脾气是年轻班主任容易犯的一个通病，每次谈到这一点我都会想起郑学志老师的一句掷地有声的话："发火只能说明老师的无能。"我的父亲在我即将走上工作岗位的时候，也曾经告诫我："一个受过高等教育的教师，如果被十几岁的孩子气得张牙舞爪、咆哮如雷，那么，在师生较量的过程中，你已经处于下风。"

在处理很多复杂的、不如意的事情时，新班主任要时刻记住：如果你想用发脾气的办法让别人屈服，我估计更多的时候，你会把简单的事情搞复杂。让自己的头脑冷静下来，把事件放一放，等理智重新占据上风的时候再来处理，这才是最好的策略。

六、坚持专业写作

专业写作虽然不能够让你马上成功，但是很多名师的成长之路，无一不是从坚持专业写作开始的。如郑学志老师目前已写了二十多部教育教学专著，李镇西老师出版了颇具影响的《爱心与教育》、《心灵写诗》、《做最好的班主任》，钟杰老师也是从《治班有道》和《教育西游记》开始被大家所熟知的。

专业写作不仅能帮助自己总结经验，提升自己的工作水平，而且能够将自己的教育经验推而广之使广大同行少走弯路，同时还能达到自我反思的目的，从而有效促进自己的专业成长。我相信，新班主任如果能够坚持专业写作，日后必定能很快发展。

新手接班提防三个误区

李靖华

一、别和学生走得太近

新班主任渴望被学生接受，希望与学生近距离地亲密接触，这本身没有错。但走得太近，也会产生负面影响。

小王老师初做班主任时，比学生大不了几岁。对工作满腔热忱的他很快与学生打成了一片，在校园和学生搭着肩膀边走边聊，甚至称兄道弟。惹得不少老教师心生羡慕，感叹"年轻真好"！

可是，由于小王老师在学生面前太过于随便，班级管理常常因为"讲人情"而难以为继，一些学生说起话来不分尊长、没大没小，根本不把小王老师交代的事情当回事，还在背后给他起了个外号叫"王二小"。最后，王老师在学生面前威信扫地，班级也管不下去了，学校只好更换了班主任。

二、穿着要得体

很多新班主任在接班之前，为班级的建设做了许多精心的准备，但却常常忽视了自己的形象。其实，班主任的形象对学生是有影响的，良好的形象对学生会产生着潜移默化的教育作用。

有些新班主任则相反，他们为了做学生喜欢的老师，往往在形象上下重工夫，常常是一身时尚低龄化的穿着。比如，有一位年轻的女教师，穿着打扮还停留在大学时代的风格，她的低腰裤虽然很流行，可是在板书时，抬高手臂，腰部便若隐若现地露出肌肤，惹得一些男孩子只看"风景"，忘了听课。

老师注意自己的形象是对别人的尊重，没有人喜欢邋遢的老师。但切记穿着要符合身份、环境，不要夸张，得体就行。其实年轻本身就充满魅力，青春永远是无法复制的美！

三、别只顾忙于管理而忽略了教学

小 A 大学毕业后来我校教数学。小伙子一表人才，学校领导委以重任，让他担任初一两个班的数学教学，外加一个班的班主任。小 A 工作很负责，但由于缺乏工作经验，他把大量的时间用在班级管理上，而在教学上的准备很不足。因此，他的课讲得平淡无味，教学效果也不好。结果，他的班统考成绩平均分比其他班级低了十几分。学生是来学校读书的，成绩不好，其他方面再好也打了折扣。小 A 的教训告诉我们：作为一个教师，得学会两手抓，既要把班主任工作做好，又要把课上好。千万不能顾此失彼，到头来赔了夫人又折兵。

3　老办法不能够偏废

钟　杰

一、充分研究学生

新手班主任开展工作，第一件大事就是要了解学生，研究学生，学生的姓名、年龄、兴趣爱好、成绩、思想品质、交友圈子、在家表现、父母文化素质及工作情况等信息，都要预先了解得清清楚楚。"磨刀不误砍柴工"，这句话你一定要相信！

二、占领教室这块"阵地"

班主任的"战场"就是教室，只要有空，就应该到"战场"上转转。如果你不身临其境，不用自己的眼睛来看，不用自己的耳朵来听，不用自己的心来体会，那么，要不了多久，你就会变成一个昏庸的"统帅"！

新学生到来之前，把这块地盘好好拾掇一下。把你的教育理念、你的一些"绝活"、你对学生的喜爱，变成看得见的教室文化。学生一来，一种安全感、归宿感，一种回家的感觉就会使学生很快爱上这个集体。只要学生把教室当作了他们的家，你这个"家长"就很容易被学生接受了。

此外，还要做一个有心的班主任。工作之余，把发生在教室里的故事写出来，利用班会课读给学生听，或者发给家长看。相信这件事绝不会白做，学生和家长一定会更加喜欢你！这个世界没有哪一个正常人会拒绝别人对他的好！

三、不要小看老班主任

年轻人，有热情，有干劲，但是往往会因为经验不足而吃败仗。所以，不要小视那些看来毫无朝气的老班主任。他们可能做事谨小慎微，但他们稳打稳扎；他们可能做事缺乏创新，但他们做事细心；他们可能不发奇招，但他们深谙人性；他们可能不受学生追捧，但学生往往敬服他们，家长看好他们。

年轻的班主任一定要为自己找一位堪称学习榜样的老班主任，请他做你的师傅，虚心地向他学习。我相信，你的年轻和激情，再加上冲劲，辅以师傅传授的丰富经验，你很快就会成为班主任中的佼佼者。

四、准备一个工具箱

年轻班主任因为缺乏工作经验，遇到很多突发性事件时，往往会临阵发蒙，手足无措。怎样做才能避免此种现象发生呢？我认为，为自己准备一个工具箱比较稳妥。这个工具箱里应该装有笔、笔记本、学生资料、学生家长的联系电话、附近医院的电话号码、保险公司的联系电话以及一些常规药物，如感冒药等。这样，即使有什么意外情况发生，也能够将损失控制在最低限度。

五、一颗爱心加一张甜嘴

马卡连柯说："爱是教育的基础，没有爱就没有教育。"要做一名优秀的班主任，爱心是最起码的元素。但是我也看到很多爱心十足的班主任经常在大庭广众之下用利剑剜爱心，学生看到的不是爱心，而是利剑。比如，学生在课上讲话,老师厉声喝道:"你给我滚!"学生恼羞成怒,回敬道:"滚就滚!"结果,班主任还得到处找"滚"了的学生。

新班主任在教学生做人时,首先要记得教自己说话。比如,学生不听课,你想让他难堪一下,可以这样说:"某同学,请你把注意力集中到课堂上来,好吗?"对于屡教不改的同学,你可用意味深长的语气说:"人,一撇一捺,顶天立地,所以我们要学会反思,不要被同一块石头绊倒……"

不同的语言,表达的效果是不一样的。我们不仅要拥有一颗爱心,还要拥有一张甜嘴。把带刺的话变成花儿送给学生,把批评的话涂满蜜汁送给学生,我相信,尝到甜头的学生一定会很乐意地接受你的批评的。

尽快度过"适应期"

徐大雄

一、学学老班主任的"土"

1998 年,我和一位姓梁的老师分别任初一两个班的班主任。开学之前,有老师告诉我,当班主任只要向梁老师学习就行了。可开学的那一段日子,我发现梁老师在学生管理方法上并没有什么奇特之处。如他每天清早总是亲自为学生打开教室的门锁,并与学生一起打扫教室卫生。我对此不太理解,不就是开门、锁门这样的小事吗?真是太不相信学生的能力了,我可不想像他那样自找苦吃。所以,我班上的钥匙,从来都是交给学生自己保管的。当时我为自己的这种安排而暗自得意。

一段时间之后,我开始感觉到梁老师班上的学生比我班上的学生"守规矩",两个班的任课教师也向我暗示:我班纪律与梁老师班上存在着差别——梁老师班上学生学风好,班风也比较正;一同打扫学校球场时,梁老师班上的学生打扫得一丝不苟,而我班学生则有点马虎。

有了差距,我赶紧向梁老师请教。我问他为什么要亲自参与班级事务?

他说："初一学生来自不同的学校，所以他们在小学时养成的习惯也是不一样的，为了让他们心中都有一个统一的标准，班主任应以身作则，为学生做出榜样，提高班主任在学生心目中的地位。班主任无声的行动，可以让孩子们认识到各项班级常规工作应该达到的要求，也可以成为教育学生的神奇力量，最终引导班级健康发展"。梁老师的一席话，让我加快了度过"适应期"的步伐。

二、不在冬天里砍掉任何一棵树

曾经有一位老教师给我们讲过这样一个故事：有一个长年在外的人，在冬天里回到了阔别多年的家乡。他看到了当年在院子里亲自栽下的那棵树，树已经长大，只是树上没有了树叶，树枝干枯了，树皮也剥落了。他有些伤感，以为这棵树已经死了，于是，他拿来斧子，将这棵树砍掉了。第二年春天，他发现自己砍掉的那棵大树，又从他砍剩下的树桩上长出了树芽。他很后悔，知道自己做错了。于是他对孩子们说："以后不要在冬天里砍掉任何一棵树。"

这个故事对我们新班主任做好工作很有启发。新做班主任，也要学会"不在冬天里砍掉任何一棵树"。因为学生在面对新班主任时，他们有可能会把自己"伪装"起来，不会轻易暴露自己的不足；另一方面，他们有可能采用一些"投石问路"的方式打探新班主任的能耐。还有一些学生，他们的优秀是逐步体现出来的，也许一个当初性格叛逆的孩子，最后会成为一个优秀的学生。所以，新班主任需要学会耐心的等待。

三、不要忘记你还有同事

作为一名新班主任，你所在的班级肯定有不少教育经验丰富的科任老教师，他们就是你依靠的重要力量。新班主任在班级工作中一定不要什么事情都自己扛着。一定不要忘记，你还有同事，要学会想办法发挥科任老师的积极性，主动征求科任老师对班级工作的意见，尽量想办法让科任老师参与班级管理。这样做能让你事半功倍。

如何发挥科任老师的作用呢？首先，要做科任老师的知心朋友，耐心地为科任老师服务。我初当班主任的时候，细到科任老师的粉笔、作业，我都一一关心。如果科任老师家里有需要我帮忙的事情，我都会尽力帮忙。因为我的贴心，科任老师特别支持我的工作。其次，要尽力维护科任老师的威信，绝不在学生中间讲科任老师的坏话。要知道，你没有维护科任老师的威信，他们也不会维护你的威信。第三，要学会协调科任老师之间的矛盾。不少学校的老师都很攒劲，常常给学生加课。那么，班主任就要协调好各科老师之间的时间安排，必要的时候自己要做出点牺牲。要知道，你帮助他们，他们也会尽力帮助你。即使他们只是为了上好你班的课，也是对你班级管理工作的支持！

"四个一"让我受益匪浅

高顺杰

一、做一个定位

郑学志老师说："做一个什么样的班主任，对我们的岗前准备及今后的发展方向至关重要。把自己定位成什么样的班主任，就会去做什么样的准备。如果是做一个保姆式班主任，那么，对于学生生活上的小细节就要事必躬亲，比如准备一个医药箱是很有必要的；如果是做一个放手型班主任，组织工作是第一位的；如果是做一个亦步亦趋的班主任，掌握学校评估要求是必要的；如果是做一个撞钟式班主任，那就什么也不要做。"

方向比方法更重要，选对方向，我们才会事半功倍。反之，付出再多都是做无用功。第一年当班主任，我对班主任工作的定位很模糊，主要是凭着热情和美好愿望去工作，事遂人愿的时候很少，更多的是被问题和困难搞得不知所措。

再当班主任，我不那么盲目了，根据我的性格特点，我把自己定位为一个平等亲和的班主任。尊重每一个学生，尽力去发现他们的优点，宽容地对待学生在成长中犯下的一些小错误，鼓励并指导他们在改正错误的过程中学会自我教育，同时积极探寻班主任的自身成长之路。一学年下来，师生共同成长的目标指引我取得了丰硕的成果。

二、拜一个师傅

现在不少学校都在推行"青蓝工程"，就是给新来的年轻教师指定一个师傅。初当班主任，如果我们能有一个师傅的引带，无疑是最幸福的。这个师傅可以是一个固定的老师，也可以是多个经验丰富的老师或者领导。创造性地吸收师傅们带班的成功做法，可以缩短我们成长的时间。记得我第二年当班主任的时候，年级组长恰好是我们政治教研组的同事，我虚心地拜他为师，无论是班级事务处理还是我个人的成长，都得到了师傅的悉心指导。

此外，我还参与了一个专门以班主任工作为研究对象的团体——班主任工作半月谈，在师傅郑学志的引领下，这里聚集了一批优秀教师。他们是我在班主任工作中的智囊团，遇到棘手的问题时，他们真诚的建议总让我茅塞顿开。

三、读一本好书

作为一名新时代的班主任，我们在工作中要能够扮演多种角色，包括教育管理者、学习指导者、学生的平等对话者、学习者、心理工作者、家庭教育指导者等。读一本好书，有助于我们有的放矢地开展工作。《班主任工作招招鲜》、《班主任工作新视角》、《做一个专业的班主任》、《给年轻班主任的建议》等都是非常优秀的班主任工作类书籍。在这些书中选择一本来精读，可以更新教育理念，感受带班智慧，领悟治班之道，创新工作思维，拓宽工作视野。

四、参与一个网络论坛

网络上的班主任论坛已经成为班主任专业成长的新途径，不少专业杂志的班主任论坛，如《班主任之友》论坛、中国教育在线论坛等，它们的注册用户已达数万人。网络论坛作为一个开放的交流平台，不仅资源丰富，而且使得班主任的学习方式便捷灵活，不受时间、空间、身份、年龄等限制。同时，它的互动性强、专业性强，在网络上与名师和专家直接对话，既可以学习个案中的教育经验，解决工作中的实际问题，又可以提高理论素养。

我在2008年接触班主任之友论坛后，通过与专家名师及广大一线班主任的交流，我逐步更新了自己的教育理念，提升了自己的教育技能，加快了自己的专业成长。

6　优秀是一种必然

马彩云

当班主任十几年了，仍不时忆起初当班主任时的情景：

只有两天就要开学了，前勤教师开会安排课务，领导告诉我，我被调到前勤了，而且让我当高二多种经营班的班主任。刚听到这话时我愣在那儿，半天没回过神来。因为我是非师范类毕业生，一直在后勤生产科研处工作，所以要我去上课，我不会。让我当班主任，更是不敢想象。

可不到一年的时间，我做出的成绩却让人吃惊。原本高一时班级学生和老师的关系势同水火，在我接手后却关系和谐；高一时士气低迷的现象，代之以如今振作、积极向上的班风；学生学习成绩也突飞猛进，每一科成绩都比平行班好很多。第二年，这个班被学校推荐评为国家级先进班集体。

一个毫无教育知识储备、毫无教学经验和班级管理经验的老师，如何一下子就成功了呢？做了十几年班主任之后，我悟出了一点门道：初当班主任时，尽管我没有很深厚的教育理论做基础，但是我凭借着直觉所采取的措施，因其符合教育基本规律而取得了好的效果。换句话说，第一年的"优秀"有其必然性。

第一，对学生付出全身心的爱。那时我每天脑子里想的、心里装的都是学生。我喜欢和学生们待在一起，甚至晚自习下课了还不舍得离去。因为爱，学生们特别喜欢我。

第二，用平等的观念管理学生。我那时不懂什么是民主带班，但我的天性中有一种很朴素的观念，即人与人之间是平等的。正因为骨子里的平等意识，使我在管理学生时，有事都是同他们商量，从不下命令，因此，他们特别听我的话。

第三，表露真性情。有经验的老师总能很机智地把自己的弱点藏起来，只向学生显示自己的强项。可我不会，我只会老老实实地把弱点暴露给他们。学生们喜欢我的率真，他们觉得我很真实，很诚恳。因此，当班上有什么事情时，学生们都会从老师的角度来考虑问题，很多别人看起来很复杂的问题在我班常常都能迎刃而解。

第四，与学生进行心与心的交流。我很善于察言观色，从细节去洞察他们的内心，如果有问题就及时加以疏导。为了便于和学生们沟通，我买了几十个笔记本，给每个学生写上一段话之后发到他们的手中。我渴望和他们进行心与心的交流，渴望建设一个和谐、快乐的班级。我的设想很快得到学生们的热情回应。以后的每个周末批阅学生们的心灵小语便成了我的习惯。这些措施不仅让学生感觉新鲜，还拉近了我和学生的距离，为我有效了解、教育他们提供了一个便捷高效的渠道。

第五，不计较个人得失。那时的我每天都呆在班里，和学生们粘在一起，不在乎学生占用了自己多少私人时间；学生有困难了，我立刻伸出援手，不在乎学生品行是否恶劣，是否值得一助；学校过节时发的食品大家一起吃，理发票大家一起用，不在乎是否能得到回报；我凭着善良的本性工作，不在乎学校如何评估排名，学生们说我是真心对他们好。

第六，坚持原则不溺爱。有一次因为几个关系要好的学生在扫完墓之后偷偷去爬山，我既着急又担心，晚上他们安全回来以后，我把他们狠狠训了一顿，还让他们每人抄《尊师手册》二十遍。学生们边抄我边哭，抄到半夜他们却没有一句怨言，还说让老师伤心了。因为我坚持原则，学生们对我都很尊敬。

第七，工作充满激情。那时我年轻又充满激情，有自己的想法，不喜欢受条条框框的约束，这正符合了十六七岁孩子的心理，他们视我为偶像，对于我的工作方式，他们都会接受。

第八，善于跟班学习。因为那时的我，没有任何班主任工作经历，所以我用心观察周围的老班主任是如何处理班级事务的。不适合我的就坚决摒弃，适合我的便拿来实践。至今还记得有一位老班主任说如果把班主任手册、成绩总表上的学生姓名顺序，报告单、信封的排列顺序，和学籍上的姓名顺序编排一致，会省去很多麻烦。我按照他说的做了，果然事半功倍，这个方法一直沿用到今天。

第九，课堂形象生动。虽然我做班主任之前从没进过课堂，也不知如何上课，但我成为班主任之后很勤奋努力，常常备课到深夜。加上我比较重视专业实践，上课前常常费尽心思找来各种实物或标本。因此，我的课上得非常形象生动，学生们学得兴趣盎然，认为我是一位好老师。当学生对老师信任和崇拜的时候，他们又怎能不认真学习呢？

佛说一切果皆有因，现在回头看看，我那时的工作方法，正因为合乎教育教学规律，所以，取得了理想的成绩。

做一个四勤班主任

李 程

刚参加工作那年，学校分来了 5 个年轻教师，全部安排做班主任。校长在班主任任职大会上对大家说："是骡子是马，拉出来遛遛。"

大家都明白这句话的意思，因此，在工作上都铆足了劲儿。这可害苦了我们这些新班主任，为啥？一切都不熟悉啊！请教老班主任？人家可是自己的竞争对手，怎么好意思开口。在种种压力之下，我通过实践最终摸索出了做好班主任工作的四个要诀。

一是勤看。看有关班主任工作方面的书籍和杂志，看别的班主任怎么做。学校给每个班主任订了全年的《班主任之友》杂志。印象很深的是两篇刊登在 1999 年第 7 期上的文章：张万祥老师的《知识经济时代呼唤创新型教师》，以及另一位老师的《慎待学生心灵中的敏感角落》。这些文章给我提供了有力的理论依据。

但是仅有杂志还不行，还得在实践中学。我那时有一个习惯，喜欢到别的班上去转转。我没有班主任工作经验，但我可以从经验丰富的班主任那里学习他的可取之处，通过观察其他班级的表现来获取有用的信息。于是，我常常凭借观察来"偷师学艺"。比如说三班这个星期开展了一个好活动，四班又推行了班级管理新办法，五班班主任开了家长会，六班全校卫生评比第一……我都会看在眼里，如果我觉得是有用的，马上就会运用到自己班上来。

这样的学习很有效果。不出半个月，我班的各项评估数据就上去了。校长在教工大会上点名表扬我是一个善于学习的老师，同事则调侃我说："防火防盗防李程。"后来，我的偷学经历就成了我的一块金字招牌，每次到区里、市里介绍经验我都乐于同大家分享！

二是勤动。新班主任要做好工作，就要做到嘴巴勤快一些——多和学生、任课教师谈心；脑子勤快一些——多想一些实用的办法；腿脚勤快一些——多和学生搞些活动；电话勤打一些——多和家长沟通。

我刚参加工作时，因为年轻，浑身都充满了劲，从不知道疲倦是什么感觉。那时候，天还没有亮我就起床了；下班后老师们都回家了，我还在办公室备课、给家长打电话、给孩子们写信……一同分去的几位老师笑话我"起得比鸡早，睡得比狗晚，吃得比猪差，干得比驴多"，可是，我心里感到很充实，一点也不在意。

因为我的勤快，我班的教室里没有一片纸屑，学校每次进行卫生检查，我班都是"样板单位"；因为勤快，我班没有一个家长没和我见过面，家长评估投票，我的满意票数总是遥遥领先；因为勤快，我班的科任教师跟我最亲密，每次接新班，总有老师跟我打招呼："李程，今年还是我们搭班……"这时候，我感觉自己是最幸福的人。

三是勤想。我这个人爱胡思乱想，我觉得思想有多远，人真的能够走多远。我喜欢阅读，常常在阅读中对自己的工作充满了遐想。读《斯特娜夫人的自然教育》时，我幻想着班上所有的孩子都是神童，我该怎样去叩开他们智慧的大门；读《卡尔·威特的教育》时，我会对所有智障孩子都充满希望，总想通过我的努力，使他们都能够看到希望之光；读《窗边的小豆豆》时，我的心灵变得格外澄澈，我相信每一个差生都是上帝派来的天使，淘气只是他们的另外一种聪明……

由于心里装了太多的梦想，我不甘心用传统的教育方法去塑造我班的孩子们。因此，我常常在班上推行一些能承载我的教育梦想的、新颖的管理方法。如"未来角色定位"——让每个孩子都做自己的主人、"纪律约定"——让教室成为孩子们的自由市场、"魅力课余"——让学校成为孩子留恋的天堂……这些做法都是我想出来的，在全校乃至整个学区都引起了很好的反响。接班没几年，我的班级就被评为长沙市雨花区"德育示范班级"。

四是勤变。教育是一项常新的事业，我们做老师的就要善于根据新的情况来改变自己。尤其是初当班主任时，更要善于在实际工作中，不断地调整自己的工作方式和方法，不断寻找最适合自己的工作策略。所谓穷则思变，就是在行不通的时候，我们不要"一条道走到黑"，该调整的时候，就要及时改变。

我现在很庆幸，当年我初当班主任的时候，就是这么做的。每过一段时间，我都要反思一下，这段时间的管理是否有效？还有没有更好的办法？有没有一种办法，可以给自己带来激情，给学生们带来好处？我总是这样不断思考，每有新的好的想法，马上就会在自己班上实践。因此，总有很多学生在家里评价我，说："李老师是一个会玩魔方的人，你永远不知道，她下一步还有些什么新点子。"正因为如此，我管理的班级充满了吸引力，很多孩子一到我班上，就不愿意再出去了。

如今，我先后获得了"湖南省优秀中队辅导员"、长沙市"科技辅导园丁奖"、"长沙市市级语文骨干教师"、"学科带头人"等荣誉称号，现在想起当年初当班主任时的情景，我心里仍充满了温馨。我相信，新班主任只要做到了上面四个勤字，一定能出色地管理好班级。

做好"今天"的新班主任

温爱娟

有个小和尚，负责每天早上清扫寺庙院子里的落叶。他想找个好办法让自己一劳永逸。有一天，他起得很早，来到树下使劲地摇树，他想这样就可以把明天的落叶一次性扫干净了。可到了第二天早上，小和尚起来一看——院子里依旧落叶满地。这时候，老禅师告诉他："每天都会有树叶落下来，你只要扫好今天的落叶就行了。"

初当班主任，我就像这个小和尚一样对未来感到有压力。看了这个故事之后，我明白了许多——班级每天都会有新问题，我用不着为将来的事情担忧，做好今天的班主任，就能够坦然应对一切。

一、体验职业幸福感——今天你笑了吗

做老师首先要热爱这份工作，这样才能真正体验到职业幸福感。郑学志老师在《班主任工作招招鲜》的第一节里，给新班主任如何才能愉悦自己提出了三点建议：

（1）每天起来，在自己脸上放一个大大的笑容，然后用阳光般灿烂的语气对自己说一声："今天又是一个很好的开始！"让自信与喜悦充溢自己的内心。

（2）搞好个人卫生，把自己的床上用品和洗漱用品摆放整齐，把自己打扮得积极向上、有活力。

（3）做一个处世积极的人，主动跟遇见的第一个人打招呼，把你的喜悦和快乐传递给别人。

我牢记着郑学志老师的建议，每天早上起来都会给自己一个快乐的心情，就像《十八岁的天空》里古越涛老师那样抛一枚硬币进玻璃瓶，暗示自己又开始了新的美好的一天。每天睡觉之前，我都会问自己："今天你笑了吗？"

学生喜欢开朗热情的老师。每天老师的脸上都挂着微笑，良好的心情

就会感染到大家，班级工作往往就能够很好地开展。

二、感受职业成就感——今天你按计划行事了吗

初做班主任，我学习了李镇西老师的依计划行事的工作方法。李镇西老师在每天睡觉前，都会把明天要做的事情写在一张信封上，到第二天每做完一件事情就勾去一件。每当我看着那么多要做的事情一件件地被自己勾去时，那种成就感油然而生。尤其是等事情全做完的时候，这种成就感会更加强烈。

后来，我又向郑立平老师学习，为班级和个人的成长制订长远计划。现在，我的班主任工作已经从模仿阶段，走向了创新阶段。我计划再用五年的时间，实现自己的班主任工作目标。

做一个有计划的老师，如果所有的工作都按部就班地展开，就不会因为工作多而乱了手脚。

每天都问自己一个问题："今天你按计划行事了吗？"我相信你每天都会过得非常充实。

三、锻炼职业技能——今天你进步了吗

学校里新来了一位大学生。主任问："学校缺计算机老师，你怎么样？""在电脑前时间长了会头疼！""教数学呢？""改作业太麻烦！""体育？""太阳晒多了对皮肤不好！""那你的强项是什么？"主任问，"我 KTV 控麦时间最长，肯德基雪球最多能吃 50 个……"

这个笑话除了映射出一些新人拈轻怕重、贪图享乐之外，还提出了一个很严肃的课题——新手如何提高自己的工作技能？

在日常工作中，我会做好下面六项具体工作：

（1）了解并记住所有学生的名字、爱好、生日、性格特点等，建立学生档案。

（2）钻研教材教法，写好学案，上好自己担任的科目课程。

（3）在开学初完成班级活动规划。

（4）创建良好的家长交流渠道，建立良好的家校关系。

（5）认真填写各种计划、总结、学籍、学生成长手册等。

（6）积极参与学校活动。

坚持一段时间之后，我发现，自己也能像老班主任一样游刃有余了。

四、提升工作境界——今天你思考了吗

新西兰物理学家卢瑟福是现代原子物理学的奠基人。一天深夜，他发现一位学生还在埋头做实验，便好奇地问："上午你在干什么？"学生回答："在做实验。""下午呢？""做实验。"卢瑟福不禁皱起了眉头，继续追问："那晚上呢？""也在做实验。"卢瑟福生气地说："你整天都在做实验，拿什么时间去思考呢？"

是啊，我们什么时候思考过呢？新手接班，往往有很多事情要做，于是有些班主任会借口工作忙，没有时间思考，因此，他的班级总是没有成绩。而有些班主任勤于思考，他的工作悠闲洒脱，但是成绩斐然。

工作仅凭热情还不够，还需要思考如何把我们的教育工作从体力劳动提升到脑力劳动上来。初当班主任的那段时间，我每天都会问自己："今天哪件事情做得欠妥，以后再次发生时该如何应对？哪件事情处得好，有什么成功之处？下一个'今天'要着重做哪些事情……"边想边记。很快，我就成为专家型班主任了。

从一个新手到成熟的教育工作者究竟要多长的时间呢？我的体会是，你只要做好今天，明天你就是一名教育专家。

为新班主任的成功奠基

郑学志

在班主任这个岗位上，时间不是成功的唯一条件。很多老师从担任班主任的第一天起，就极为精彩。但也有一些老师在班主任工作上出现过失误，就一辈子再也不想做班主任。正因为班主任工作的复杂性，我们在开

学之初安排了这次讨论，期待用这次讨论，为新班主任的成功奠基。

下面我对新班主任说几句心里话。

第一，不要害怕失败。每一条毛毛虫的心里，都有一个美丽的蝴蝶梦。刚开始做班主任，渴望成功固然好，但是也不要害怕失败。很多著名班主任，就是从失败走向成功的，如万玮、陈晓华等，他们第一年都做得不理想。从某种意义上说，失败比成功更具有指导意义，因为它能够促使班主任对自己的教育行为进行深刻反思，从而获得更深层意义上的成功。所以，我要给新班主任提一个建议：即使我们不是最优秀的，但我们可以努力做得更好，做最有潜力的班主任，也是一种成功。

第二，不能急于求成。教育是慢的艺术，急于求成往往会导致失败。初做班主任，每个人都想做得最好，于是，我们把工作的"弦"往最紧的标准绷，纪律要最好的，成绩要最优秀的，活动要最强的。但要求过高，措施过硬，愿望过强，往往会带来很多负面的影响，如透支了我们的体力和智慧，或使学生因达不到要求而自暴自弃。为避免这些现象的发生，我们就要学会耐心等待，坚信自己必将会走向成功。

第三，方法很重要。教育是艺术，也是科学，必要的教育技巧不可缺少。记得我初当班主任时，也会到处找一些技巧性的资料，来增加自己的信心。在这期讨论中，马彩云的《优秀是一种必然》、温爱娟的《做好"今天"的新班主任》等文章，从具体操作到宏观指导，都给我们做好班主任工作提供了很好的技术支持，很多方法都很详细，相信对我们新班主任开展工作定会有所裨益。

第四，定位不能缺。对班主任的角色怎么定位，将决定我们采取什么样的方式去开展工作。高顺杰结合自己的切身体会，形象地解读了角色定位给他带来的变化。在此，我不重复他的观点，我只提醒一点：班主任一定要坚持以学生为本。离开了这一点，我们所有的工作将会走上歧路。以学生为本，我们对自己的角色定位就会非常清楚：我们是学生的朋友、兄长、导师、重要他人……条条大路通罗马，高飞的六个细节，钟杰的对学生的研究，看起来方法不同，其实本质是一样的，都是围绕这几个角色展开工作，都是为了学生的成长服务。大道至简，一通百通，那些专制的、落后的做法，我们都将摒弃。

第五，成功在于细节。班主任在管理班级中有许多细节需要注意，如：

（1）多花时间深入班级。

（2）遇到困难时要学会求助。

（3）尽量和老班主任在一间办公室，学习他们的工作经验。

（4）千万别因为拼命工作而累垮了身体。

（5）一定不要忘记提高教学能力，在做好班主任之前我们可以先做个好老师。

（6）用细节感动学生和同事。

（7）集体活动要主动参与。

（8）永远不要忽略家长。

（9）规矩不要太多，但执行一定要严。

如同幸福不落实到柴米油盐上就不真实一样，班主任工作如果不落实到这些具体的细节上，我们的班主任也当不好。因此，务实的工作态度很重要，"做好'今天'的新班主任"，做好细节，对今后开展工作有着重要而深远的意义。

第 **2** 项

依"法"治班：挑战班主任的执政能力

焦 点问题

班规为什么执行不下去

自魏书生以来，用一纸班规就把班级治理得井井有条已经成为很多班主任梦寐以求的事。但是，不少班主任却惊讶地发现：不知道是班规"水土不服"，还是班主任不得要领，很多年轻班主任制订班规后却执行不下去，最后还得回到班主任一个人说了算的旧方法上去。

1 和学生一起制订班规

李　云

要想班规能够执行下去，老师必须要学会和孩子们一起制订班规，因为在制订班规的过程中，孩子们会切身地体会到：制订这个班规是为了给他们创建一个优良的成长环境，是为了给他们塑造一个良好的人格和高尚的心灵。这样，他们才能够忍受那些约束性条款，并且明白那些惩罚性措施是为了给他们弥补一些人性中的缺点，而不是为了整治他们。当孩子们的思想意识上升到这个高度时，他们执行班规时才会变成一种自觉行为。

在我班制订班规的时候，曾经发生了这样一个小插曲：

有一天早上，我发现暑假时才粉刷一新的楼梯过道的墙上，出现了四个醒目的鞋印。我暗自试了一下，除第一个鞋印处勉强能够用脚蹬上去之外，其余的三处根本不可能蹬得上去，因为它们明显高于正常人的肩膀。

我自思没有这样的能力，进了教室之后，我很谦虚地向学生请教：

"怎样才能够将脚印印到那么高的墙上呢？"

女生们很奇怪，我怎么会问这样一个问题，而几个男生则在偷偷地笑。过了一会儿，他们就说开了：其实他们早就看见了第一只脚印，那也许是哪位男生的一时兴起之作，想他能够蹬这么高的高度，也不枉"到此一游"了；第二只脚印绝对是脱下鞋子印上去的，印的时候也许他还很有成就感；第三只就不知道是怎么印上去的了。

"嘿嘿，第四只是脱了鞋子，踩到凳子上拍上去的！"说这话的时候，刘洪洋还有点洋洋自得。

我赶紧问："你怎么知道的？"

"那只脚印根本就是他的。"一个同学小声地揭发。刘洪洋嘿嘿地笑了几声，"而且第二只、第三只都是我们班上的学生印的，别的班上的同学根本不敢。"他终于讲出了真相。

"你们在印的时候，没有想到是在给我们的班级抹黑吗？这可是在我们教室隔壁的楼道墙上啊！"

"没有，我压根没有这么想过。我只是想，我比你们拍得高，我就有能耐，感觉就特爽。"刘洪洋老实地承认。我需要的就是这种开诚布公的班级工作氛围。我相信他讲的是真话，也许当初拍脚印的时候，他压根没有想到，这已经是违纪了，他只是"兴趣盎然"地比赛，更何况我们班的班规还在酝酿之中，这种行为受不到班规的约束。

我考虑了一会儿，学生讲了真话，我还要批评他们吗？批评他们，我又依据什么批评？现在班规还在酝酿中，于是我把问题抛给学生们，同时也说出了我的顾虑和想法。

班规尚未出台，就已经触及这样实质性的内容了，同学们讨论的热情很高：有的同学赞成给拍鞋印的同学一个警告处分；有的同学赞成责成他们恢复楼道的原状；有的同学则认为，关键在于惩罚印第一只鞋印的同学，不能把责任全推给后面的学生……

我问刘洪洋："你自己觉得该怎么办呢？现在班规中还没有明确该如何处理这类事情？"

"以后这块公共区的卫生就交给我管理吧。我保证以后不再出现这样的问题。"他很爽快地应话。

我表扬了他的坦率和勇敢，并且建议在班规中要把破坏公共区卫生的处罚措施写成"责成责任人恢复原状，并确保不再进行破坏"，以增加他们的责任意识。同学们都认为可行。

这时候，负责制订草案的唐远帆同学把班规草案送给我审查。我粗略地浏览了一下，条目众多，规定详细，学生们确实花了很多的精力。但我仔细查阅完这份班规后，心里总有些不妥的感觉。

我提了下面几个建议：

第一，一个小小的班规中共有49个"不"字、37个"扣"字、55个"监督执行"，然而却没有一个"奖"、"表扬"、"鼓励"、"提倡"的字（词）。学生们在这么详细严苛的班规下生活、学习、娱乐，就必须小心翼翼，不能犯一点点小错误。然而人无完人，我觉得可以允许学生出一点小错，因为教育就是一个改正错误的过程。如果学校对我们教师也有那么多的规定和处罚，我就会感到不自在。

第二，我感觉这份班规就是一份处罚条例。它只规定了什么不能做，违者就受到处罚。而在教育行为中，鼓励和适当的奖励会比单纯的处罚更有效。那么，这份以处罚为主的草案作为一份班规来说就显得片面了一点。

第三，我觉得学生们做错了一点小事，犯了一点小错，不一定非要有所处罚，只要他能认识到错误，并加以改正就行。他们需要的不是这个过于严厉的班规，这个班规迎奉老师的意图太明显，不是孩子们自己的制度，执行会有难度。学生们更需要一个能够正确引导、鼓励他们良好发展的制度环境。换句话说，他们需要的是一个能让自己信服的制度。

我提这些建议的时候，孩子们都显得很惊喜和兴奋，因为我给他们的制度，确实是他们需要的制度，他们没有理由不支持、不遵守。

故事的结尾是这样的：下午上读报课的时候，我发现刘洪洋等人已经把楼梯过道墙上的脚印擦去了，洁白的墙壁上，只留下少许灰白的浅印。我知道那纪念了孩子们这次的成长，任何成长的岁月都有些许依稀模糊的印记。

2 班规执行难的六个原因

高顺杰

我曾经在一个学年中三次制订过班规，可是每次班规执行不到一个月就"流产"了。是什么原因造成我班依"法"治班难呢？经过深入地思考之后，总结出以下六个方面的原因：

一、班规的制订缺乏民主基础

班规只是由班委会内部成员制订，而没有广泛地征求班级成员的意见和建议，所以制订出来的班规就只能够是小团体意志的体现，不能够代表广大同学的根本利益，不能激发出同学们的主人翁精神，更不用说提高同学们遵守和执行班规的自觉性了。

二、目的上急功近利

我们往往在班规中明确规定了对孩子们的违纪行为要如何进行处罚，而在教育引导、心理疏导、学生申诉机制等方面却疏于关注。这样的班规极其简单，是不负责任的，因而也是最低效的。十六七岁的高中学生，他们的心理发展状况还未达到成人的心理水平，犯一些小错误是正常的。对于他们所犯的错误，我们老师应该要帮助他们分析出错的根源，并提出预防和解决的措施，引导他们向健康的方向发展。然而我却在班级管理中颠倒了主次，忽视了思想教育在德育中的重要地位，忽视了教育的出发点，忽视了学生这个最大的实际，以至于班规的失败从一开始就注定了。

三、内容上缺乏人文精神

整个班规完全没有体现出班级文化的特色，也缺乏必要的文化精神作为支撑。没有人文精神在里面，这样的班规很难获得同学们对它的认同，它给人的感觉是冷冰冰的，是用来管理大家的，是要死死地限制大家活动的自由的。

其实，班规不是用来"整人"的，而是用来教育孩子们的。如果制度不能很好地用人文精神来丰富，那么它给人的感觉只能是"拒人于千里之外"，这样就很难让孩子们朝我们希望的方向发展。

四、执行上可操作性不强

这主要表现在班规缺乏一个操作的"度"，处罚措施过于单一，缺少层次感，不能更好地触及同学们的内心，因此也不能提高同学们对班规的敬畏感。我曾采用过罚做义务劳动来惩罚违纪的学生，但是我们学校劳动量不大，当违纪人数增加时，就根本达不到惩罚的效果。有时候违纪的学生多了，他们在一起反而很高兴，居然有一种"找到组织"的感觉。当学生都把惩罚当成一件快乐的事情时，那么，处罚要触及受罚者的内心，只能是一句空话。

五、推行时没有群众基础

我总结了过去几次班规施行失败的教训，发现总有一点是相同的——过于依赖班干部、过于相信学生的自制能力，而且在执行过程中缺少有效的监督机制，因此难逃"流产"的结局。班干部在执行过程中开始时还能秉公执法，但由于缺乏有效的监督，时间长了，当自己或关系要好的同学违纪时，难免不会出现有"法"不依的现象。而只要开了先例，形势就会急转直下。公平是制度的生命，如果学生第一次犯规和第二次犯规的处罚不一样，甲和乙的处罚不一样，就会降低制度在学生心目中的地位、降低制度的权威性。

六、贯彻上缺乏连续性

班规最忌讳的是朝令夕改，一个学年三次修订班规，打乱了班规执行的连续性，学生就会在这样混乱的规则面前无所适从。当规则可以如此随意地修改时，它的权威性也就一点点地消失了。

当违纪行为遭遇"法律空白"时

郑光启

不管规定是多么细的班规也不可能穷尽所有可能发生的情况，当学生的违纪行为遭遇班规"法律空白"时，我们应该怎么办呢？

下面这个故事值得大家借鉴一下：

英国法律规定：在皇家飞机场跑道附近扰乱飞行秩序的，构成犯罪。结果有一个被告在跑道当中扰乱了飞机的飞行秩序。他被起诉到法院，最后法院却作出了无罪判决，理由是："法律规定的是在跑道附近扰乱飞行秩序构成犯罪，这个被告并没有在跑道附近，而是在跑道当中。所以他的行为不符合扰乱飞行秩序罪的构成要件，无罪释放。"

我十分欣赏律师的辩护和法官的判决，法规制度就应该这样，丁是丁，卯是卯。当学生的违纪行为遭遇班规空白时，我们除了依照制度处理学生外，我们并不需要对学生进行更多的惩罚。制度欠缺的责任不应该由学生个人来承担；要承担责任，也应该是老师，因为我们老师事先并没有清楚地告诉学生，哪些事情不能做，哪些事情应该做。

我班上曾经发生过这样一件事情：

有一次，我班学生安丹丹偷偷地把她妈妈的手机带到教室里来，并在上课的时候拿出来玩，这件事被同学报告给我。

在制订班规的时候，我并没有想到七年级的学生会把手机带到教室里来，所以没有规定学生不能带手机到教室。这件事情该怎么处理呢？我把纪律委员找来，她是我们班的"法律专家"，能完整地背出任何一条班规，班规里一些漏洞也是她最先发现并建议修改的。我问她该怎么办？

她说可以按班规里有关课堂纪律的第一条"上课（晚自修）不准睡觉、说话、倒水、吃东西、听 MP3、传书、传笔、做小动作、随处走动、看课外书、不认真听讲"来处理，安丹丹把手机带到教室里，是在做小动作。

于是我把安丹丹叫到教室外面，问明情况属实后，然后对她说："按照班规处理。"

她一脸雾水："班规并没有规定不能带手机啊？"

我告诉她："我没有对你带手机的事进行处理。你没有认真听讲，在做小动作，按照班规关于课堂纪律的第一条，得写500字的'事件说明'。不过以后你最好还是不要带手机来教室，万一手机丢了就不好了。"

她想了想，班规中是有这么一条，也就接受了我的处罚决定，同时对我没有追究她带手机的事很是感激，表示以后一定认真听课，再也不会把手机带到学校来了。

后来，我们经过补充，在班规里明确规定："手机尽量不带进学校；如果父母允许使用手机，上课时间一律关机，更不得用手机玩游戏。"

4 唤醒心灵比履行制度更重要

高 飞

"老师，旭东要造反了。"

我心头一震，"这小子又惹什么祸了？"

"今天下午英语课，老师要求大家听写单词的时候不要抄袭他人的，更不要抄书作弊。但旭东在抽屉里翻开英语书作弊。于是，英语老师把他的书收上来，但旭东猛踹了一下凳子，就冲出教室，老师叫也叫不住，他出门的时候还把教室门摔的震天响。老师气坏了，直接把他的英语书从窗口扔了出去……"

从带班以来，短短三周的时间，旭东已多次触犯班规。罚过他值日，罚过他写情况说明书，甚至还罚过他在操场"锻炼身体"……办法用尽，效果却不明显。我在想班规对他究竟有没有约束力？

于是，我开始思考问题的症结所在。终于，我发现了一个问题：以前每次学生犯错，我们都是以处罚作为终点，从来没有想过，处罚之前我们需要做什么，处罚之后，我们还应做什么。这样的教育，因为没有触及学生的内心，所以很难帮学生改掉陋习。很多孩子犯错之后，很希望老师的惩罚早点来，惩罚完了，事情也就过去了。

我决定换一种方式来处理旭东这次的违纪行为。

第二天，我来到教室，在旭东座位前停了下来。旭东坐在位置上，他抬起头看着我，可能是在思考我站在这里的目的，看到我脸上的表情后又低下了头，手中不停地摆弄着圆珠笔。我知道他此刻心里肯定很紧张，又过了一会儿，我不动声色地走了出去。眼睛的余光里，我看见他长舒了一口气。

接下来的两天，我都在关键的时刻让他看到我，或者故意在他身边逗留。终于在第三天的时候，他主动跑到办公室找到我："老师，那件事情你就快点处理吧。"

"哪件事情啊？"我微笑着问。

"我听写抄英语书，还顶撞了老师……"

"不错啊，能够认识问题了，还有什么想法吗？"我鼓励他把自己的想法继续讲下去。

"我原来认为英语老师伤了我的自尊，但这几天我仔细想了想，我也伤害了英语老师的尊严。"他嗫嗫嚅嚅地说。

真没想到，旭东居然这么恳切地进行自我批评。"那好啊，能够认识问题了，就这样处理吧，跟我走。"我站起来，边说边往门外走去。

"高老师，去哪里？"旭东的声音里透着心虚："不会是去德育处吧？"

我"噗"地笑出声来："你的英语书不是没了吗，我带你去领一本新的英语教材。"旭东感激地跟在后边。一路上我又给他讲了一些平常他根本听不进去的道理，他竟然听得频频点头。领了书，临进教室的时候，他说了一句话："老师，以前给你添了很多麻烦，对不起！我一定会努力地学习，不会让你失望！"我告诉他，把这些话再去跟英语老师说一下。

我没有在形式上再处罚他。我想，我的做法已经在他的思想上引起震撼，这就够了。我们处理学生，不就是要唤起他们心灵上的顿悟么？他已经从骨子里认识到自己的错误了，我又有什么必要还要在形式上惩罚他呢？

后来，英语科任老师告诉我，旭东竟然主动找他道歉了。这次事件的处理效果让我深深体会到：依"法"治班，唤醒心灵比履行制度更重要！

5 班规之外更需要爱心与智慧

王　莉

初当班主任，我简单地认为，制订一纸班规就可以包治班级百病，就可以一劳永逸。多次碰壁之后，我深刻地体会到，教育是做人的事业，除了制订班规之外，我们更需要爱心和智慧。

一、班规之外更需要爱心

周一下午的班会课上，值周班长在对上一周的日常行为量化情况作总结。按照班规规定，排名后三名学生的情况要向家长通报，并且所在的小组也要承担帮扶责任。何舟所在的小组总分倒数第一，被罚做一周的值日。

可是，到了第二周、第三周，何舟依然上课说话、打闹、不交作业，量化总分依然是在最后三名之中。组长来诉苦："老师，把他调走吧，要不然我们组得天天扫地。"

看来，班规也不是万能的。像何舟这样的学生已经不能只靠简单的扣分、惩罚来管理了，他们的问题更需要班主任做深入细致的工作才能够解决。

于是，我把何舟作为重点突破对象。经过了解后我知道了他的家庭背景比较特殊，父母很早就离婚了，并各自组建了新的家庭，而且又都重新有了各自的孩子。可想而知，谁还有时间来管教这个孩子？谁还有精力来爱这个孩子？

所以，他父母的两个家他都不去，他跟着年迈的爷爷奶奶过。据说，他在小学时已经开始吸烟喝酒了，上课说话、下课吃零食、自习课下座位、不做作业、不穿校服、走路吊儿郎当，几乎学生能有的不良习惯在他身上全都能找到。这样的学生会把班规放在眼里吗？

我静下心来，思考着：缺失父母之爱的孩子最需要的是什么？——爱！于是，我真诚地给他写了一封信，我在信中说："平时批评你很多，可能你以为老师会很讨厌你，其实你是老师最心疼的同学……老师无法改变你的家庭，无法改变你的父母，但我想你可以改变你自己，你可以成为一个阳光男孩，朝气蓬勃地生活，勤奋刻苦地学习，快乐健康地成长。那将是一个多么可爱的帅小伙儿呀！"最后，我说"上天是公平的，当他让你另有所缺失时，一定会对你另有补偿——那就是培养你的独立、自制。我期待你秀出让人敬佩的风采。"

当他看到这封信时，这个"刀枪不入"的孩子掉泪了，第一次在我跟前低下了头。此后，他开始学习，期末成绩从年级的 754 名提升到 661 名，跨越了 93 名。

二、班规之外更需要智慧

现行的规则教育有一个明显的缺陷，那就是所有的制度都只能够针对孩子的具体行为做出规范，而对隐藏在孩子心里的思想问题，却无能为力。因此，我们班主任更需要在规则教育之外，用智慧来处理孩子们之间的许多思想小问题。

我们班有一群女生精英，全都是班干部，学习勤奋，在班里各有一群"粉丝"。不久，她们开始明争暗斗，拉帮结派，在班里涌起一股暗流。

该怎么办？用班规处理她们吗？我没有依据。我意识到，真正考验班主任能力的时候到了。正是这些班规无能为力的地方，才是最需要班主任运用教育智慧的地方。

于是，我用了两周时间，谨慎而严肃地处理这起事件，我把它列为"最影响班风的事件"。我在课下逐一找她们单独谈话，谈竞争、谈嫉妒、谈善良，也谈我对她们的喜欢和失望。谈话的时候，我常常把自己融入学生的角色中去，把自己设想成她们本人。我的话很能够打动她们，我和学生谈心经常是她们在流泪，我也在流泪。我告诉她们，人字一撇一捺，就是互相支持和依靠。因为有了团结和依靠，人才能够堂堂正正地做人。如果互相嫉妒、互相拆台，我把人的一撇撤掉了，人的另外一捺不就倒下去了吗？

但是在公开场合我对这件事却只字不提。为什么呢？因为学生的面子需要维护，班干部的威信需要维护。这些孩子，她们在班里还要领读英语，还要领操，还要做值周班长，我必须维护她们的威信。深入沟通之后，孩子们深刻地认识到心胸狭窄的害处，也深刻地认识到如何做好一个人。一个星期之后，问题顺利解决，大家也和好了。

作为一名班主任，我个人的体会是：我们需要依"法"治班，但是班规之外更需要我们付出爱心和智慧。

6 让低年级的班规"活"起来

温爱娟

小学低年级学生对制度的概念很模糊，他们天性好动、喜欢自由，规则对他们来说是一种束缚和负担。但是，集体化的生活和学习，又要求孩子从小就要接受规则教育。通过多年的探索，我摸索出了用童谣制订班规、用游戏推广班规、用"加法"养成习惯的办法，让那些死板的规则教育鲜活地"走进"学生的心里。

一、童谣让班规的形式"活"起来

童谣是中华民族文化宝库中的一颗明珠，许多人都是唱着童谣长大的。因此，用童谣编写班规，往往是学生喜闻乐见的，班规的推广也就轻松自如了。

比如，关于节约用水：

> 水龙头，哗哗哗，
> 小朋友们爱惜它，
> 不用水时关掉它。

关于上下楼梯：

> 上楼梯来靠右走，
> 下楼梯来靠左走，
> 遵守规则好队友。

关于课堂纪律：

> 铃声一响，要进课堂，
> 身体坐直，眼看前方，
> 学习用品，摆放桌上，
> 老师来了，问候响亮，
> 不吃零食，专心听讲，
> 可爱玩具，不进课堂，
> 回家以后，再去玩赏。

关于读书写字的姿势：

> 坐时身挺脚踏地，
> 读书写字三个一：
> 眼离书本一尺远，
> 胸离书桌一拳远，
> 手离笔尖一寸远。

这些班规编好之后，我利用课前 5 分钟、班会队会、早读、课间休息时间带领孩子们朗读背诵，还让孩子们说说是什么意思，应该怎么做等等。我发现，孩子们对这些童谣很喜欢，往往在入学两三个星期之后，就能够接受一些初始班规了。

二、游戏让班规的内容"活"起来

我曾经看见一个调皮的孩子，独自一个人站在操场上。我问他干什么，他说他被敌人俘虏了，地上的一个圈是牢房，他不能够走出去。我说，他们没有看见，你为什么不能够走出去呢？他说这是规定，如果他不遵守规定，以后就没有谁跟他玩了。

这件事给我的启示很深，可见孩子们的规则意识，是在和同伴的游戏中获得的。如果有谁不守规则，就会失去朋友，失去活动的机会。如果给我们的班规也赋予游戏特色，孩子们认识班规、遵守班规不是更容易了吗？于是，在此后的工作中，我就尽量想办法，用游戏来推广我们的班规，结合游戏，让班规的内容深入人心。

比如说"勤洗手脚，讲究卫生"这条班规，我给孩子们设计了一个游戏——苍蝇喜欢谁的手。我把孩子们排成一个圈，然后要孩子们闭上眼睛，把手举起来，一个小朋友抓着一只纸糊的苍蝇，发现谁的小手不干净，就黏着他不动。然后他发布号令："一、二、三，睁眼看！"有苍蝇的孩子就要被开除出圈子，除非他洗完手脚之后才能回到游戏中，否则就要靠边站。大伙谁都不愿意靠边站，所以洗手特别勤快。

三、"加法图章"让班级评估"活"起来

如何培养天性率直、淳朴的孩子的规则意识，让他们养成与人合作的社会习惯呢？我觉得"加法图章"是一个很好的办法。郑学志老师曾经说过："好习惯的养成靠的是一步一步地积累，坏习惯的改掉靠的是一点一点地消除。"

根据郑学志老师的观点，我在班上设计了一个"加法图章"，具体的做法是：我买了一些小印章，里面刻有"奖"字样，然后把班规分别印成卡片，开学初给每个学生分发一张。卡片的正面是班规，背面是空白的。每天下午放学时，根据学生一天的表现为他们在空白处印上"奖"字。如果哪个学生的卡片连续印够了十个"奖"字，就奖给一支铅笔或一本作业本；盖够了二十个"奖"字就给家长发一张表彰通报；盖够了四十个"奖"

字，就能够参加期末的三好学生评选了。

低年级的小学生极渴望得到别人的认同和赞赏，当他们看到同伴因为遵守纪律，或者积极回答问题而得到奖励时，就会纷纷效仿。我给孩子们提供了许多表现的机会。比如，课堂上小杰回答问题声音响亮，符合课堂纪律的要求，我就按照班规给他一个"奖"字印。看到小杰因为遵守了这条班规可以得"奖"后，其他小学生也会跟着效仿，那么，这条班规很快就能落实下去了。

童谣、游戏活动、"加法图章"，这三件宝贝让我的班规像春雨一样洒落在每一个孩子的心田，让他们从一个懵懂的孩子变成一个遵守纪律的小学生。

"法治"是班级民主管理的必然方向
——和郑学志老师聊班规

熊华生

郑学志是我国近年来异军突起的优秀青年教师，他的《班主任工作招招鲜》、《班主任工作新视角》出版后，旋即在全国引起了轰动。2008 年 4 月，在江苏"中国教育出版年度会展"上，这两本书以三天 6 万码洋的成绩，登上会展畅销书榜首，成为仅有的两本被《中国图书商报》点名报道的书籍。到目前为止，郑学志已经出版了 25 部教育教学专著，作品发行量突破 50 万册。在网上，人人都尊敬地称呼他为"郑师傅"，《中国教师报》、教师博览誉他为"班主任的民间领袖……教育痴人"。

今天，我就青年教师们普遍关心的班规问题，与郑学志老师进行了详细探讨。下面我把我们的谈话记录整理出来，与大家一起分享郑老师的班主任工作智慧。

熊华生：郑老师，据我了解，您是依"法"治班的倡导者，请问用"法治"的思想管理班级有什么好处呢？

郑学志：思想决定行动，观念决定成效，不同的管理思想就会带来不同的教育效果。我觉得传统的班级管理多属"人治",由于班主任的素质不同、水平不一,"人治"最大的缺陷就是班级管理容易因为老师的个人好恶和性格差异而造成学生成长上的不利。依"法"治班则不同,它建立的是一种理性的教育环境,即班主任的班级管理表现为一种规则意识、契约意识,班主任对学生的教育管理不再是以个人的好恶为转移,而是以制度为依据,更多地体现了现代教育的科学、民主、爱心和责任精神。

对班主任来说,依"法"治班最大的好处就是让学生学会自治,学会民主管理,从而让自己最大限度地解放出来,专心研究教育管理中的其他问题,避免自己成为学生的"高级保姆";对社会来说,依"法"治班最大的好处就是为我们国家培养了一大批富有科学、民主、爱心和责任意识的公民,他们从学生时代就认识到要建设一个和谐社会,人人都需要养成按规则办事的好习惯。

熊华生:依"法"治班的实质是什么?

郑学志:依"法"治班的实质就是在班上尽可能地推行民主管理,通过师生一道制订班规和遵守班规,形成一种新型的民主教育管理环境。在这种民主管理中,学生发挥主体作用,班主任只是其中一个遵守制度的成员,这在最大限度上体现了学生的自主管理要求。可以说,师生一起制订班规和遵守班规,是一种民主、自治和"法"治的先期操练,有利于培养未来公民的民主、自治和法治素质。

熊华生:请问在班规里,究竟是班主任大,还是班规大?

郑学志:提出这个问题,说明在我们现行的班级管理中,我们很多班主任还把自己凌驾于学生和制度之上。事实证明,当我们对学生进行一种不平等教育时,那种教育就是不成功的。在民主治班的理念中,制度是最高的。我们推行"依法治班",班主任就要接受班规约束。我研究了很多卓越班主任的班级管理工作,发现凡是成功的班级管理,都会对班主任有一种约束。比如说魏书生,就在自己班里设立了一个防止自己发怒的学生监督员;李镇西也在班规中明确规定,班规不仅仅是对学生有约束力,对班主任也有约束力,1987年11月29日,李镇西就成为自己班规的"处理对象"——他因为发火而违反了班规,被罚扫地一天。

我的班规也明确规定了班规对班主任也有约束力。我认为，制度是管理人的工具，对管理者没有约束，那是"人治"；制度高于一切，管理者与被管理者一样受法律的约束，那才叫"法治"。班规是一种"游戏规则"，如果对班主任没有约束力，班主任带头破坏这种规则，这个"游戏"在学生看来就一点也不好玩，就玩不下去了。

熊华生：在依"法"治班中，究竟谁是执"法"的主体？

郑学志：衡量一个班主任是否依"法"治班，只要看班规由谁来执行就可以了。由班主任来执行班规，班主任说了算，班级管理"最终解释权"在班主任，这还是"人治"，换汤不换药。真正的依"法"治班，应该是班规赋予了谁某一个部分职权，他就只拥有那部分权利。依"法"治班的主体应该是全体同学和老师，每人按照班规履行自己的"那一部分"职责，这才是真正意义上的"法治"。也只有这样，才能够真正地调动学生参与班级管理的积极性，才能够真正地让学生进行自治自律，学会自我管理。

熊华生：我看了许多班主任的班规，发现它们基本上都是一个处罚细则，对这种班规您是如何看待的？

郑学志：没有惩罚的教育是不完全的教育，我向来认为，只要有制度，就一定会有违反制度的惩罚。但是，我反对把班规搞成处罚细则。我认为班规最重要的功能还是教育功能，它通过我们主张什么、提倡什么来教育和引导学生。所以，班规里的处罚条款，更重要的功能应该是唤醒孩子对错误言行的认识，而不是机械地对孩子进行处罚。如果班规里的处罚细则太多，像刑法一样让人战战兢兢，对孩子的教育意义就不大。

班规中一个重要的精神应该是奖励，通过奖励来表达我们对大家未来的期望。事实上，在教育行为中，提倡、鼓励和适当的奖励往往会比单纯的处罚更有效。不知道大家有没有注意到，在那些成功的教育名家的班规中，是没有惩罚细则的，如魏书生的班规基本上就是一个岗位职责，外加各种"常规"，什么一日常规、一周常规、一月常规、一学期常规，重心放在明确任务，引导生活上。

因此，班规不能仅仅只表现为奖惩条例和量化规则，更多地，班规应该是美好班级生活的保障，或者是通向美好班级生活的桥梁。

熊华生：当学生的违纪行为遭遇班规"法律空白"时，该怎么办？

郑学志：过去我们有一个错误的观念，认为制定制度的目的仅仅是为了管住人。其实，一个好的制度，不仅仅能够管理人，更能够发展人。当我们的制度遭遇到"法律空白"时，这是对学生进行规则教育的极好机会。我们要通过和学生讨论、补充班规，让学生接受正确的规则教育。让所有孩子都认识到，规则是我们这个契约社会必不可少的"法则"，每个人都必须接受规则的束缚。同时，规则还应该为人服务，当班规遭遇"法律空白"时，要学会完善我们的"法律制度"。

在这个问题上，老师中可能有两种极端，一种是"消极法律派"，他们认为既然班规里没有，我们就不应该对学生进行相关处罚，这是典型的教条主义；一种是"强权派"，他们主张先给学生以处理，然后再解释为什么，并把这些意见补充进班规，这实际上是"人治"。我认为这两种方式都不是很正确，最好的办法是借鉴法律上遭遇空白时按照立法精神（或者立法原则）来处理，即按照我们的班规所提倡的方向来处理。打个比方说吧，现在很多学生使用手机，这个手机能不能够带进课堂？原来在班规中没有明确，现在该怎么办？我认为最好的办法就是看看我们制订班规的目的是什么。如果我们班规的"立法精神"是维护一种安静、协作的学习环境，那么，我们就可以要求学生：你们可以使用手机，这是你个人私生活的权利，但是，在进入教室后，你的手机必须处于关机状态，在寝室里，你的通话不能够影响其他人休息和生活，更不能够用手机来玩游戏。

在我们这次组织的稿件中，我觉得郑光启老师的做法也值得借鉴：当学生违纪行为遭遇"法律空白"时，使用相关规定来处理，这也是一个不错的处理方式。

熊华生：班规具体制订时应该遵守什么原则性的要求？

郑学志：班规制订的原则应该是民主、科学、实用和具有教育意义的。民主和科学就不用解释了，实用性原则实际上就是一个可操作性原则，如果你的班规不利于操作，那这个班规就不可能坚持下来。比如说我们制订班规的时候，不能够空洞地提出要爱祖国、爱人民，但谁能够指责我不爱祖国、不爱人民呢？这一点就没有可操作性。

制订班规的主要目的是教育孩子，让孩子学会自我教育、自我管理，因此，教育性要求，应该是所有班规的最终目的和根本要求。

熊华生：当班规遭遇到学生的强烈抵触时，该怎么办？

郑学志：班规遭遇抵触，说明我们制订班规的过程还不是很民主。我们大家制订班规的时候，不要自我感觉良好，要注意孩子们的感受。当我们的班规只是体现老师的要求而不是体现学生自己的切身利益时，制订出的班规对孩子们来说就是一种束缚，执行起来当然就会有抵触情绪。

一个好的班规应该是孩子们自身的迫切需要，是他们为自己的美好生活环境制订的一个强有力的保障，而不仅仅是班主任的意见和要求。当我们的班规遭遇到学生的抵触时，我们就要反思一下，是不是我们班规制订的过程不民主，是不是我们的班规内容没有体现最广大学生的意志？如果是，我们需要修改，甚至是重新制订班规，而不是死命维护。

熊华生：严格执行班规，就能够确保班级管理成功吗？

郑学志：一般来说，班规只是对具体行为的一种约束和引导，对于学生的思想工作和道德方面的问题，我估计还没有哪一个班规能够明确地进行量化处理。比如说谈恋爱这件事情，班规不允许，可以写上具体条款；但是正确的人生观、爱情观，却需要班主任进行进一步的教育。我们要注意用思想教育去解决班规条款所不能够解决的问题。

尽管班规不是包治百病的良药，但是依"法"治班，依然是班级科学管理的根本所在，对于这一点，我想我们的年轻班主任毋庸置疑。

熊华生：有些班主任模仿军规和乡规民约制订班规，请问您如何看待这种做法？

郑学志：无可否认，军规和乡规民约在特定范围的人群管理中具有很大的成功性，尤其是军规，以其严肃、雷厉风行和绝对执行的特点，已经成为制度管理的典范。

但是，班规和军规、乡规民约还是有很大的区别的。从制订的过程来看，军规要求的是绝对服从，它强调的是一种职责，是下级对上级命令、指示的无条件服从；它的制订是由上而下的，体现了国家对军人的要求，从它诞生的第一天起，就无可避免地带有强烈的强制性。乡规民约则不同，它是在法律允许的前提下，尊重社会风俗、尊重社会道德、尊重历史习惯，群众自发地、由下而上制订的一种共同规则，它的最高权力机构是村民大会；在村级干部海选的政治背景下，乡规民约的制订是民主的。但是，乡规民约内容简单，缺乏违约惩罚机制，它更多的是一种社会道德、风俗的提倡，而非严格意义上的管理方案。而班规则介于两者之间。班规的诞生虽然也经历了民主产生的过程，但是在诞生的过程中，它一直离不开班主任的指导，因此，班主任已经有形无形地把自己的班级设想、班级管理经验和师生行为标准，无形地传达给了学生。因此，班规不是绝对的民主，也不是绝对地集中，它是军规和乡规民约的优点的最理想结合。

熊华生：班规是刚性的、严肃冷静的，而爱是柔性的、亲切温暖的，有些班主任认为，依班规治班就是对爱的最大排斥，请问您是如何处理班规和爱心这两者之间的关系呢？

郑学志：教育是爱的事业，没有爱就没有教育，可以说爱是教育的灵魂。一个不爱学生的老师，无论他是多么能干，多么有学问，我对他是否能够教育出卓越的学生表示怀疑。相反，一个热爱学生的老师，他总会不断探索教育学生的最佳途径，因为有爱，他会把教育事业做得有声有色。

但是，我们也要清醒地认识到，爱并不是教育的全部，爱不能够解决教育的一切问题。很多时候，我们对学生的爱并不能够感动他们，甚至，我们的溺爱和放任往往还会害了他们。这时候我们就需要制度，需要一个包含爱、体现爱的制度来给爱导航。制订班规，就是为我们在爱孩子和给孩子自由之间寻找到一个科学的制衡点，即我们的爱也需要约束，我们不能够因为爱而放弃了严格的要求和严肃的纪律。如果因为爱而放弃我们对孩子的要求和约束，我们就成了教育的罪人。

我认为，一部公正的法律恰好体现了人间的大爱，对违法行为的约束，其实就是对合法行为的呵护和爱惜；对强暴行为的约束和控制，就是对弱势群体的爱护。同样的道理，我不认为班规是对爱的制约，恰好相反，我认为一个合理合法、能够被绝大多数学生认同的班规，恰好体现了我们班主任对学生的大爱，我们通过用班规纯洁学生的思想、端正学生的动机、养成孩子的良好习惯，体现了我们对学生前途的真正牵挂和负责，这是我们老师的大爱。所以说，班规和爱心并不矛盾。当一部班规处处体现出爱的精神时，我相信那部班规，一定是能够被学生广泛认可的，并能够充分发挥引导作用的。

而且，在更多的时候，爱心弥补了规则的不足，规则则维持了爱心的有效发挥。一个很浅显的例子，没有爱的时候，惩罚给人的感觉就是打击和报复，有爱的惩罚却能够让孩子心服口服地接受，所谓"自己的孩子打不走"就是这个道理。我们必须学会用班规去保护我们对全体同学的爱，学会用爱去解决规则所不能够解决的教育问题。这才是对班规理性的认识。

熊华生：在您编辑的文章中，我看到王莉老师传达了这样一个信息：班规之外更需要爱与智慧，请问您是不是认为班规没有智慧，所以最后解决教育问题还得靠班主任的教育智慧呢？

郑学志：一个优秀班级的成功经验很多，王莉老师传达的观念，是说班级的管理成功，它不仅仅是依靠班规，而且还是爱与智慧的结果。对班规和智慧的关系，我是这么认为的，一部成功的班规，本身就应该是学生集体智慧的结晶，我们要让学生成为班级管理的智慧源泉。

我每接一个班，都由学生起草班规。这样有很多好处：一是便于我准确地掌握学生的思想动态，通过他们自由地、充分地酝酿班规，我从中间窥探出学生的道德价值观念，把握学生对班级形象设计的期望，这些都是以后我治理班级的有效信息。二是通过放手让学生自由自主地制订班规，我从中可以准确地发现班级管理人才。一般说来，谁的班规制订得最周密，说明谁思考问题最严谨，处理相关事情的时候点子最多，能力也最强，那么，谁就最适合做班长。这个办法我尝试多年，屡试不爽。第三，由学生起草班规，能够弥补教师思维的不足。做班主任时间长了，难免思维老化，工作模式僵化，无法创新。但是学生是尚新的，他们喜欢不断尝试新事物，班主任拿不出新的东西吸引他们，班级工作就很难搞出特色。而由学生制订班规，往往能够让我们有意外的惊喜。所以说民主制订班规，就是集中学生智慧的过程。

此外，在具体班规的执行过程中，我们也需要教育的智慧。尤其是当规则不能够解决现实问题的时候，对班主任来说更是一种能力的考验——

我们不仅需要智慧地临场处理，还需要事后智慧地结束，是智慧让我们依"法"治班臻于完美。

熊华生：班规可变通执行吗？

郑学志：我反对变通执行。也许有些老师认为，把班规变通一下，更能体现出班主任执行规则时的人性化，体现了以人为本的精神，也体现了实事求是的精神，这是灵活处理。我认为，这不是体现"人性"，而是体现"任性"，这种灵活是对规则的挑战和蔑视。当一部班规在老师手中可以任意变通时，它的严肃性、权威性就值得怀疑了。而且，多次变通执行之后，这部班规也就面临着"流产"的危险了。

制度的刚性美就体现在它的不可变通上，当我们教师因为违反班规受到处罚时，这部班规在孩子们的心目中的地位就神圣了；当我们班主任自觉地维护班规时，遵守班规就会在班上形成一种时尚。

如果一种行为的处理需要班规变通执行，我想还不如组织学生修改、完善班规。

熊华生：班规不能够发挥作用，仅仅是一个技术问题吗？

郑学志：如果把这归结于技术问题，我想这是在推卸责任。班规不能够发挥作用，主要是下面几个方面的原因：一是我们班主任制订班规的时候是凭借着一厢情愿的想法去做的，心中没有学生，因此，班规遭遇到了学生的集体反抗。二是我们的班规不符合学生的实际需要，比如说我们小学老师看见中学老师运用班规管理学生好，也跟着照搬照抄，但没有考虑到不同阶段的学生心理成长和知识成长的需要。三是我们执行班规的时候，没有充分发挥学生的主体作用，或者说，我们执行班规的时候，仅仅是依靠少数学生干部，而没有把所有学生的力量集中起来。

对于班规失效也许还有其他方面的原因，但是，无论是哪种原因，我想缺乏民主思想，缺乏实事求是的精神，缺乏真正的民主教育，应该是班规执行不下去的关键原因。如果班主任没有把学生观念端正过来，仅仅把责任推到技术问题上去，我想很难从根本上解决问题。

第 **3** 项

干部建设：挑战班主任的组织能力

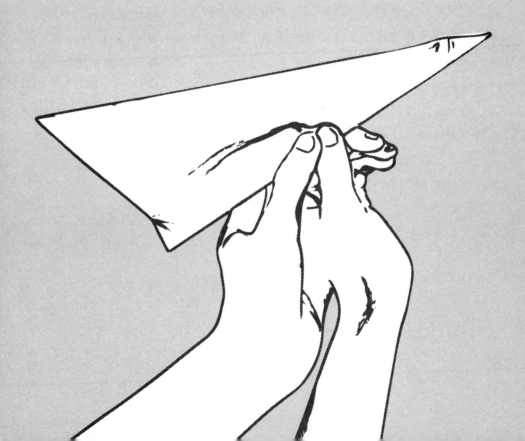

焦 点问题

如何创建一个自动化的干部体系

很高兴又迎来了每周一的"班主任工作半月谈"讨论时间,"周一七点半,我们不见不散"。

今天我们荣幸地邀请到了吉林省蛟河市镇金城小学的全体班主任来参加我们的讨论。这是"班主任工作半月谈"成立以来,首次和地方学校联合举办的讨论,也是我们"班主任工作半月谈"第一次深入到各地教育教学实践一线和老师零距离接触。让我们用热烈的掌声对他们的到来表示衷心的欢迎!

干部建设是我们班主任工作的重要环节,班、团(队)干部是班集体的中坚力量,他们在老师和同学之间起着上传下达,纵横联络的沟通作用,在班集体建设中发挥着组织管理、服务班级和示范带头作用,是班主任工作得以顺利进行的得力助手。一个优秀的班集体,必须拥有一批团结在班主任周围的积极分子以及从中挑选出来为班级服务的骨干成员。因此,发现和培养积极分子,认真选拔、任用、培养班委成员,组成强有力的班委,是对我们班主任组织能力的一个重要挑战。

那么,我们该如何选拔班委、团(队)委干部呢?下面请看各位老师的精彩发言。

1　选拔和培训是干部建设的双翼

一、责任心和荣誉感是首选条件（高飞）

做班干部重要的不是成绩和表现，而是他的责任心和集体荣誉感。有责任心的人会尽心尽力地做好每一件事，如果事情没做好，他会感到愧疚。集体荣誉感也很重要，有强烈集体荣誉感的人，往往对影响集体利益的不良现象及行为疾恶如仇。

二、在某一方面有突出表现就行（郑光启）

过去我们有一种错误观念，认为干部一定是精英分子，其实不然。干部只是一个工作中的特定角色，人人都有成为干部的可能性。我选班干部，只要在某一方面有突出表现就可以了。

三、差生也可以当班委（钟杰）

有些孩子只是习惯不好，不牵涉品质问题，习惯与品质是两码事。对于习惯不好的孩子可以根据他的情况以及班级情况启用他，但是对于品质不好的孩子是绝对不可以委以重任的。一个班级班风的好坏，班干团队对此所起的作用是最大的。正义力量占上风，班风就好，反之则坏。

四、让更多的学生有做干部的机会（王立文）

可以采取干部轮换制、学生值周制等办法，让人人都有机会做干部，使更多的学生有机会施展自己的才能，从而为科学选拔干部提供有力依据。

五、有目的地引导选举舆论（李云）

不管是学生民主选举，还是班长"组阁"，我们要注意的是，在选举之前要有意识地引导学生舆论，即符合你心目中的班长人选的同学，你要适当地在有关场合表扬他，只要不引起反感，适当的舆论是可以引导选举方向的，这就为其当选为班干部起到舆论上的作用。

六、干部培养是不可或缺的重要环节（徐大雄）

当班干部遇到不会处理或是处理不当的状况时，班主任要从技巧上进行指导，教给他们行之有效的方法。同时，也要要求他们发挥自己的主动性，多思考，并创造机会让他们独当一面地开展工作，让他们从做事的过程中得到锻炼。

民主管理是干部建设的灵魂

一、要做好三个层面的管理（李云）

一是日常组织层面对人的管理，班长是"最高行政长官"，组长和寝室长居其次，其他各部委是班委层面的职能部门；二是要注重思想层面的教育管理，小学的队委，中学的团委，在这方面要担负起主要作用。看一个班上有没有凝聚力，他们是一个很重要的因素；三是学习层面的管理，学生的主要任务是学习，学习是本职工作，抓干部的目的就是为了抓学习。学习不好，班级管理得再好也得不到家长的认可。

二、给日常小事腾出位置（温爱娟）

经常让干部主持工作，比如监管课间操、自习、值日等，并坚持赋予学生干部更多的自主权。干部在处理学生事件时，我绝不干涉。如果处理错了，他们自己要对此负责。这样，干部们就会大胆地处理事情。

三、让班委成为一个团队（赵春梅）

班主任要努力使班委们以班长为核心团结起来，遇到问题，集思广益，最终能在班长的统领下达成一致。这样，你的班级就有了一个管理团队，开展班级工作时，班主任就能放手让班委去干。

四、民主是干部管理的灵魂（王立文）

如何杜绝干部徇私舞弊呢？我觉得最好的办法就是民主选举、民主监督、民主评议。干部的任免由班级大多数同学的意志决定，班干部也就代表了大多数同学的利益。一个专制的班主任，他的学生干部绝对不会是民主的，也不会是公正的，在这样的情况下，同学们的意见是无法到达班主任耳朵中去的。

为落选的孩子搭"台阶"

赵春梅

小伟是一个性格内向、自尊心强的孩子，一年以前做过班干部。在学期初的班干部选举时，他被推选为班长，但是他却红着脸说："老师，你换人吧。"我感到惊讶，连忙问："为什么？"同学们也用惊异的目光看着他。他却态度坚决地说："老师，我真不想做班干部，谢谢大家对我的信任。"学生们着急地说："你就当吧，我们不会给你出难题的！"小伟只是一个劲儿地摇头。

放学后，我把他叫到办公室，和蔼地问："大家都那么信任你，你怎么能让大家失望呢？"他吞吞吐吐地说："我……怕做不好。"我隐隐地感到他有所担心，于是就让他先回去，心想晚上再找他的家长侧面地了解一下情况。当他走到办公室门口的时候，他突然回头问了一句："老师，咱班每个学期都要重选班干部吗？"我不假思考地回答："当然了。"

当天晚上，我来到了小伟家，在与他妈妈进行了交流之后，谜团解开了：小伟去年当过一个学期的班长，可在下一学期的选举中他落选了。那次"下台"使他感到很没面子，他觉得自己没有做好，他感到老师不再重视他，感到同学们不再信任他。因此他有好长一段时间处于情绪低落中，他对妈妈说："当上班干部的时候挺光彩，可'下台'的时候却很尴尬。"

听了他妈妈的话后，我恍然大悟，难怪小伟在离开办公室的时候问我是否每个学期都要重选班干部。原来那一次落选的阴影一直留在他的心里。

为了排除他心里的阴影，我组织学生召开了一次隆重的卸任班委表彰会，对前期班干部进行了总结表彰，肯定了他们的成绩和对班级的贡献，并聘任他们在一定时期内作为新任班干部的协助者。

我诚恳地对大家说："我们会永远感谢这些曾经为我们付出的人。"卸任的班委们脸上展露出灿烂、自信的笑容，教室里响起了热烈的掌声。表彰会结束后，小伟主动找到我，高兴地对我说："老师，我愿意为大家服务。"我拍拍他的肩膀，欣慰地笑了，他也自信地笑了。

通过这件事我体会到：小学生自尊心很强，被选上班干部对他们来说是一件光荣的事，但从干部的位置上被换下来则感觉有点难堪。特别是性格内向、自尊心极强的学生，一旦落选会在他们的心里留下阴影，使他们很难再有勇气去争取下一次的竞选。作为班主任，我们应该及时为那些落选的干部搭建一个"台阶"，让他们有尊严地从干部的位置上走下来。这样，落选对他们来说才不会是伤害，他们才能有足够的勇气去面对未来的竞选。

4 让他先做我的"传话筒"

秦庆华

强强是一个话语不多、做事踏实的孩子。在新学期的班委选举中，他被推选为班长。他的实干精神是不容置疑的，每次班上组织劳动，他都不声不响地抢在前面。可是我也发现，他缺乏做班长的那种号召力，为此，我常常帮助他组织劳动、分配任务。一段时间后，我明显感到他成了我的"傀儡"，我却成了"班长"。班上有学生发生矛盾，即使冲突不大，他也会马上来找我去解决。我曾想过换掉他，但我知道这孩子自尊心极强，中途撤换给他的打击会很大。反复思量后，我决定再锻炼他一段时间。

一天中午，我与强强谈心。我先肯定了他这段时间的优秀表现，然后我笑着说："现在班级活动组织、劳动分工等日常事务由你来宣布吧。具体计划咱们俩来做。"他有些为难地说："老师，还是你宣布吧！我怕说不明白。"我和蔼地说："放心吧，我教你，你一定能说好！"他还有些迟疑，我拍拍他的肩膀说："我现在就教你。"说完，我开始和他一起商量下午的劳动分工。之后，我让他把详细的分配任务写在纸上，并在后面补充上两句话："希望大家在劳动中各负其责，注意安全。"写完后，我让他先读给我听，我又给他做了示范，指导他要用具有号召力的语气来读。

下午，我在班上宣布："从今天起，我们班的各项活动组织、分工等任务将由班长全权负责。下面由他来做本次劳动的具体安排。"

他稍有紧张地看了看我，我微笑着点了点头，把鼓励与信任传达给他。他快步走上讲台，把我们先前练好的"台词"熟练地读了出来，读的时候眼睛盯着纸面，语气略显生硬，但同学们已经听明白了。在这次劳动中，我虽然在现场，但我没有指挥，而是把意见悄悄告诉强强，然后由他做我的"传话筒"。在劳动过程中，大家干得都很起劲，强强自然而然地进入了角色。劳动结束后，我又悄悄把强强叫到一边，教他作本次劳动的总结，他自己又演练了好几遍。总结时他没有开始时那么紧张了，语气也轻松了许多。

后来的一段时间内，我有意识地让他做我的"传话筒"。渐渐地，他的胆子大了，说话的语气坚定了，慢慢有了主见。

如今，强强已成了一名具有号召力的好班长，他不再是我的"传话筒"了。

她就是班长

张晶玥

我刚要推开教室的门，就听见里面有争吵的声音。我停住了脚步，透过门上的玻璃偷偷观望，只见于兰和小龙等人正在争吵。小龙不屑一顾地说："我们吃零食与你有什么关系？你管什么闲事？你是班长啊？"于兰大声说："虽然我不是班长，但你们吃零食违反班级规定。"小龙等人气愤地说："你管不着，我们就是要吃。"说着故意挑衅于兰，拿出零食大吃起来。于兰气得直拍桌子说："使劲吃吧，反正又不影响我的健康。哼！"接着，小龙等人七嘴八舌："爱管闲事，真烦人！管好你自己就行了！"于兰气得直嘟哝。接着，小龙凑到于兰的面前，嘲讽道："你这么爱管人，真是当班长的材料，可惜你当不上啊！"说完小龙等人一阵哄笑，用异样的语调不停地重复："真是当班长的材料啊！"

　　站在门外的我，看到这一切后非常生气。于兰虽然爱管闲事，但就这件事来说，她管得有道理！正好前任班长刚转学，我正在物色新班长的人选，于兰虽是我定的人选之一，但因她爱管闲事弄得人气不太好，我怕同学们反对，所以一直在犹豫，今天也许正是一个机会。

　　想到这里，我推门而入，郑重宣布："她就是班长！"我的突然出现，再加上突然宣布的这个消息，教室里顿时安静了，所有的人都用惊异的目光看着我。片刻宁静之后，一向顽皮的小龙试探着说："老师，您在开玩笑吧？她是咱班有名的快嘴，啥闲事都管，大家都不会拥护她的。"小龙旁边的几名学生也在观察我的表情。我更加郑重而严肃地说："我对于兰管的闲事做过分析，我发现她所管的事大多是该管的事，就比如刚才她禁止你们几个吃零食，这种做法对不对？"小龙低着头，小声说："对。"我提高嗓门说："让于兰当班长，绝不是我的个人主张，刚才我在门外听见小龙说于兰是当班长的材料，你们几个也说了吧？"说着我把目光转向那几个和小龙一同起哄的学生。他们都不好意思地说："是的。"我接着说："现在我感谢你们几个为我解决了选班长的难题。"说完，我冲他们几个微笑了一下，他们几个也笑了笑，但笑得有点勉强。

　　这时，我看看四周，学生们差不多都回来了，我说："全班学生都在这里了，现在我郑重宣布：在小龙等同学的推举下，热心正义的于兰同学现在正式为我们班的新任班长。请大家支持她的工作。"这句话虽不长，却是我反复思量的成果，我首先把小龙等调皮学生反对的机会封住，又鲜明地表达了我对于兰的信任。结果完全在我的预想之中，大家纷纷表示赞同。

　　于兰一直坐在那里，似乎有些不知所措，这时，我转向她："于兰，我和同学们都相信你能做得更好！"她有些激动地说："谢谢老师和同学们对我的信任，我会努力的！"教室里响起了热烈的掌声。

　　其实于兰人气不高的原因，主要是她不是班委却要管班委该管的事，再加上她管事时的态度不好，常常以"告诉老师"来警告同学。为了使她能够迅速地提高威信，我对她的工作方法和态度进行了一段时间的跟踪指导。我发现，提高她在学生中的威信并没有我想象的那么难：第一，她已是班长，所提出的建议和命令便不是"管闲事"了；第二，我经常在班级针对某件事表扬她，学生们自然认为她是胜任的；第三，于兰本身是个热心的人，我常暗示她不声不响地帮助有困难的同学。

　　现在，于兰是我们班里人气很旺的班委了，由于她的眼勤、嘴勤，班级管理中的各个细节都做得很好，班级在学校的各项评比中稳居首位。小龙常常自豪地说："怎么样？我说她就是当班长的材料，没错！"

辞职也要走程序

刘贵旺

　　红梅说她不想当班长了，我问为什么，她说感觉很累。

　　"不能改变主意吗？"我问。

　　她没有正面回答，只问："我可以休息一段时间吗？"

　　我当然同意。当学生递交辞职信时，一定是经过了复杂的思想斗争的。她的压力可能来自家庭，可能来自学习成绩的困扰，还可能来自于同伴……简单地劝慰学生继续当，或者换一个班干部，都不是很好的办法。

　　于是，我对红梅说："按照程序，打个辞职报告吧。"

　　"行。"她答应了。

　　这是我班上的一个特色。我每次做班主任，都建立一个干部辞职引退机制，而且在制订班规的时候，就引导学生们思考：当有一天，你们不想做班干部了，该怎么办？学生们以前没有想过这个问题，觉得很好笑。但是我告诉他们，在我做班主任的经历中，已经不止一次遇到班干部辞职了。辞职不是坏事情，这是一种客观存在，有人想干，肯定也有人不想干，人家不想干了我们就要尊重他。但是，我们要有一个制度，来规定什么情况下可以辞职，什么情况下不能够辞职，如果要辞职，就要有一定的手续。

问题抛给学生之后，他们就会认真地思考。于是，他们在班规中提出：罢免干部要全班三分之二的同学同意，才能进入罢免程序；干部辞职必须提前一周申请，在这一周内，不免除其责任义务，他必须等同学们召开班级大会，讨论该辞职申请并进行表决、选举出新的接任干部时，辞职行为才被认可；此外，辞职干部在提出申请的一周内，有权收回自己的辞职要求——这就给那些心里并不是真的想辞职的干部一个挽回的机会。

这些问题经过梳理成为制度之后，我做班主任的就好办了。我不会因为一个学生想辞职，甚至全体干部想辞职而慌了手脚。我可以不慌不忙地把辞职的原因了解清楚，把学生思想工作做通，把交接工作做好。

红梅的辞职报告交上来之后，我在班上通报了情况。我坦然地对大家说："红梅要辞职了，我有点难过，但也为她喝彩。她敢于面对压力，提出辞职，我们要尊重她。"

我对红梅任职期间的工作进行了总结和肯定。在发言中，我尽量把这件事情说得很正常，尽量淡化辞职的负面影响。因为我知道，干部想辞职，尽管是学生的权利，但是无论怎样，都有不良风气的影响。我得利用每一个机会，在班级中树立正确的舆论导向，帮助学生树立起为同学服务的思想意识。当学生觉得每一个锻炼机会都来之不易、每一次做干部都是一种光荣的时候，他就不会轻易提出辞职请求了。

一个星期后，班级大会接受了红梅的辞职。接替她的是其室友梁艳，两人关系很好，以前有什么事情常常在一起商量，这以后两人也常常在一起。一个多月过去了，班级运转依然很好，并没有因为红梅的辞职有什么不良的影响。

干部建设的"九步曲"

钟　杰

班主任接手一个班级，一般要经历九个阶段，干部管理才会有成效。

第一，指任。面对一个新班级，一群新学生，班主任很难选择班干部。所以，班主任就只能凭自己对学生的初步了解，临时指任一些看起来是得力干将的学生组成班干队伍。只要有了"临时政府"，班级就可以运转。班主任在指派了班干之后，要在班上强调：这只是一个临时组织，只要有不合格的班干部，随时可以撤换。有了这句话之后，现任班干的学生会更加认真，其他学生也会觉得自己还有机会，会好好表现。

第二，观察。班主任在平时就要睁大眼睛仔细观察，把那些品行好，有正义感，执行力强，有领导气质的孩子找出来。孩子不像成人那般深沉，他们的喜怒哀乐，一般都表现在脸上。所以，只要班主任细心，一定能发现每个孩子的独特之处。教师可以通过课间观察、闲时谈话、书写周记等形式了解学生的各方面情况。

第三，储备。班主任通过一段时间的观察，心中基本有数。但还不可立即任用，因为有些孩子虽然有做班干的才能，但在班上并没有威信，所以贸然任用，班主任就会在学生心中留下有失公正的印象。所以，班主任要把物色好的对象资料首先储存在"人才资源库"里。

第四，造势。教师要适时对物色好的人才进行表扬，来提高他们在学生心目中的位置。同时，还得让这些人才自己寻找机会表现自己，证明自己的实力，使他们成为学生心目中的榜样。

第五，选拔。这一步是班干团队能否重新换血的关键。因为之前成立了"临时政府"，可能有些孩子已经形成了定势思维，所以在选举时，很有可能把票投给并不适合做班干的孩子。那么，班主任的导向就非常重要了。选举之前，班主任要在班里制造舆论来有意识地引领大家选举的意向。同时，班主任也要私下给合适的孩子打气，鼓励他们出来竞选，教他们怎么写竞选演讲稿。切记，要让孩子们自己选，班主任千万不要插手。因为，只有孩子们自己选出来的班干部，他们才会信服。

第六，培训。为了提高管理效率，班主任一定要加强对班干部的培训。培训的第一步是给班干分工，让他们明确自己具体做什么。培训的第二步是召开班委会，告诉他们针对班级不良现象要怎么处理。培训的第三步是分头培训，有些孩子的领导能力比较强，培训一两次就能独当一面，但有些孩子的能力相对较弱，所以，班主任要加大对能力较弱的孩子的培训力度。培训的第四步是一对一的培训，为了提高功效，班主任要经常对班干进行一对一的培训。

第七，优化。班干运行一段时间之后，优劣自现。虽说我们要关爱每一位学生，但班主任对班级的管理不可以完全感性化。当班干队伍中出现了不能胜任的学生时，班主任要把感情丢一边，理性地进行割舍。通过几次优化，班干队伍就会越来越强大，班级管理也会越来越显效。

第八，定型。正义而精锐的班干队伍建成后，就可以稳定下来。定型之后，跟着就是定性，也就是你要把班干队伍打造成一支什么性质的队伍。一般来讲，什么思维模式的班主任打造的就是什么性质的班干队伍，而班级的风貌如何，就由班干队伍的性质来决定了。或许有人会说，如果给班干定型了，其他的学生是不是就永远没有机会了呢？其实，班里需要很多的"官员"，作为班主任，要给进步的孩子、可任用的孩子、或者可改造的孩子一个"官职"，那还不容易吗？虽说班主任"官"小，但要给孩子们封"官"，那是轻而易举的事。

第九，放手。握在拳头里的东西虽然不会掉，但拳头得永远握着。所以，班主任对班干要信任，要舍得放手。只有放手，班干才能真正成长并且强大起来。

第 **4** 项

学习成绩：挑战班主任的治学能力

焦 点问题

学生成绩总是没起色，班主任该怎么办

学习是学生的主业，他们到学校来，就是为了学习。如果一个班级的学习成绩不好，班主任当得再好，在家长和同事面前都说不起话。

可是，学习成绩不是那么轻易就能够提高的，班主任对此会遇到很多问题，比如说学困生不想读书，怎么办？中等成绩的学生感觉不到自己的进步，会泄气，怎么办？班级整体成绩上不来，怎么办？班上缺乏尖子生，学校名次拿不到，怎么办？这些都是挑战班主任治学能力的主要问题。而且，这些问题，也不是一天两天就能够解决的，因此，很多班主任就会很着急。

成绩就是实力，成绩就是各种评估的依据，因此，真正有效地提高学生的学习成绩，才是班主任当得好的硬道理。今天，我们很荣幸地邀请到了全国德育特级教师、全国著名班主任、国家级班主任培训师张万祥老师参加我们的讨论，并得到了湖南省邵东县两市镇各学校老师们的支持，他们也一起来到了我们的讨论现场。下面，我们就围绕这个话题，讨论一下老师们提高学生成绩的方法。

1 学生成绩不好，班主任要反思

李 云

我曾经接过一个班，开始很乱，但在我手里不到半个学期，风气便焕然一新。早上整个学校还在忙乱之中，我们班已经是读书声琅琅了。哪怕是那些不会读书的孩子，也读得起劲。可是，半期考试成绩一出来，我的心冷了半截。全年级最后一名，而且最低的一科平均分比人家第一名差了17分！

成绩出来之后我很难过，我关着门想了三天——我班究竟怎么啦？深思之后我突然发现，原来纪律很好、学风很好只是表面现象，其实我班危机重重：

一、纪律好仅仅是因为高压政策

我仔细比较了一下我和其他班主任的风格，发现我确实如其他班主任老师所说的那样，很有"杀气"，无论怎么烂的班级，一到我手中，一个星期就能够出现良好的转变。但是，我也很快发现，面对我的"杀气"，很多孩子仅仅是因为怕我而不敢违纪，他们骨子里并没有把学习当回事。这样的纪律好上三五年，学生的成绩也不会有大变化。

二、课外活动转移了学生的注意力

我当班主任，有一个很好的看点，那就是表面一片"繁荣"。因为我有很多想法，组织管理很有一套。我常常带着孩子们出黑板报、搞社团活动、做手工；一些竞争性的文体活动，我们班总是得第一。这些第一，从某种意义上说，提高了班级凝聚力，增强了孩子们的自豪感，但是，它隐藏的弊端也是明显的——过多的活动转移了孩子们的学习注意力。孩子们不懂事，以为他们到学校来就是为了做这些事情，就是为了给老师争光，给班级争光。一旦得到表扬，他们的劲头更足，读书反倒成了副业。

三、遵守纪律的要求压抑了孩子们的思维

凡是纪律很好的班级，班主任总是在班上过多地强调学生们要遵守纪律。这个要求本来没有错，但是过分遵守纪律就有问题了。孩子们因为要做一个遵守纪律的孩子，把他们对学习的厌烦隐藏起来了，把他们对老师的意见隐藏起来了，把他们对未来的想象扼杀了。他们整个就像一群任人摆布的"木偶"，丝毫没有自己的发展意识。这样的班级，成绩怎能会

得到提高呢？

四、教师搭配时班级师资力量薄弱

这一点我本来是注意到了的，但是却因为当初我不服输的性格而忽略了。班级原本比较差，一些教学水平高的老师不愿意来，学校领导在考虑分班的时候，也不想把好老师浪费在一个差班上，加上一些科任教师的成见，他们也不愿意在这个班上花费心血。这样，即使我们班纪律变好了，如果没有很好的师资力量，学生的成绩也提高不起来。

此外，还有其他的一些原因，如学生基础差、接受能力不强等，都是客观存在的原因。冷静思考之后，我找到了解决问题的突破口。我主动要求学校配齐了教师资源，改变了工作作风，集中精力抓学习。结果，不出一年，我们班的成绩迅速从低谷走了出来。毕业会考，全校同年级6个班，我班总优秀率、人平均分数分别排到了年级第二和第一名。

2 帮助学生找准学习方法

一、合理设置竞争对手和激发潜能，鼓舞信心（温爱娟）

（一）合理设置竞争对手。班级整体成绩上不去的关键原因是缺乏一个"领军人物"。学习是需要竞争的，如果班级整体成绩不好，那些有潜力的学生因为缺乏有力的竞争对手，而努力不够。如果给他们设置一个强有力的竞争对手（哪怕是到兄弟班级里去找也行），这个问题就能够迅速得到解决。

（二）激发潜能，鼓舞信心。很多孩子成绩差是因为他们容易产生自卑和自暴自弃的心理，这是性格使然。我为每个学生都建立了一个"个人成长档案"，进行纵向评比教育：让孩子与自己比较，与自己竞争。这样，孩子看得见自己的进步，信心增强了，学习兴趣也日渐浓厚，学习成绩自然就上来了。

二、帮学生找对学习的方法（高飞）

我带过两届学生，每一届都会碰到这样一类学生：学习很认真，行为习惯也很好，可就是成绩一塌糊涂。经过多次了解沟通后我发现，学生之所以会这样，有智力因素，也有心理因素，但更主要的是没有找到"窍门"——没有找对学习方法，结果导致虽然很努力，但收效甚微。教育这类学生，重要的是帮他们找到适合自己的学习方法，一旦孩子找准了学习方法，进步也就快了。

三、培养良好的学习习惯（李靖华）

学困生有一个共同特点：学习习惯不好。冬是一个性格内向、不爱学习、上课经常走神、有学习上的问题又很少请教老师的孩子，因此学习非常吃力。于是我从改变冬的学习习惯入手，告诉他集中注意力的方法，改变他听课的方式，课堂上增加对他的提问……经过半个学期的努力，冬由原来的50多名前进到了30多名。

四、帮助孩子学会"开窍"（李云）

我发现很多老师总是用提高学习兴趣的方法去解决成绩提高不快的问题，这样做没有错，但是没有把握问题的实质。孩子成绩不好，我们不能够一味地说孩子没有努力。我们首先要看看孩子是不是没有"开窍"。我常常根据学生的实际情况，帮助每一个孩子找到适合自己的学习方法。我启发他们先扎实读书，用心读进去，然后好好地揣摩、摸索各科学习诀窍，比如说物理要注重概念和分析，化学要注意观察反应现象，地理的关键在于识图，英语单词要在运用中去记……虽然很多孩子在当时有点茫然，但当他们豁然开朗的时候，成绩提高就快了。

五、"高原期"的道理（郑光启）

2003 年 9 月，我接手了一个差班，连续几次考试，班级成绩都是年级排名第四。一些学生气馁了："我们班不管怎么努力，就是不好，我们还是好好玩吧。"我告诉他们："学如逆水行舟，不进则退。现在我们保持了第四，没有退步就是我们的进步。"学生们都笑了，我说："你们知道高原吗？高原海拔很高，但很平坦。人在高原上走，走了很久，也不会感觉海拔上升多少。一旦走出高原，海拔变化很快，这就是高原现象。学习也正是这样，我们正处在'高原期'，当我们走出这一段困难之后，我们的努力就有效果了。甚至，我们的进步会让自己都难以置信。现在最重要的是坚持，谁坚持到底，谁就会取得胜利！"孩子们坚持住了，后来中考全校第一名出自我班，并且有三个学生考上了省重点高中，成绩好得出乎所有人的意料。

六、巧设奖品激发学生的自豪感（马彩云）

巴学园的小林校长给学生们发的奖品是蔬菜，当全家人享用着自己获得的"奖品"时，学生怎能不油然而生出自豪感和尊严感呢，怎能不更加发奋读书？我也在班上用那些学生家里用得着、自己用得着、送朋友也可以的东西作为奖品，学生们的学习劲头很大，当年期末每科考试成绩都比平行班多出十几分。

ヨ　提高学生成绩，班主任要做的七件事

李靖华

（1）欣赏你的学生。要让学生感觉到你对他们是永远充满希望、充满信心的。让学生相信他们在老师的心目中是最棒的，这样他们才会更努力地去学，更努力地去拼搏。

（2）多种方式励志。比如观看励志演讲视频、学习哲理小故事、树立

身边的榜样、交流名言等。学生的激情往往不会持续太久，所以我们要学会持续鼓励，有句俗话就是：看着火不旺了，就得去扇几下。

（3）进行挫折教育。要让学生明白：失败只是暂时的不成功，人的一生中不可能没有失败，一点点的挫折不但不会打败我们，而且还会丰富我们的人生经历。

（4）学会坚持不懈。青年演讲家王国权先生曾说："人类社会最盲目自大的地方是高估了一天的改变，最可悲的地方是低估了五十天的改变。坚持五十天就会有巨大的变化！"

（5）创设竞争氛围。把班级分成两个平行班，也就是大班套小班，每班又分为四个平行组，每班每组都有自己的"头儿"。每次考试后进行总结，对优胜者进行表扬，对失败者进行帮助。

（6）适当奖励学生。让每个同学都有得到奖品的机会，而且入围就有奖，不限人数。我喜欢奖励学生日记本，每个本子上我都亲自写上鼓励的话。这样的奖品不仅仅可以用，还能进行精神鼓励和人文关怀。

（7）重视言传身教。如果一味地要求学生要做到勤奋努力，而班主任却是工作懈怠，不勤勉，那样是不可能带动学生的。我们要用自己的勤奋和努力去感染学生。因此，每天我都和学生一样早早地来到教室晨读，我认真准备每一节课，精心设计每一个课件，白天没有时间，我就晚上去做，不论时间多晚，第二天我都会拿出精美实用的课件。这样，我就有底气在孩子们的面前说："看我的！"

多年来，我带的班级成绩都很好，秘诀就在于以上七点。

4 让学生去打知识树上的"枣子"

王 莉

河南内黄剩产大枣，金秋九月，乡下人摘了枣到城里去卖，满大街都是红枣，个大脆甜，价钱也便宜。内黄人聪明，这两年想出个绝招，开始办"打枣节"：把枣园子围起来，让城里人进去自己打，打多少买多少，价钱比街上卖的贵好几倍。城里人找乐子，在打枣节期间，旅行社的内黄打枣专车、私家轿车、大轿车等，都浩浩荡荡地开往内黄。枣园里人头攒动，有爬到树上摘的，也有站在地上拽的。虽然鞋里灌进土了，手上扎进刺了，胳膊累酸了，但是人人都还是兴致勃勃地边摘边吃，怎么吃都觉得比街上卖的甜。

这就是体验劳动，参与过程，享受成果，其乐无穷！

这不正像学生的学习么？要想提高学生的学习效率，激发其学习兴趣，教师就不要把"枣"买回家，应让学生走进"枣园"，自己去"打枣"。

受"打枣节"的启发，我用以下的方法激发学生的学习兴趣：

一、提出研究性问题——挑战性学习

讲《活板》，按常规，应该先讲文学常识和印刷术。我没有讲，而是说："学这一课之前，我认为我们应该对宋代的两个人心怀敬意，你们知道是谁么？为什么？我给大家五分钟时间去找答案，然后准确并有条理地回答。"于是教室里一片忙乱，有查资料的，翻字典的，左右讨论的，没有一个说闲话的，也没有一个开小差走神的。不到五分钟，就有同学举手了，回答："一个是毕昇，宋代的一介平民，他发明了活字印刷术，是印刷史上的一次革命，而且比西方人早了四百多年；另一个是沈括，留下一部《梦溪笔谈》，30卷，记录了北宋以前的有关自然科学的各种成就，内容浩瀚，给后人留下了一笔珍贵的财富。"只经过三四个同学的发言，标准答案就互相补充出来了，和我准备的教案几乎一样，而我一字未讲。

孔子说："不愤不启，不悱不发。"教师在课堂上不要急于给学生答案，只提问题不给答案，让学生去绞尽脑汁、去查找资料、去探讨争论，学生自然会兴趣盎然，目的也就达到了。

二、提供竞争场地——竞争性学习

"谁先完成，可以加2分！"

"哪一组得分高，可以给该小组加一个红星。"

"完成计划的，奖一个巧克力！"

这种"小伎俩"如果使用在成年人身上，可能会觉得滑稽，很难调动积极性。可是中小学生天真单纯、争强好胜，特别适宜于这种竞争性学习。许多孩子成绩不好，不是智商低、能力差，而是懒惰松懈，不愿努力学习，常常一场比赛，就能激起他们的学习动力，挖掘出无限的潜力。

三、鼓励参与过程——体验性学习

七年级下册的语文教材上有一个新闻单元，要求做一回"小记者"。教材讲了做记者应该注意的事项，记者应该具有的素质，还有应该掌握的新闻常识。像这样的课程内容，一节课就能讲完，如果学生只在理论上听一听，一定不会感兴趣。可是，我让学生分组体验，效果就不同了。

我带领两个班的学生用了一个月的时间，实实在在地做了一回"小记者"。从确定采访对象开始，到撰写采访计划，到联系预约，再到真实采访……学生们热情高涨地体验了全过程，也把新闻单元要求掌握的知识学透了，写出来的稿子质量很高。

新课标特别强调学生对于学习过程的体验和参与，在实践中获得知识、提升能力、感受情感、启迪心灵。这就像打枣一样，买回家的枣，他可能吃起来索然无味，但让他们深入枣园，亲自打枣，效果就不一样了。

四、搭建展示平台——激励性学习

"家长会上我们要办一个优秀作业展览……"

"做一个幻灯片展示你的作品……"

"诗歌单元结束后，准备开一个朗诵会……"

"希望你的作文能入选校刊……"

每个人都渴望得到别人的认可，都有体验成功的心理需求。所以，老师最大的任务就是为孩子们搭建平台，让他们有机会展示自己的才能，有机会品尝成功的喜悦。我常常用这样的活动，把学生的学习兴趣激发出来，他们的成绩又怎能不进步呢？

5 麻雀也能变凤凰

刘爱国

暑假过后，学校领导让我接手一个高三班级。我很震惊，我原本就是这个班的任课老师，我很了解这个班的情况：成绩年级排名最差，纪律年级排名最乱。我可不想去讨苦头吃。可学校领导"轮番轰炸"，四十多个孩子签名请求，让我没有任何退路。

这样的一个班，如何尽快让它走上正轨？一连很多天，我都夜不能寐，苦想对策。

一、鼓舞士气——"为我而战"

第一次以班主任身份站到讲台上，学生用期盼的眼神看着我，我也回之以信心百倍的眼神。高二的沉沦，让他们已经习惯了低人一等的感觉，很多同学甚至自暴自弃。我首先要做的就是唤起他们的斗志，使他们树立起自信心。

我对他们说："你们的学习能力不比任何人逊色，因为你们的语文成绩总是全年级最好的，而语文又是你们花时间最少的一科，我有理由相信你们一定能做得更好。"

我问他们："你们的奋斗目标是什么？如果你们淡忘了父母对你们的期望，丧失了自己的斗志，那么，告诉我，我们相处了一年多的时间，你们在意我的感受吗？"在学生给我肯定的答复后，我说："如果你们真的找不到奋斗的理由，你们选择了我，那么，请为我而战，好吗？"

"记得我跟你们讲过的一句话吗？我在这里再重复一遍：让爱我的人为我感到骄傲。现在请你们给我一个理由，让我为你们感到骄傲，让所有爱你们的人都为你们感到骄傲！"

那一刻，教室里响起经久不息的掌声。

"为我而战"，就像一束阳光，瞬间融化了孩子们心中的坚冰。日子一天天过去，班级变化有目共睹，一些老师这样对我说："你们班那些学生，现在和原来比起来，完全是脱胎换骨了！"

二、激发动力——"你一直在我心中"

"为我而战"的前提是我能够感动他们，我要让每一个学生都意识到这一点：你一直在我心中。

我关心学生们的上课情况，但我从不在别的老师上课时从窗外往教室窥视。如果我认为有必要，我会和他们一起听老师上课。教室里有我的一个专门座位，我和他们一起自习，一起休息。好几次，外班学生来教室找人，猛然发现我坐在教室里，都大吃一惊。我们班同学见此总会善意地一笑，我也一起笑。

我常去寝室和学生们聊天，天南地北什么都说，有时候还哼点小曲，别的寝室的同学看到这种情景都很羡慕。高考前的一个月，天气变得很热，我怕学生没法午睡，几乎天天中午都去寝室看他们。在探寝的过程中，了解到很多在教室了解不到的情况，更重要的是，我让学生意识到，我是真的在乎他们。

心灵可以感动心灵，平时最贪玩的学生，也有了很大的改变。如今，他们大多都考上了理想的大学，在给我的来信中，叫我姐，也开玩笑叫我娘。而我，收获的却是深深的感动。

三、成绩分析——"我能，无限可能"

高三很多班级以成绩为依据排座位，我从没这么做过。我对学生说："我永远不会这么做，我相信每一个人都可以创造出奇迹，不到最后一刻，我不会放弃你们当中的任何人！"

每次月考结束后，我跟所有老师一样在意他们的成绩的变化，我会告诉他们："真不错啊，语文又是年级第一，物理进步了，这次进了前三，英语也有进步……"

每一科我都会挑出一些进步的地方与他们分享，任课老师的每一句表扬的话我都会复述给他们听。即使是某一科成绩完全没有起色，任课老师有怨气，我也会努力去找一些理由来鼓励他们。

在"我们一直在进步"的理念支撑下，孩子们很努力地学习，也一直在进步着。我听到一个声音从他们的内心深处发出——我能！

四、课堂出彩——"情不自禁爱上你"

学生取得好成绩的关键在课堂，失去课堂"阵地"就等于"全军覆灭"。一个优秀的班主任首先要能上出优秀的课，才能进一步征服学生。我要在教学上用自己的魅力去占据学生的内心，让他们"读我千遍不厌倦"。因此，我像一个戏剧大师一样，每天在讲台上演出不同的剧目。

学生在文章里这样描述我："你在我心中一直有一个高度，是那种完美到其他任何人都无法达到的高度。我对你又爱又崇拜，你或许不相信，在我没有男朋友的日子里，你是我最爱的人，爱到要一本正经地吃醋……"

但是，我还不满意，我追求的是所有课堂都出彩。开学不久，我和老师们进行了诚恳的交流，把我的想法和计划都跟他们交代了。任课老师对我出任班主任，都抱着一种同情的态度，他们知道我要面对的情况远远超过他们，所以很愿意为我分担一些。

而我，更愿意做任课老师们的贴心人。高三课程任务大，时间紧，任课老师都想抽时间给学生"加餐"。这样，不多的几节自习课就有些紧张了，虽然如此，但我从未以班主任的身份去占用学生的任何时间，除了课堂四十五分钟之外，我不会多要一分钟。任课老师要时间，我会统筹安排，尽量满足他们。相处一年后，好几位任课老师发自内心地对我说："爱国，跟你相处，是最舒心也是最省心的。下一届你当班主任，我们还做你班的任课教师。"

五、家校联盟——"为了谁"

接手班主任后，我的电话成了最繁忙的"热线"。家长们纷纷打电话来，说孩子回家时特别高兴，说新班主任是他们遇到的最好的老师……我感觉，家长们已经完全把我当成"救世主"了。

可是，我做不了救世主，我明确地告诉家长，高三是高中阶段的最后一年，我们需要打造最坚实的"家校同盟"。为此，我们建立了比较固定的家校联系渠道，我在给家长们提供科学的指导方法的同时，家长们有什么建议也常常跟我说。一个人的力量总是有限的，但是，加上家长们的支持，我们的力量就足够强大了。

近三百个日子过去了，终于到了收获的季节。7月26日，省考试中心发布高考成绩，我们这个曾经在年级"垫底"的班级，重本上线率居全年级平行班第一，本科上线率高于年级平均水平。很多家长在电话中由衷地对我说："是你挽救了我的孩子。没有你，我的孩子就与大学无缘。感谢你！"

那一晚，家长和学生的电话不断地打进来。我为上线的同学喜极而泣，也为那些成绩一直稳定却不幸落榜的同学深感遗憾。各种复杂的情感充斥在我的脑海中，我一夜无眠。

 ## 价值 135 万元的学风

郑光启

2008年3月2日的晚上，晓丽塞给我一张纸条："郑老师，您好！多么怀念您当班主任的时候，我那时虽然成绩不好，但我们全班同学对学习充满无限美好的向往，同学们互相竞争，互相学习。可现在班里的学习风气不是很浓了，我也无心学习了……郑老师，您说现在我该怎么办？"

看了晓丽的纸条后我很难过，我当了她们一年多的班主任，由于脚受伤才换了新班主任的，但我和这个班的学生有着深厚的感情。我觉得应该找孩子们好好谈谈。

我把这个班级从七年级第一次月考到现在的每一次大考成绩整理出来，制作成了课件。利用中午下班的时间放给学生们看，和学生们一起回顾我们的成绩是如何从年级第三（我校一个年级三个班级）一步一步地跃居年级第一的，上个学期开始又是如何退到年级第二的，并且这个第二甚至和年级第三的差距微乎其微。在行为习惯上，这个学期每个月的考核我们班级总是排在全校九个班级中的倒数第三，可在七年级的时候，我们从未落下前三名，还曾经常得第一。在这些数据面前，学生们沉默了，他们震惊了，因为班主任从未说起过这些情况，他们现在还沉浸在过去的辉煌之中。

我语重心长地对他们说："成绩虽然不能说明你们的一切，但我曾经说过，成绩的变化是一个班级变化的晴雨表。在七年级的时候，我们一起确立的'六字班风'，现在又有几个人做到了呢？就说这个'竞'字吧，有几个同学在学习上有竞争意识，在学习上每位同学都有自己的竞争对象吗？甚至有个别同学自己不努力学习，别人在努力学习的时候他还要取笑，这种行为是非常可耻的，我不希望再有这种情况发生。"

"你们知道为什么有人花大价钱千方百计要挤进实验中学、外国语学校吗？因为他们知道，初中是人生最关键的一个阶段，为了保证有个良好的学习和自我发展的环境，他们不惜花大价钱去买！他们买什么？是为了买好的师资？不！我们老师都是差不多的，都是国家严格地经过师范教育和资格认证的。他们花钱买的其实就是名校里的浓浓学风和良好的班风。你们想一想，那里会有取笑努力学习的同学吗？谁会花几万块钱到那种学校去整天胡闹？他们每个班级人人的学习目标都是明确的，那样的班风才能保证我们每个学生都能最大化地得到成长，走向成功！我说花十万进那种学校也值得。"

看到学生们都神色凝重，我接着说："同学们，还记得七年级第一学期初我给你们看过的邹越老师的《让世界充满爱》的演讲视频吗？记得里面那则寓言吗？你们现在就像寓言里那个年轻的商人，在黑暗的山谷里走夜路迷路了。那个年轻的商人听从了劝告，从地上拣起几颗石子。等他走出大山一看，竟然是金灿灿的黄金。今天，我想对你们说的是不管你们将来从事何种职业，现在所学的知识就是你手中的石子——金灿灿的黄金。听我的话，不要放弃，多拣几颗吧，将来会有用的。你们都是聪明的学生，懂得如何把握机会。以前我跟你们说过，初中三年是人生的第一个分水岭，是最关键的三年，'知识决定命运'在很多时候是很有道理的……"

"记住，我们虽然没有进那些名牌学校，但良好的班风完全可以通过我们每个同学的用心维护去建立起来。只要全班每个同学从今天开始，认真地把班级里的每一件事情都做好，严格地按照'六字班风'去做，我们八

（2）班的班风、学风完全可以到达甚至超过那些名校！这样我们相当于每个学生都在三年里为父母赚了 3 万元，整个班级在三年里为父母省了 135 万元！同学们记住，我们班的目标就是成绩全校第一，班风、学风全县第一！还要牢记，我们的班级与普通班级不一样，我们的班风、学风价值 135 万。谁以后故意破坏班级学习气氛，取笑努力学习的同学，谁就要受到全体同学、家长的谴责。同学们敢不敢做超过名校的全县第一的班级？"

学生像打了兴奋剂一样，高声回答："敢！"

"那以后千万不要再做取笑努力学习的同学的傻事了，我们一起努力学习，在剩下的一年半的时间里为父母省下那 135 万，好不好？"我赶紧趁热打铁。

学生们齐声喊到："好！"

班风整体上来之后，学习就好了。后来，我又帮助接班的班主任把班风稳定了。那个班一直到毕业，成绩都是学校最好的。

用科学的精神关爱学困生

张万祥

学困生教育一直是教育教学实践中的难点，老师们在处理这个问题时，往往简单地强调要爱学生，认为有爱就能够解决一切。但有时爱并不是万能的，不适当的爱不但救治不了学困生，还可能会加重学生的"病情"，扭曲学困生的心灵。教育是艺术，但同时也是科学。要解决学困生问题，我们还应该有科学的精神，要学会科学地关爱学困生。

一、科学地查找原因

这几年我们提倡班主任的专业成长，衡量一个班主任是否专业，就是看他在处理实际问题的时候是否具有专业素质，是否掌握了专业的科学方法。导致学困生出现的原因很多，有先天性智力障碍的，有智力发展差异的，有学习行为习惯不好的，有学校教育或家庭教育失当的……一把钥匙开一把锁，只有把导致学困生出现的关键原因找出来，我们才能对症下药。正确地归因是解决问题的基础，在这次讨论中，张丽娟老师发现了教育体制上的弊端，李云老师认识到教学忽视了智力差异，刘丽芳老师看到了不良教育方法的后果，王伟老师注意到了时间的积累。这些原因都有一定的科学道理，有利于我们下一步解决问题。

二、科学地寻找出路

科学地寻找出路就是根据每一个孩子的特性，找到适合他们发展的道路。出路不科学，智障儿舟舟就不可能成为音乐界的天才；出路不科学，一个尖子生就有可能走上厌学之途。有一句话是这么说的："上帝在关闭一扇门时，必定会打开另外一扇窗。"在具体工作实践中，当孩子在一条道路上不能取得成功时，我们要反思一下，是不是他们努力的方向本身就是错的？吴晖老师说得好，要求一个体育特长的孩子必须在文化课上取得优异成绩，这种做法本身就是不恰当的。因材施教的本质就是为了给孩子寻找出一条适合其自身发展的道路。

三、科学地设置心理期待

科学的态度就是实事求是的态度，就是脚踏实地的态度。我们教师首先得明白一个事实：并不是所有孩子都能够成为学习上的佼佼者，把孩子教育成材也是我们教育的重要目标。孔子弟子三千，贤者也只有七十二人，我们不必为不恰当的期望没有实现而悲伤气馁。李云老师说得好，我们教师要有一个良好心态，只有教师心态好，学生心态才能好。当孩子考了倒数第一名，或者得了0分而感到伤心时，如果我们这么对他说："这也可以算是一件好事，你再也不用担心往下掉了，现在你每多考1分就是进步，每前进一个名次就是成功！"我相信，老师爽朗的开导会让孩子心胸开阔、重拾信心的。科学设置心理期望就是要让每一片叶子都能被阳光照到，让每一朵花儿都能绽放。我们不要和自己过不去，和家长过不去，和孩子们过不去。

四、实施科学的教育方法

在选择科学的方法教育学困生时要注意三点：一是要注重激发孩子的学习兴趣；二是要科学地创建评估机制；三是要科学地进行有效课堂教学。前面两点在很多老师的讨论中已经提到，现在我只谈第三点，科学地进行有效课堂教学。

有效课堂教学是近年来的新提法，它不仅要求老师们上课生动精彩，更重要的是要取得良好的教学效果，要让学困生听得懂、学得会、有提高。因此，如何提高课堂效率，是我们教师需要研究的重要课题。近年来对学困生的教育，已经有很多学校从"分层"教学发展到"走班"教学了。我认为这很好，"分层"教学虽然可以照顾到孩子的水平差异，但仍是站在老师的角度对孩子进行灌输教育；而"走班"教学是由学生根据自己的发展方向和水平自主地选择老师和学科，充分地尊重了孩子的发展，发挥了孩子在学习上的主观能动性，是更为科学的教学方法。

教育有法，但教无定法。只要我们广大班主任用科学精神来指导工作，我相信，学困生一定会"头顶一片蓝天"的。

第 **5** 项

班级活动：挑战班主任的策划能力

学生对班级活动反应冷漠，班主任该怎么办

班级活动是聚合人气、增强班级凝聚力的一种最好的"武器"。无论是小学生，还是大学生，对班级活动都抱有强烈的参与兴趣。可是，我们也常常听到一些老师反映："我们班搞活动，学生们一个个表现都非常淡漠，好像冷血动物似的。"

人是社会性动物，一般都会喜欢参与集体活动。如果有学生不喜欢参与集体活动，那只能说明班主任的现场气氛的掌控能力还不够强。电视上的那些"名嘴"，正是因为非常善于控制现场气氛，才使得电视机前的我们也跟着开怀大笑。这就是掌控现场气氛的能力。

一个班主任，如果拥有电视节目主持人调节气氛的能力，哪还有学生会不积极参与活动呢？

1 学生不想参加活动事出有因

一、学生曾经伤过心（李云）

一个班级的气氛压抑得让你惊讶——没有人愿意出来为集体做事，没有人愿意当班干部，没有人愿意参加集体活动，班主任说什么便是什么，是什么原因造成这样的局面呢？原因是多方面的，其中一个很重要的原因就是他们对原来的班级和班主任肯定失望过。2001年我曾经接过这样一个班级，以前的班主任过于看重个人得失，常常借一些活动的机会，要班干部从同学中收取经费，因此，学生对他很有看法。更让他们伤心的是上学期放假之前，这个班与别的班发生了矛盾，自己班的班主任反而帮着别班说话。

二、存在自卑失落心理（赵冬）

上高中时，我的成绩在班里并不突出，我有一种强烈的自卑感。同学都是从各重点初中考上来的，都是尖子生，班里人才辈出。我失去了初中时的被重视感，所以在班级活动方面就不热心。

三、跟老师赌气、报复或其他小团体另有安排（李程）

有些孩子，因为老师不喜欢他，他就不喜欢参加老师组织的活动；或者对班主任有意见，郁闷在心，也故意赌气不参加班级活动。

还有些孩子不参加集体活动，是因为他们有自己的小团队，这个小团队会另行安排活动。所以，学生对班级活动不热心，老师要多个心眼，留心班上的小团体。只有把小团体拉进活动中来，大家的积极性才不会受到影响。

四、王立文：家长不良的引导

在很多家长的心目中，分数是至关重要的，只有能提高成绩的活动才会让孩子参加，而像运动会、演讲比赛等类活动，他们认为参加了会浪费时间。家长经常这么对孩子说，孩子也就对班级活动兴趣不大了。

ㄹ 班主任在这些地方做得不够好

一、工作方法简单、粗暴和不当的批评冷了学生的心（郑光启）

（一）工作方法简单、粗暴

S 老师是一名新班主任，在学校运动会报名时，他为了省事，于是从体育委员那里拿来了报名表，把学生挨个叫来，替他们报了比赛项目。结果学生对 S 老师很不满，甚至有人在班上公开宣布："绝不会参加某老师组织的一切活动。"并且还怂恿其他同学也不参加。

（二）不当的批评冷了学生的心

有一年我接手一个"乱班"，秋季集体长跑中，一个寝室的 12 名女生有 8 人请假。我问她们原因，她们你看看我，我看看你，一个也不说话。回想到她们以前的种种"劣迹"，我就先入为主地认定她们是想给我一个"下马威"，我因此很愤怒，将她们骂得"狗血淋头"。事后，副班长告诉我："这 8 个女生是因为月经来了，不方便参加。"可是错已酿成，此后的班级活动她们就都不参与了。

二、活动内容不受学生欢迎（赵春梅）

以前，班级的每一次活动我都会精心策划，可是我的苦心经营所换来的却是寥寥无几的热情。多次反思之后，我找到了问题的根源所在：原来我精心策划的活动内容并不符合学生们的需要，因此，我总是费力不讨好。

三、思想上不重视和相关能力欠缺（李云）

（一）思想上不重视。很多班主任对班级活动看不上眼，认为那是"歪门邪道"，思想上不重视，策划和鼓动学生参与活动就更不可能了。其实班级活动也是班主任密切联系学生的一个重要的渠道，班主任不与学生一起活动，学生怎么会跟班主任亲近，怎么可能会与班主任有密切的交流呢？

（二）相关能力欠缺。有些班主任做学生时一心只读"圣贤书"，自己课外活动参加得少，没有实践经验。因此，他们就对班级活动"先天性"地抱有害怕心理，怕自己组织不了，怕学生不参与，怕自己参与了出丑……先不说学生，其实我们很多班主任也有自卑心理。

让每一个人都参与进来

一、班主任要身先士卒并积极理顺反对意见（钟杰）

（一）班主任要身先士卒

"说一千，道一万，不如老师亲自干"。如果在运动场上，班主任加入拉拉队喊哑了嗓子，我相信任何一个学生看到了这种情况都不会置之不理的。

（二）积极理顺反对意见

对那种"扇阴风点鬼火"的孩子，我不批评。我只是在班上做好正面宣传："你不能在运动场上奔跑，至少可以在场外呐喊助威；你不能在舞台上表演，至少可以在台下鼓掌；你不能'冲锋陷阵'，至少可以做好后勤；哪怕你什么都不能做，至少可以不冷言冷语……"这样的宣传往往能够说服很多学生。

二、动员要充满激情并尝试以学生带动学生（李靖华）

（一）动员要充满激情。上次拔河比赛，我们连胜 4 个班级，这和战前动员是分不开的。比赛前我这样动员学生："我已观察了所有的班级，我们班重量级的人物最多，实力最强；而且，我专门研究过拔河战术，很有指挥经验；最后，我带的班一贯很好，这次就看你们的了……"学生们被动员得热血沸腾，天天盼着拔河比赛的到来。

（二）尝试以学生带动学生。我班有个学生小军，其他同学都说他是书呆子，整天就知道读书，什么事也不过问。后来我了解到他和另一位比较开朗的男孩小华关系较好，我便动员小华去说服他担任副卫生委员。结果，他不但做得挺好而且性格也变得开朗了。所以利用学生带动学生是个不错的办法。

三、营造贡献气氛、创造贡献机会、学会做"伯乐"（王莉）

（一）营造贡献气氛。我们班开家长会的第一项内容常常是表彰，而表彰的第一个项目永远是"班级贡献奖"。获奖的同学学习成绩不一定好，但他可能是运动会上的健将，也可能是校合唱队的队员。另外，只要学校有大型的活动，比如"运动会"、"文化艺术节"、"科技文化周"等等，班委会都会在发动、组织之后，在教室后边的板报上，设计醒目的"贡献表"，对积极参与、为班级作出贡献的同学，大张旗鼓地表彰。

（二）创造贡献机会。让最弱的同学也有能力热爱集体活动。面对集体活动，最有心理障碍的应该是那些"能力较弱"的孩子，他们没有特长、没有优势，也就没有了自信，所以，参与集体活动便成了他们"心有余而力不足"的负担。班主任的任务就是要想尽办法为他们创造机会：没有艺术细胞的可以给演员借服装、下载音乐、复制磁带；没有绘画天赋可以裁纸张、借水粉；运动会上也可以设"最佳拉拉队员"奖来鼓励那些不能参加比赛的孩子……

（三）学会做"伯乐"。主动邀请学生参加。我曾经碰到过这样一些学生，他们不仅自己不参与班级活动，还站在旁边看热闹。这样的学生，他们实际上是希望老师请他们参加。后来遇到有学生表示不想参加活动，于是我不管其是真的不想参加还是假装的，我都会主动地邀请他们参加班级活动。

四、用点评带动激情（贾宏权）

学生做完一件事情后，总是想看看别人的反映，如果能够得到表扬，那参与的劲头肯定会增强。所以，从学生开始搞活动时，我就认真观察他们的表现。活动完后，我再进行认真的点评。而且每次点评都充满了激情，所以学生们都十分高兴。

一次成功的名篇背诵

温爱娟

经典美文背诵活动开展有一段时间了，学生们有的已经背了十多篇，有的则还在第一二篇里徘徊。是他们的基础差吗？不。我测试过他们，让读冰心的《快乐的节日》，基础最差的也只有12个字不会念。

怎么办？我拿出了看家法宝——"奖励印章"。这个做法很快就调动起了大部分学生的积极性，一时间背书成了一种"时髦"，在课余饭后，教室里总是书声琅琅。

大环境形成了，可仍还有七个"老油条"无动于衷。我请教同事钟老师，他们班是用什么办法让学生"疯狂"背诵的。钟老师慷慨大方地告诉我一个秘诀——小组竞争，即全班分成若干小组，各组水平大致平衡，然后每背一次书，就竞争一次。

这个办法果然不错，班上顿时出现了争先恐后的局面。一些不读书的孩子，因为怕拖自己小组的后腿，也主动拿起了课本。当某一组成员全部通过时，他们会情不自禁地高喊一声"耶！"那神情，比得了宝贝还高兴。

可有这么一个孩子，在学校里能够背诵，一回到家就忘得干干净净。于是我拨通了他家的电话，先是在电话里表扬了他在学校取得的进步，然后委婉向家长说明了情况。家长知道情况后表示会帮助孩子背诵课文。第二天一进校门，这个孩子就快步跑到我面前，流利地背诵起来。我激动地向全班宣布："我们全班背诵全部通过！"看着学生们自豪的神色，我不禁笑容满面！

最后，我班成为学校经典美文背诵活动中表现最出色的班级。这次活动能这么成功，我总结出以下几点经验：

（1）班风正。班风对学生影响很大，其他班背诵不能坚持到底的原因就是班风不正，当有同学表现突出时，居然有学生会嘲笑他。我们班则不同，有同学受到表扬，其他同学都很羡慕。

（2）干部得力。尤其是分组后，我几乎只是"幕后顾问"，好些新颖的背书方法都是干部们总结出来并推广的。

（3）家长配合。想想如果我没有争取到家长的全力配合，形成不了一种教育合力，那么，我们班的最后一个"堡垒"会拖得很久才可能被"攻下"。

（4）同事支持。钟老师教一年级，也教我们班的数学，她的宝贵经验缩短了我摸索的过程。此外，我们班有一节阅读课是校长上的，校长不仅拿出阅读课指导学生背诵，还常常表扬学生。学生得到校长的夸奖，背得更卖力了！

5 体育弱班的体育冠军之路

马彩云

学校组织越野跑比赛，我班人势不强，所以感觉压力很大。因此，我做了一系列精心策划，最终使班级由弱变强了，且成绩令人刮目相看。

一、诗意鼓动

"生命的滋味就在于不论是山珍海味还是萝卜青菜都要尝一尝，才不枉来这个世界上走一遭。越野跑是一道让你回味无穷的精神大餐。"我不同寻常的鼓励使学生眼前一亮。

我接着渲染："人生就是一串珍珠项链，每一次经历都是一颗珍珠，它的闪光程度取决于你的人生积累。像越野跑这样的比赛，一辈子能有几回？五十年后你可以很自豪地告诉你的后代，你们的爷爷奶奶当年跑了六千米呢！"同学们哄堂大笑，五十年后的设想让学生们十分心动。

二、激情带跑

鼓动虽然富有诗意，但是六千米的长度毕竟让人为难。为激发他们能勇敢地跑下去，每天训练我都激情带跑。我对他们说："跑那么远不累是假的，但人生的魅力就在于不断挑战自我。体会挑战自我极限的乐趣吧，每次挑战都是崭新的体验！"

这样一鼓动，结果全班参与！不跑的都站在路边助威。别的班老师只是吹着哨子督促学生，而我却亲自带着学生跑步，我的参与引来其他班级不少同学羡慕的目光。

三、众志成城

比赛的日子到了，全班众志成城，没有一个同学闲着。有的买来了手绢浸湿水交给运动员们，有的买来葡萄糖忙不迭地送到运动员嘴边，有的站在路旁等着搀扶跑完后的运动员。我则骑着自行车来回为他们加油助威。结果让人欣慰：韩露体质不好却尽力坚持，周聪脸涨得通红脚下却还在发

力，一向对什么都无所谓的杨路跑得脸色煞白，坚持到终点后才被同学们
架着离开了跑道……

比赛的结果让全校哗然。我们班一共 32 人，男生只有 8 个，却取得男
子组全校第二的好成绩，机械、汽修等纯男生班级远远被我们甩在了后面；
女子组我们是当之无愧的冠军。全校八千师生对我们班刮目相看！

⑥ "五个一"点燃孩子的热情

高顺杰

我班每次搞活动，学生们总会提前几天就兴奋不已。不少老师问我秘
诀，我说就是做好"五个一"。

一、开好一次动员会

动员工作做得怎么样，直接影响到孩子们对班级活动的参与热情。

上学期我接手了高一新生班级，开学后一个月就迎来了学校秋季田径
运动会。于是我在班上做起了动员。先用课件展示了我校历届班级运动会
的视频、图片与奖状，并做适当介绍。有些学生以前没有参加过运动会，
课件让他领略了运动会的风采与魅力。然后我鼓励他们："体育的魅力就在
于不断挑战自我，更高更强既是我们奋斗的目标，也是我们的精神！勇敢
参与进去，既是为班级而战，也是为自己而战，我们将因你的拼搏而感到
骄傲与自豪……"结果报名异常火爆。

二、做好一次个人谈话

无论是报了名还是没有报名的学生，我都会抽时间和他们谈一次话。
对报名的同学进行鼓励，对没有报名的同学表示理解。一些学生告诉我，
他们没有报名是担心自己的能力不足，怕影响班级荣誉；也有的希望老师
替自己做主，点名让其参加……我告诉他们："每个人都有权利选择自己生

活的方式，你们不一定要参加比赛，还有很多服务需要你们参与。"个人谈话之后，学生热情大增，课余饭后都在讨论这件事情。

三、做好一次周密部署

为了开展好这次运动会，我费了一番心思，每一个步骤每一个细节都进行周密部署。个人项目报名、集体项目名单确定、接力赛训练指导、入场式口号征集等，每一个环节都凝结了集体智慧。我们还创造了用击掌的方式进行接力训练，这样，在别人等待学校发放接力棒的时候，我们的训练已经走在了前头，已为夺冠做好了准备。

四、打好比赛第一枪

我班比赛的第一个项目是迎面接力赛，为开好局，我和他们详细研究接力技巧，要求他们无论如何要打好第一枪。果然，我们以 0.5 秒的优势获得了年级第一名。孩子们兴奋得把我抛向了半空中。良好的开端是成功的一半，接下来我们班一鼓作气，创造了不少奇迹：荣获男子 100 米比赛第一名并打破学校纪录，男子 200 米比赛我们班包揽了前三名，荣获男子跳高比赛第二名等等。最后，我们班站上了最高领奖台——团体总分第一名！

五、做好一次总结

总结会上，我们一起重温了运动会期间赛场内外感人至深的一幕幕：周静、罗宗带伤比赛，刘美强忍泪水冲向女子 3000 米的终点，王文放弃名次鼓励班上另外两位同伴一起冲向男子 5000 米终点，通讯组顶着烈日写出上千篇稿子，还有振威同学每天来回搬纯净水把肩都磨出了水泡……这次运动会让每个学生都体会到了参与的快乐，让每个学生都很有成就感。

尊重个性差异，要求但不强求

钟 杰

我的班级人数不多，就 25 人，但这 25 个孩子却都是性格各异的。有的性格外向，哪里都少不了他；有的性格内向，看到的多半是他安静的身影；有的小气，需要小心翼翼待之；有的大气，嬉笑怒骂也不会影响他的情绪；有的内心阳光，凡事想的都是积极的方面；有的心态阴暗，总觉得别人有不可告人的目的……

学习我们暂且不论，单说集体活动这一项。有的千方百计要参与，有的挖空心思要躲避；有的甘为人梯，跑腿加油不亦乐乎；有的招摇过市，出口不出力风凉话不断；还有个别学生表面上装出一副冷若冰霜事不关己的样子，但心里却很渴望参与，千百遍地在心里呼唤着要老师来请他。

因此，一些老师提出问题："学生对班级活动不热心，怎么办？"对此，我的策略就是——尊重个性差异，要求但不强求。

首先，我努力营造一个有安全感的班级，让每个学生在班级里都有他的位置，有他要做的事，成为别人的重要他人。一个学生，只要他感到了他是别人的重要他人，为了这份感觉，他会去努力拼。一个人，所谓的实现人生价值，就是想要得到别人的认可，得到别人的重视。

其次，经常给班级制造惊喜，让孩子们觉得自己的班级与众不同，老师是用心在经营，这个班级是值得自己去爱的。一抹惊喜来自一份用心，一个用心去经营班级的班主任势必会得到学生的爱，而学生爱老师实则就是爱班级。当孩子们已经爱上了自己的班级时，班级的荣誉也就深深地扎根在孩子们的心中了，为了拥有这份荣誉，很多孩子都会主动去参与。

第三，走进每个孩子的心灵，做他们的朋友。一个人，可能会忽视自己的亲人，也可能会忽视自己，但一般不会忽视自己的朋友。尤其是孩子，在他们的心里要是把谁当作了朋友，就会竭力去为朋友付出，正所谓"为朋友两肋插刀，在所不惜"。

第四，帮助孩子在班级里构建健康和谐的人际关系。我记得王晓春老师说过一句话："与其说孩子到学校来读书，还不如说孩子到学校来读人际关系。"孩子之所以要到学校来，不是因为学校老师有魅力，也不是因为书本知识有魅力，而是因为学校能帮助他们找到与他们同龄的朋友。可是，很多孩子并不善于交际，他们渴望友情，却往往把友情打得"落花流水"。这个时候，老师就要出面了，帮助孩子建构朋友圈子，让孩子们在班级里找到与自己兴趣相投的朋友。很多时候，本来一些孩子不愿参加集体活动的，但一看到自己的朋友都在参加，于是就会为了同伴而跃跃欲试。

第五，适当进行物质奖励，让孩子们觉得自己的付出是有回报的。孩子毕竟是孩子，不喜欢物质上的奖励那是假的。我有时会在包里装一些小东西，适时适当地奖励给孩子们，于是孩子们往往会觉得要是不参加班级活动总是对不住自己的老师。刚开始是别扭着去参加，后来慢慢地找到了感觉，要他不去还不行呢！

这种拉网式的做法往往会把大多数的孩子拉进班级的网中，剩下的就只是极为个别的孩子了。

然后，我就会在班上大张旗鼓地说："班级是我们大家的，按原则按要求肯定是人人都要参加的，就算你不在运动场上奔跑，你至少应该在球场外呐喊助威；就算你不在舞台上表演，至少你应该在舞台下鼓掌；就算你不抛头露面'冲锋陷阵'，至少你要守好'后方'让'前方战士'安心；就算这项活动不是你的强项，你不便参与，至少你应该积极支持，笑脸相迎，温言以待；就算你什么都不做，我也尊重，并不强求，但起码，你不可冷言冷语伤人心。"

这一番论调下来，不参与集体活动的孩子已经微乎其微了。

对于剩下的微乎其微的孩子，在充分了解了情况之后（找学生本人了解或找当事人的好朋友了解），与学生进行理性的分析，教会他们正确取舍，如果这项活动对他们来说实在没有参加的必要，我也会尊重孩子的意见的。

班上有个叫卢扬的孩子。上学期，不论遇到什么活动，老师还没在班上公开宣传，他就会说："千万别让我去啊，我最不喜欢的就是参加集体活动。"

下课的时候，我悄悄地观察卢扬，发现他活泼好动，也喜欢与同学打打闹闹，并且对班级也很热爱，这样的孩子，怎么可能不喜欢参加集体活动呢？

后来我与卢扬的小学同学交流，了解到卢扬在读小学时就是一个特别怕输的孩子，他的面子观特别强，所以每次活动都是心里想去，但最终都不愿付诸行动。

我还从卢扬父母的口中得知，卢扬内心特别想参加班级集体活动，但就是不敢主动开口，他很希望老师能主动开口叫他去参加。

知道了卢扬的情况，我给他量身打造了一些活动。不是他的强项，我不会邀请他参加。如果是他的强项，我就会非常诚恳地要求他去参加。卢扬装着很勉强但又师命难违的样子去参加了，结果赢了。这一赢大大增强了卢扬的信心。后来的很多活动，卢扬都会主动去参加。

至于那种"扇阴风点鬼火"的孩子，我不批评，也不在班级公开言说，而是当着他的面竭力鼓动拉拉队的热情，拉拉队的热情迅速高涨，很快就把他的"阴风"给冲散了；接着是在班上大肆肯定参与活动的同学，不论成败，都说他们大有收获。成功了，我会喜悦地祝贺他们，并且为他们大唱赞歌；失败了，我仍然会喜悦地恭喜他们，并且为他们分析，说他们虽败犹荣，重要的是从失败中找到了原因，并且进行了反思，为今后的更大成功做了最好的铺垫，比起那些成功，失败显得更加可贵。因此，不论是成功还是失败，班级里的感情基调都是热情的、昂扬的，那些"阴风"和"鬼火"哪里会有"市场"呢？

其实，无论是哪一种活动，只要班主任把工作做在事前，用心做好铺垫，尊重个性差异，要求不强求，都会收到比较理想的效果的。

第 **6** 项

班风建设：挑战班主任的管理能力

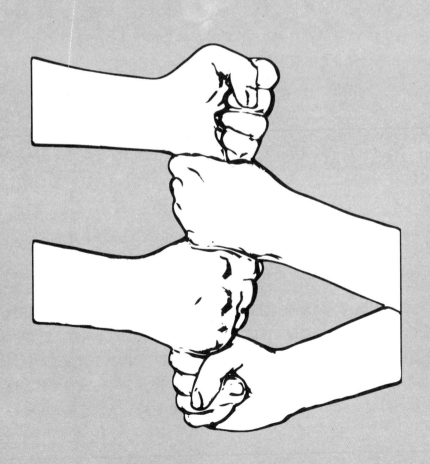

焦点问题

班上的风气总不正，班主任该怎么办

"周一七点半，我们不见不散"，很高兴又与老师们一起相聚在"班主任工作半月谈"，共同来研讨班风建设的问题。

班风是一个班级特有的精神面貌，是整个班级的审美趋向、价值观念的体现。好的班风不仅能够自动地引导学生改正一些错误观点，还能够约束、规范学生行为，让班主任轻松自如地管理班级。但是不好的班风呢？不仅会让你的教育效果大打折扣，还常常会让你顾此失彼，狼狈不堪。因此，班风问题实际上是班级管理的关键因素。一个深谙治班之道的班主任，他首先抓的不是学生的成绩，而是班风。

1 判断班风好坏的四个细节

郑光启

班风好不好，只要我们注意观察下面几个细节，就能马上判断出来：

一、教室的地面是否干净

如果一个教室的地面到处都是垃圾，很难想象这是一个具有良好班风的班级。当然也有人会说地面保洁工作做得好的班级，班风也有可能很差。对于这种情况，我认为只有一种可能："突击行为"，即这个班级可能是为了迎接检查而临时打扫过，他们平时教室的地面肯定是垃圾满地的。但是在这种情况下我们还是能够发现一些"蛛丝马迹"，如课桌椅下，放扫帚、拖把、纸篓的地方，门后等等，这些地方不一定干净。如果一个班级的地面垃圾很多，那我们基本可以断定这个班级的班风不好。相反，具有良好班风的班级，他们的教室一定是干净、温馨的。

从地面的垃圾我们可以发现很多信息：如果地面垃圾以果皮、零食包装袋居多的话，说明这个班级的同学喜欢吃零食，并且很有可能是在上课的时候吃的，那么学生学习、纪律就会很差，卫生习惯也很差；如果地面垃圾以小纸屑居多的话，说明这个班级课堂气氛不好，喜欢上课传纸条，学生"早恋"的情况可能比较多；如果地面泥土比较多，说明这个班级的班风问题主要出在男生身上。

二、早读是否响亮

如果一个班级早读没有人读书，而是像自习课一样静悄悄的，那么，这个班级的学风很可能不好。如果你在教室站一会儿，学生会马上开始早读的话，那说明这个班的班风还不是很差，很容易扭转；如果学生无动于衷，那要扭转这种班风就需要花大力气了，并且要做好充分的思想准备：你的付出有可能得不到相应的回报。

如果一个班级早读的时候场面很乱，很多人在说话，而读书的人很少，则说明这个班级的班风存在着很大的问题。

三、自习是否安静

班级纪律好是班风正的重要标志，而自习课最能体现一个班级的纪律情况。自习环境安静，学生学习自觉，没有人做其他的事情，说明这个班的风气很好；班级虽然安静，但是读书写作业的人不多，说明这个班的学风不是很好，这种安静多半是因为性格比较沉静，或是惧怕班主任而装出来的；有学生吵闹，而且不读书，说明这个班的风气差。

四、动作是否齐整

当上课铃声响起的时候，不同班风的学生反应是不一的。班风好的学生会马上进入教室，坐在座位上很安静；而班风差的学生会磨磨蹭蹭，甚至会装作没听见。我去外面听课，每到一个学校，当上课铃响的时候，我总是喜欢站在教学楼外，望着每个班级学生的反应，猜测哪几个班级的班风良好，哪几个班级的班风不好。每次都能猜得八九不离十。

实际上，能够反映出一个班级班风好坏的细节还有很多，如学生对课间操的态度、上课的坐姿、对升旗仪式的态度等。只要我们注意观察，可以从一些细节中迅速地对一个班级的班风作出大致的判断。但以上四个方面是主要的。

将良好的班风进行下去

一、防止变化（李靖华）

"你松一尺，学生就会松一丈"。在优良班风的形成过程中，要谨防出现"蚁穴"，不要被一些表面现象迷惑，要及时关注学生的思想动态，把一些不良苗头消灭在萌芽状态，就如对待河堤一般，要经常修复、巩固才能避免洪水泛滥。

二、注意细节（马彩云）

"打江山易保江山难"，我们要保持高度敏感性，洞察一切可能发生的变化，通过写师生交流日记、与学生个别谈心、定期召开班干部会议、倾听学生的心声、召开班科联系会等途径来分析班级舆论对学生价值观的影响，提前作好几个预案，沉着应对可能发生的种种情况。

三、加强引导（温爱娟）

班风建设步入正轨之后，班主任要实现教育方式从管到育的转变，充分发挥学生的主体作用；继续抓好日常管理工作，使学生能安心地在班级里学习，让学生对班级有安全、舒适、美好的家的感觉；学会利用突发事件引导学生进行思考、辨别是非，形成正确的是非观；学会用集体的力量去帮助、教育学生，让每一位学生都有班级归属感。

四、锐意创新，力求更好（高顺杰）

（一）锐意创新

没有创新，班风是不会向前发展的。只有注重创新，才能缓解学生的审美疲劳，给学生保留新鲜感和求知欲，就像《优秀是教出来的》和《放牛班的春天》那样不断给学生带来惊喜，不断给学生编织梦想。

（二）力求更好

班风建设"没有最好，只有更好"，我们要学会用动态的眼光来看待班风的建设。一个班级在不同学期的不同时段，班风建设的内容与形式应该是有所不同的：新生入学，班风建设的任务主要是增进了解，增进友谊，提高学生对新班级的认同感与归属感，增强集体的凝聚力；等学生适应了环境后，班风建设的主要任务就应转变为培养学生良好的学习习惯、卫生习惯、规则意识等。

保持教师尊严的底线

钟　杰

还没到新班级上课，就有老师对我说："这个班的班风特别浮躁，而且有些男生特别势利。在体格威猛的男老师面前，屁都不敢放一个；在温和讲理的女老师面前，则耀武扬威满脸不屑，甚至出言顶撞。"说完，这位老师还好意告诫我，最好不要接这个班，免得找气受。

我听了，只是微笑。然后，笑着走进了新教室。果然，后排两三个男生不怀好意地瞅着我，嘴角泛着冷笑。我装作没看见，温和有理，灿笑如花地与孩子们问好，孩子们惊喜得不停地鼓掌。趁孩子们鼓掌的当儿，我偷觑了一眼后排的几个男生。他们没有鼓掌，眉宇之间还有几分蔑视。

我上课的时候，那几个男生故意讲话。我满面微笑，说："请举手发言，好吗？你们离我距离比较远，我耳朵不好，听得不太清楚。"俗话说"伸手不打笑脸人"，几个孩子心有不甘，但还是在大家的注视下闭住了嘴巴。

下课的时候，那几个男孩故意在我面前昂着头一晃而过，以我的经验，我知道他们是在向我示威，是在告诉我他们是动不得的。而我也知道，这个班的班风之所以浮躁，皆因这几个男生在里面搞鬼。

或许是他们太急于给我"下马威"了，出手之快令我这个当了近二十年班主任的老师都没料到。

上课第一天我安排了第一次作业，竟然有八个孩子拒绝完成。我说："没有完成也没什么，补上就可以了。这样吧，体育课时，大家就少上一会儿，利用这个时间把作业给补上，大家说，行么？"我的温和赢得了孩子们的好感，纷纷说利用体育课把作业给补上。

体育课，五个孩子留在教室里补作业，另外三个却滞留在操场不愿进教室。我请体育老师帮我叫那三个孩子回教室。有两个跑步进了教室。小虎却慢腾腾地一脸不屑地走进来，我说："赶快拿出作业本做了吧，时间也不多了。"小虎慢腾腾地拿出作业本，然后就在上面乱画。我说："不要画了，赶紧做吧。"小虎恼怒地瞪着我。我转身到讲台旁坐下。别的孩子都在刷刷地写字，唯有小虎满脸不悦地在本子上乱画着。

我想，反正这孩子都不愿意写，我不妨找他谈谈心，缓减一下他心中的怨气。

我把小虎叫到讲台旁，温和地问他："你家住哪里呀？你爸爸妈妈是不是都去打工了？你周末回家跟谁在一起呢？"连问三个问题，小虎都没理我，而是把脸扭向一旁。我只好退步了，说："你要不想说，那你把答案写在本子上也是一样的。"小虎极不情愿地写下了他的家庭住址就停笔了，我又说："你不告诉老师你的基本情况，老师就不了解你，就有可能作出错误的判断……"我的话还没说完，小虎就向我发飙了。他气冲冲地吼道："凭什么要告诉你！我不说，你少来这一套！"

我一愣，教书近二十年了，还没有一个学生这样当众打我一计闷棍呢，一个初二的孩子，与我才接触一天，在我面前竟然如此嚣张。我是一个教师，但我更是一个人，我有人格，有尊严！于是，心中一怒，伸手抓住小虎的衣领，直视着他的眼睛生冷而强硬地说："看着我，我是谁？我的身份是什么？"小虎把头扭向一边，我右手牢牢抓住他的衣领，左手把他的头扳正，继续生冷强硬地追问："说，我的身份是什么？"连续问了四声，小虎软了些，低声说道："是老师。"我冷哼一声："不要说是老师，以我的年龄，足以做你的母亲，一个晚辈可以对长辈这样说话吗？我告诉你，我这个老师温和有理，爱护学生，但我除了是老师之外，我还是一个人，是人就要得到尊重！我可以原谅你所有的错误，但我要告诉你，在尊严面前我寸步不让！今天，你必须给我道歉，否则，我不依不饶！"

我气呼呼地瞪着小虎。或许是因为我太气愤了，力气用得太大，小虎个子虽然高我一截，但他怎么也甩不掉我的手。小虎在我的直视下终于软了下来，小声说道："老师，对不起！"我不依，厉声说："大声一点，要让后面的所有同学都听到！"小虎没法，只好又大声说了一声："老师，对不起！"我这才把小虎的衣领放了，转身对下面几个同学大声说道："我要告诉每个同学，每个人的忍耐力都是有底线的，谁要是超越了我的底线，践踏了我的尊严，我寸步不让，抗争到底！"

下面的几个同学被吓呆了。也许，在他们的读书生涯里，还没有见到哪一个女教师为了维护自己的尊严而如此不罢休！今天，他们终于看到了，人，为了维护自己的尊严会怒不可遏，会爆发出无穷的力量，甚至会变成另外一个人！

事后，有女教师对我说："你真帮我们出了一口气了。就是这几个学生，经常欺负女老师，弄得女老师都没法上课了。"我笑笑，说："教育学生是教师的责任，爱护学生是教师的本分，但是，当学生践踏教师尊严的时候，教师必须为保卫自己的尊严而战！"

此后，这个班的纪律特别好，以前的那股邪气一扫而光。那几个不屑一顾的男生看见我，脸上竟然露出了讨好的笑容！

由此我也明白，班风不好，责任还是在老师自己。是我们的老师太懦弱，以至于埋下隐患。我们教育孩子时要懂得维护自己的权利，也要敢于维护自己的尊严。很多老师顾忌对方是学生，一而再再而三地退让，结果让一些刁蛮学生占了上风，主导了班级的风气，将一个原本优秀的班级引入了歧途。

4 培养良好的班级舆论

李 云

我们要形成一种健康向上的班级舆论。因为一个健康的班级舆论是孩子们成长的"温床"，它能够通过班主任的引导，向孩子们传达一种积极向上的价值取向，倡导一种蓬勃向上的精神风貌，形成一种强大的意识氛围，使孩子们自动远离那些没落的、庸俗的人生观，从错误的、低俗的、不健康的生活作风中走出来。德国教育家斯普郎格说过："教育绝非是简单的文化传递，而是人格心灵的唤醒。"实际上就是积极健康的舆论引导作用。所以班主任要利用好这种影响，把握住这种唤醒。

为此，班主任要做好下面几个方面的工作：

一、始终鲜明地坚持正确的是非观念

不要以为现在的孩子们大了，他们会有自己正确的是非观念。事实证明，很多时候，孩子们的是非观念并不是那么鲜明的。比如说，有时候在孩子们中间会流行这样一些顺口溜："太阳当空照，骷髅对我笑，小鸟说早早早，你为什么背上炸药包？我去炸学校，老师不知道，一拉弦，赶快跑，轰隆一声学校就没了。"这样的顺口溜传递出了一种厌学、消极和暴力的世界观，也许孩子们在传唱的时候，他们没有意识到这里边的是非观念问题，只是觉得好玩、有趣，于是就流传开了。作为班主任，对这种事不能不管，班主任必须明确地告诉他们，对于这样的消极的顺口溜，应该进行抵制。

二、树立高尚的人格魅力

很多孩子在背后常常表现出一种对班主任的不屑，甚至鄙视，我觉得这很危险。如果班上形成了这样的一个舆论导向，那班主任仅凭借着自身的人格魅力在孩子们面前是没有地位的，讲话也是没有威信的。相反，有些班主任凭借着自身的人格魅力在学生面前很有威信，他们登高一呼，应者云集。

怎样才能树立起自己高尚的人格魅力呢？那就是言行一致。如果你在班上倡导一种爱护校园，爱护一草一木的舆论氛围，自己却为了抄近路，从草坪中间踏过去，那么，孩子们就会对你的话表示怀疑。如果你对孩子们说要守时守信，自己却迟到十分钟，甚至今天的作业拖到明天看，那么，孩子们就会私下里嘀咕："我们迟到有什么大不了的呢？你自己也这样！"如果你在班上倡导艰苦朴素，自己却吃不下学校里的包子馒头，那么，你凭什么让孩子们相信你讲的话？

"学高为师，德高为范"，说的就是无论何时何地，班主任都能够通过自己的言行判断和舆论宣传，把自己的人格魅力传递给孩子们。

三、大张旗鼓地表扬好人好事

舆论支持什么，否定什么，其实就是通过班主任表扬什么、批评什么体现出来的。只要是好事，不论大小，班主任都应及时给予表扬，并且将这种表扬和班级集体荣誉联系起来。这样，不仅受到表扬的孩子感到有面子，有成就感，还能够促成人人为集体做好事的风气，形成一种以为集体作贡献为荣、以损害班级形象为耻的良好舆论导向。我常常认为，孩子的心灵是一块干净的"土地"，如果好的作风你不支持，不表扬，那么，坏的思想作风就会乘虚而入，占领这块"土地"。大张旗鼓地表扬，就是让孩子们明确地认识到，什么是可以肯定的，什么是应该否定的。

表扬的时候不要吝啬你的热情，如果你仅仅是冷淡地说一句，孩子们就会认为，这件事情不值得去做，或者意义不大。你要在表扬里由衷地表达出你的赞美，你可以自豪地告诉他们，你因为他们的表现而骄傲。这样孩子们做起事来积极性就会很高。经过多次表扬之后，班级舆论导向就鲜明了。

四、营造和谐的人际关系

班级舆论消极与否，主要取决于两点：一是舆论事件的特征，二是舆论传播者的情绪状态。班级人际关系的好坏，对这两点都有影响。一个很浅显的道理，紧张的人际容易导致不愉快的事件发生，而不愉快的事件则容易引发消极的舆论。这就不难解释，为什么师生关系紧张的时候，很多好事都容易变成坏事。因此，要形成一个健康向上的班级舆论，就必须营造和谐的人际关系，只有人际关系和谐了，班级舆论才会积极健康。

总之，在班级舆论问题上，班主任要做出主动和有目的的工作，不能够放任自流。放任就是养虎为患，等到舆论消极了，班主任工作就很难开展了。

5 把遵守纪律培养成一种习惯

郑学志

常常有班主任这样埋怨学生："简直太不像话了，我前脚刚走，他们就在教室里闹开了。这个班真的是没法管了。"他们痛心疾首的样子，道出了对学生管理无方的无奈。

确实，很多学生在遵守纪律上，总喜欢和老师玩"猫捉老鼠"的游戏。老师在教室，他们就遵守纪律；老师不在教室，他们就无法无天。

一些老师为了终结这个游戏，常常像消防员一样东奔西跑，忙于"镇压"。可是，问题却不能够得到彻底解决。

对这些班主任，我总是不理解：为什么不把遵守纪律变成孩子的一个习惯呢？习惯是一种惯性，也是一种能量的储蓄，如果我们把遵守纪律培养成孩子的一种生活习惯，孩子们遵守纪律不就成自然的事了吗？

　　每接一个班，我都会制订一个把遵守纪律演变成一种习惯的计划。

　　接班时，我都会这样对我亲爱的学生们说道："优秀其实是一种习惯，我首先要告诉你们，创建一个优秀班级其实很容易，只要我们大家把遵守纪律培养成一种习惯，任何班级都能够成为优秀班级。同学们，你们愿意为生活在优秀班级中而做出一点改变吗？"

　　"愿意！"孩子们都很激动，异口同声地回答。从1994年开始到2009年，15年了，我一直这么鼓动学生，每次都能够得到这样肯定的回答。

　　于是，我就进一步鼓动他们：

　　"好吧，从现在开始，每个人都要郑重地对自己说——今天是我新生命的开始，没有人能阻止我的成长。我的旧貌已随风而逝，我的新生活已经开始，我要在众人面前昂首阔步，不管他们是否认识我，我都将高高地抬起我青春的头颅。因为，我是一个拥有新生命的人。"

　　"从现在开始，每天早上，你们会带着一种从来没过的活力从梦里醒来。然后按照班规规定的时间坚持跑上一段1500米的长跑，迅速把洗漱做完。当最后一把凉水被你们从脸上抹干净的时候，你们会觉得新的一天无比清新。这时候你们的热情就会高涨，迎接新世界的欲望将会让你们克服一切恐惧，你们会比想象中的过得更快乐。"

　　这种宣传往往会把孩子的积极改变自我的愿望彻底地激发出来，每届学生听过我的鼓动讲话之后，都会参照班规，给自己制订一个个人发展计划。一般都是在一个月的时间，我班就实现了学生自我管理，剩下的工作，做起来就轻松多了。

第 **7** 项

理想教育：挑战班主任的鼓动能力

焦点问题

学生对未来没有一点渴望，班主任该怎么办

这是一个富足的时代，各种物质享受应有尽有，因此，孩子们对什么都不稀罕。水果要家长洗干净，剥了皮，切成块，送到嘴边，孩子也许会给点面子吃几块；蔬菜更要想办法了，切成小片和米饭一起蒸，打成蔬菜汁哄孩子喝，再不行就做成汉堡、三明治这样洋味十足却未必健康的食品一起吃。

在我们小的时候，会为得到一颗糖果而开心不已，为借到一本小人书而欢呼雀跃，为走出农村而发奋读书。那时候，我们的学习目标明确而单纯，浑身充满了动力。现在什么也不缺了，学生们却失去了生活的方向。他们抱怨学习的枯燥、厌烦父母的唠叨、老师的说教；有的沉溺于网络醉生梦死，有的整天无所事事。你问他们为什么，他们却反问："我们为什么要读书呢？"他们怎么也找不到上进的理由。

面对一张张美好的面孔，面对一颗颗迷途的心灵，班主任该如何帮孩子们找到生活的航标，如何激发他们的上进心，如何让他们对人生充满理想呢？

1 理想的缺失为何成为一种普遍现象

一、受大经济环境的影响（李靖华）

我曾教过两个学生，学习成绩都不错，可是他们两个却先后辍学打工

了，我百般挽留也没有用。他们说大学毕业后找工作也很难，还不如现在出去打工实在，既能挣钱，又不用再受学校的约束，活得自在。

二、家庭的不良示范（邝金山）

有些家长沉迷于打麻将或参与地下六合彩等赌博活动，不分昼夜地聚在一起，对孩子产生很大影响。网吧、游戏机室、台球室等娱乐场所随处可见，里面聚集的人大多是无业游民和中小学生……家长不管，孩子哪里还会有什么理想呢？

三、缺乏忧患意识（高飞）

经常会有家长对我说："老师，我这孩子不读书，以后我给他买辆车开算了。"同时也有孩子会不断对我说："我家已经有这么多钱了，还刻苦读书干什么呢？"他们对未来根本没有一点忧患意识。

四、平时理想教育太空（李云）

我们现在对孩子进行理想教育，很多孩子很厌烦，很反感。造成这种局面的原因是我们的理想教育离孩子们太远，孩子们不感兴趣。加上课堂上的理想教育太政治化，家庭理想教育太职业化和功利化，孩子自己的理想我们往往又不知道，结果，造成了理想教育的缺失。

2 理想其实并不遥远

一、激发朴素的愿望（李云）

我小时候因为个子矮小，打架总是输，所以我当时的理想是当一名军人，手里有枪，谁欺负我就毙了谁。小时候身体不好，打针时只要听到别人说一句，解放军都是很勇敢的，我就不哭了。我认为理想还应该有一个比较实在的名字，叫愿望，朴素的愿望是理想的雏形，我们不能空谈理想而忽视了那些朴素的愿望。

二、用目标简化理想（邝金山）

理想教育让学生觉得遥远，但如果把理想简化为一个个容易实现的近期小目标，带给学生的感觉就会截然不同。比如，把"考上大学"分解为"考上重点高中"、"学期考试成绩在班上前十名"、"每天按时完成作业"等近期目标。这样一来，理想不仅被学生所接受，还可以带来一种情感享受、一种成功体验。

三、尊重学生的意愿，用榜样启迪理想（高飞）

（一）尊重学生的意愿

每个孩子对人生都有自己的看法，也都有自己的理想，并且这些看法和理想可能会随着年龄的增长、阅历的增加而随时得到调整。谁又能说，这样的理想是好的理想，那样的理想是不现实的理想呢？"三百六十行，行行出状元"，不管孩子们有什么样的理想，我们都要小心去呵护，不要用世俗的观念轻易否定掉，否则孩子就真会没有理想了。

（二）用榜样启迪理想

培根曾说过："榜样的力量是无穷的。"教师选择一些知名人士为榜样对孩子们进行理想教育，往往会收到很好的效果。比如，我在给学生讲理想的时候，举的例子是韩国著名歌手 Rain 的成长经历，由于学生听过他的很多歌曲，对他也很崇拜，Rain 艰辛的成长经历及如今所取得的巨大成就给孩子们带来了很大的震撼。

四、用野心催化理想（郑学志）

当一个作家或者诗人，是我追求了多年的梦想。我读初三的时候，就有写一本书的想法。那时候我并不擅长写作，老师从来没有把我的作文当过范文。那时候我有一个同桌，他读大学的哥哥给他寄来了很多杂志，他不感兴趣，但是却吸引了我。于是我想，有一天我也能够写出一本书，那一定很不错。这份野心促使我努力读书，努力写作，以至于取得了现在的成就——出版了 25 部教育专著。

五、用文化浸润理想（贾宏权）

理想的萌芽离不开文化的熏陶，为了让学生树立起理想，我在班上大力推广班级文化建设，还把一些伟人的话贴在墙壁上，如戴高乐的"伟人之所以能成为伟人，就是他立志要成为伟人"，周恩来的"为中华之崛起而读书"等。长期处于一种激发理想的文化氛围中，学生便会对未来产生憧憬。

 ## 一次特别的书画展

邝金山

2001 年，我担任初二（6）班的班主任。这个班的大多数学生对学习没有兴趣，他们不是自暴自弃，就是一蹶不振，得过且过地混日子。

一天傍晚，我偶然看见几个学生在教室里涂涂画画，李桐则在黑板上随意地画着一些简笔画，那些画看上去还真有点水平。于是，一个大胆的想法在我脑海里闪现：我何不从这方面入手去提升他的自信心？我要为他"量身打造"一个活动！

我决定为李桐办一个书画展！我告诉孩子们："这个活动以前没有哪个班级开展过，绝对是空前的。我们要举办一个书画作品展，这次就以李桐个人的名义展出，大家积极支持，以嘉宾的身份把自己创造的作品拿来一起向全校的同学展示，让大家领略我们班同学的风采。"

同学们面面相觑，有点不敢相信自己的耳朵，也在怀疑："我们能行吗？"但他们却抑制不住兴奋，教室里渐渐地热闹起来了。

我继续鼓动说："李桐的绘画水平大家有目共睹，还有不少同学的书画基本功也很好，只要大家精心准备，把水平发挥出来，就一定能得到全校同学的认可。"同学们不停地点头，脸上充满了欢愉。

之后的每天课余时间，李桐都在精心准备，其他同学也纷纷忙碌起来：爱好书法的在"龙飞凤舞"，喜爱作画的在构图，还有擅长手工制作的在准备材料，其余同学则在制作精致的千纸鹤与幸运星，打算把画展装扮得更漂亮一些。

在大家的努力下，"初二（6）班李桐作品展"终于顺利举行了！顿时，整个校园轰动了！大家踊跃走进参展的教室。这次展出得到了学校领导的高度赞誉。李桐成了我校的"风云人物"。

当天，李桐兴奋地对我说，他找到了自己的目标——努力考上美术专业的大学。在总结会上，李桐真诚地说："以前，我觉得自己很差劲。现在，我相信自己能行！我们大家也一样能行！我的理想是考上美术院校！让我们不再虚度光阴，为了自己的理想一起加油！"同学们深受鼓舞，个个都神采飞扬。

理想之光，是在为了目标而努力时开始闪耀的！

４ 规划人生，让理想可见

马彩云

春燕是职校一年级的新生，自开学以来，她一直很茫然，用她的话说是跟着感觉走，"脚踩西瓜皮，滑到哪里是哪里"。

这几乎是大多数职校生的通病。没有目标的人拥有的是一颗漫无目的的心。我决定对他们进行规划指导，让他们有自己的理想和追求。于是，我做了以下四件事情：

一、创设氛围

为了让他们认识到规划的重要性。我在课堂上进行了一番热情而真挚的演说："人生需要精心规划，你今天站在哪里并不重要，但下一步要迈向哪里却很关键，只有方向对了，才能到达理想的彼岸。人生如航程，要到达彼岸就要先设定航线，要成功就要坚持航行。特别是我们职校学生，两年以后直接进入社会，所以要比普高学生更快更早地确立人生的方向和发展目标才行。"

同学们被我的激情感染了，都听得很投入，他们觉得现在是应该对自己的人生进行规划的时候了。

二、认识自我

我把春燕叫到办公室，引导她思考自己曾经非常渴望做什么，什么事会引起她的注意，对什么事感知敏锐、记忆牢固、思维活跃、意志坚强等，以此来促进她全面正确地认识自己的优劣势，为合理选择目标做准备。

经过四个"what"深入的归零思考，春燕对自己有了正确的认识，她对自己的分析如下：

1. What are you like?（你怎么样？）

我是职校服装专业的一名学生，是爸爸妈妈的宝贝女儿，我的家庭情况在农村来说还可以，父母正当壮年，不需要人照顾。自己身体健康，性格开朗，喜欢热闹，也喜欢标新立异。

2. What do you want to be?（你想成为什么？）

我很想成为一名服装设计师，从小我就喜欢给洋娃娃做衣服，然后高兴地欣赏自己的杰作。

3. What can you do?（你能做什么？）

我现在学的是服装专业，相信毕业后经过历练定能做得更好。

4. What supports you?（是什么在支持你？）

父母在精神上很支持我，但在物质上帮不了什么，毕竟他们都是农民，经济上也不富裕。所以在校的时候我一定要刻苦学习，毕业以后学校可以把我推荐到好的企业去，先从基层做起，相信一定会有提升的机会。

三、把握现在

春燕的悟性本来就很高，明确了目标以后，在工艺课上表现得越来越突出。第一次参加技能竞赛，她的成绩就在六个班三百多名学生中遥遥领先。取得这样好的成绩对她是个极大的激励，从此，她对自己的前途充满信心，她给自己在校期间设定的目标是拿到高级技师证。

她在周记上写道："我的心从没有像今天这样豁然开朗过，也许我的规划不是最完美的，但我会尽最大的努力去实现它。我知道，实现规划之路不会一帆风顺，会遇到各种各样的困难和挫折，但我会坚持不断地进取，从课堂上认真听讲做起，从平时的每一次实务操作做起，还会更加珍惜每一次社会实践锻炼自我的机会。在这个规划过程中肯定会有很多人为的或客观阻挠，但我不会退缩。我相信有航标的人一定能够在人生的道路中实现自己美好的理想。"

四、不断激励

从制订规划到理想实现是一个漫长的过程，是一个艰辛的过程，是一个不断受挫的过程，这个过程需要老师不断地对学生进行激励。春燕自从有了明确的规划以后，进步非常大。加上我适时地鼓励她，她更加努力，因此，她劲头十足，信心百倍，一个学期以来她都表现优异，且被评选为"技能之星"。

看到春燕有如此显著的变化，我无比欣慰。通过这样一项人生规划活动，让我和学生们都对未来充满了信心。

理想在现实生活中很重要

郑学志

初三下学期，我曾要求学生写出自己的理想，结果却让我大失所望。

只有三分之一的学生谈到想当医生、教师等，其余的是想考高中或者是中专。高中和中专算是什么理想？理想应该是报效社会的一种形式，应该是一种职业。为什么现在的学生和我们读初中时有这么大的差异呢？我陷入了沉思。

我记得自己读初一时，大量地阅读童话、神话、民间故事等。初二时迷上了科幻小说，特别是儒勤·凡尔纳的那套书对我影响很大。初三时主要看反映抗日战争时期的长篇小说、英雄传记等。我的阅读速度惊人，一两天就可以读完一本。由于大量地阅读，会产生许多遐想，这些遐想是构成理想的基础。因此，我曾幼稚地认为，只要班主任引导学生去大量地阅读，学生自然会找到理想。

可是事实不是这么一回事，我过去的经验不起作用了。是现在的学生课外读物太少了吗？不是，书店里有许多的书等着学生去阅读，图书馆有许多的图书可以供他们翻看。还有计算机网络，每出一本有影响的畅销书籍，他们都可以在网络上第一时间读到。但是他们却不明白什么是理想，不能不说这是教育的一大失败。

老师应该要告诉学生：理想是未来的一个目标，是将来的一种职业，是你最向往、最热爱的一份社会工作，也是报效祖国的一种方式。老师还应该要告诉学生：人不能够没有生活的目标。就像砌房子一样，目标就是最开始的设计方案。理想教育不是虚无的东西，它很实在，就在我们的生活中。如果在年轻的时候，不确定自己的目标，将来就会由别人来主宰我们，就会由他们来确定我们的人生道路，到时候我们就会被迫接受我们不愿意接受的生活。

有人问，主宰孩子命运的这些人会是谁呢？也许是他们的父母、朋友，或者媒体——不要以为媒体不会影响他们，事实上恰好相反，媒体给学生造成的影响最大，它往往会把学生不需要接受的生活观念附加给他们，如肥皂剧、杂志、电影等正在把不现实的价值观念传输给我们的孩子们，从而将孩子们引入歧途。

而一个有理想的人，是不会轻易受到外界不良现象的影响的，他会坚定地朝自己的目标走去，即使速度缓慢，但毕竟是在一步步地接近目标。

他们没有闲暇时间去品味肥皂剧里面的情节，没有精力去接受那些时髦得危险的生活。事实上，他们这样的行为恰好在他们懵懂时期保护了他们。因此，理想教育其实就是现实的生活，这对我们的学生很重要。所以在平时教学中，我都会强调学生要树立崇高的理想。那些理想不是虚无的，而是防止孩子们堕落的一种最好的武器，是引导他们前进的坚强力量。至于理想怎么来？我认为要开展好三个方面的工作。

一是做好"野心"教育，有"野心"的人才有毅力去朝目标奋斗。这个"野心"也许是成为一个百万富翁，也许是做一个将军，也许是当一个金融专家……无论是为了使他们自己生活得更好，还是服务于这个社会，这些"野心"都值得我们细心呵护。因为是它们，牵引着我们的孩子前进。

不仅如此，我们还要"发酵"这种野心。理想需要"催化"，需要我们不断地给他们加强意识教育。因为学生的年龄还小，兴趣容易转移，如果不给他们反复加强"野心"教育，时间长了，他们就会忘记了自己的野心，理想也就消失了。所以我们要懂得"发酵"的艺术，不时地"催化"孩子们的野心。甚至可以要求他们每天问自己："心中的那种雄心还在吗？"

二是要做好信心教育。理想不是在短时间内就可以实现的，性子急的学生对它们的兴趣不会长久，所以，适时地给他们做好信心教育很重要。老师应该告诉他们，一个事业有成的人，他是一个不怕挫折、不怕失败、不怕打击的人，他会以百折不挠的勇气、不甘低头的作风、逆流而上的精神去顽强拼搏。任何时候，他都不会怀疑自己的目标。事实上，只有有自信的人才有力量坚持下去。

三是做好敬业精神教育。一个事业有成的人，他会全身心地投入他所热爱的事业，甘愿为之献身。我们要教育学生能吃苦耐劳，不拿出悬梁刺股的精神，是不可能实现理想的！同学们现在要面对中考、高考，这种敬业精神就是磨炼他们的意志的最好武器，鼓舞他们拿出坚毅的精神去迎接挑战。敬业精神不是将来有了工作才灌输的精神，我们现在就要潜移默化地告诉学生，这种精神实际上就是对待每一件事情都要认真地做好。

教师只要做好了以上三个方面的工作，孩子们就会自己来确定人生目标了。

第 **8** 项

批评教育：挑战班主任的平衡能力

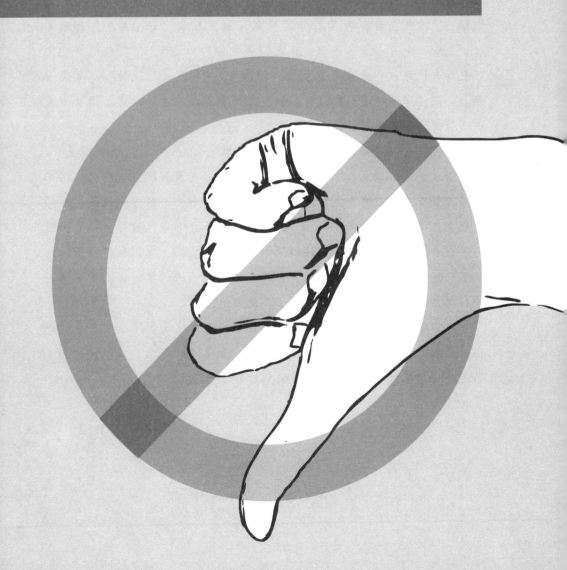

焦 点问题

如何有效地批评学生

2009 年 8 月 12 日，教育部印发了《中小学班主任工作规定》（以下简称《规定》），《规定》中第十六条明确指出："班主任在日常教育教学管理中，有采取适当方式对学生进行批评教育的权利。"《规定》出台以后，立即在社会各界引起了强烈反响，有人叫好、支持，有人质疑、反对，也有人漠不关心，还有的班主任坦白地说："即使国家规定了教师有批评权，我还是不敢批评学生。"一时间，众说纷纭，莫衷一是。如何科学地行使批评权呢？如何有效地批评学生呢？成了困扰广大一线教师的实际难题。

今天，我们邀请了山东省"齐鲁名师"、山东省十大创新班主任、山东省班主任培训工作专家组成员、全国基础教育科研先进个人、山东省教师教育学会理事、山东省班主任研究会常委、山东寿光世纪学校师训处主任郑立平老师参与我们的讨论。郑立平老师在弹性惩戒学生上进行了卓有成效的探索。2009 年 9 月 6 日下午两点半，中国教师研修网组织了一线教师和教育部基础教育司的王定华司长进行了对话，王定华司长对郑立平老师的弹性惩戒给予了高度评价。

批评要求老师要掌握好鼓励和惩戒的平衡，它是训练班主任走好严格要求和发展赏识这块"平衡木"的一个基本功。下面，我们就和郑立平老师一起探讨一下如何科学地使用批评"武器"。

1 批评的原则要遵守

一、尊重是批评学生的前提（钟杰）

尊重有两个内涵：一是尊重学生的人格和感情。不得对学生使用侮辱性语言和动作。如果一位老师这样批评没交作业的学生："你爹妈造你的时候一定是血脉枯竭，材料没准备充分，不然怎么会造出你这样一个废物！"这样的批评是不恰当的，不但侮辱了学生的人格，还侮辱了学生家长；二是尊重民族信仰、尊重风俗习惯。如果不注意，就会造成当地舆论对教师的不利。尤其是在少数民族地区，这一点应该更加注意。

二、弄清楚事实是批评的基础（郑光启）

如果老师没有事实依据，草率地批评学生，不但达不到教育目的，而且还会产生反作用。

三、严格把握教育的目的（高顺杰）

学生不是老师的"出气筒"，班主任不能为了批评而批评。学生迟到了，你把他拦在教室门口狠狠地批评，直到学生眼泪纵横，但是在他们做了保证后，你便再也不管不问。这样低技术含量的批评很难起到让学生如梦方醒、知耻后勇的作用。批评学生应是为了帮助他们纠正认知、指明方向、商定策略、促进成长的。

四、学生能够接受是最低标准（温爱娟）

不能够接受的批评，是无效的批评。所以，我们批评要讲究方式方法，要灵活机动，不要拘泥于一招一式；要抓好时机，批评早了，达不到预期的目的，有时反而会激起学生的逆反心理；批评晚了，势态发展严重了，还会造成无法收拾的残局。

五、守法是批评的底线（郑光启）

批评学生一定要遵守法律，不要认为"骂是亲，打是爱"，就对学生进行"体罚"或变相"体罚"。我曾听说有一位教师批评学生，学生一直不认错，于是这位教师越说越生气，气得拧着学生的耳朵往上提，结果把学生的耳朵给拧了下来。事情最后闹得很大，学校赔了很多钱，这个教师也受到了严重的处分。

六、批评时一定不要夹带个人情绪（李云）

很多老师批评学生时，容易夹带个人情绪，这是批评的大忌。很多学生和老师对立，就是因为老师带着个人情绪批评学生。提醒老师们记住一句话：不要粗暴地表达一个观点，也不要冲动地亮出你的态度，哪怕事后证明你是正确的。

2 批评的方式要恰当

一、批评学生，因人而异（钟杰）

有些孩子性格率直，对老师的批评即使当时不满，很快也就忘了；有些孩子容易计较，心态甚至趋于阴暗，虽然表面能接受老师的批评，但容易心生记恨；有些孩子欺软怕硬，越是强硬的老师，他越是买账；有些孩子的性格强硬且蛮横无理，面对老师的批评很容易与老师当场对抗甚至弄个"鱼死网破"；有些孩子性格脆弱敏感，面对老师的批评时可能表面"风平浪静"，背后却潜藏着非常危险的自残心理。总之，老师在实施批评之前，一定要充分了解学生的性格特点，做到因人而异。

二、注意方式、抓住要点、注意技巧、多种渠道（马彩云）

（一）注意方式，务求让人接受

人对于批评总是有或多或少的抵触情绪的，所以要让良药不苦口，忠言不逆耳，可以给批评教育加点"糖"，让学生心悦诚服地接受老师的批评。老师可以通过讲故事，说笑话，欲抑先扬等方法达到批评警示的目的。

（二）抓住要点，紧贴学生实际

张莉很聪明，但很自大，把谁都不放在眼里，总认为自己的将来尽在把握之中，不用别人操心，可期终考试她几乎门门补考。我很严肃地告诉她："生活是没有彩排的，过去了就过去了，绝没有重新来过的机会。""彩排"的说法让她很受震撼，她努力学习了一个学期，成绩就赶上来了，被评为班级的"进步之星"。

（三）注意技巧，掌握批评的节奏

不要动辄就批评学生，要掌握批评的节奏。学生听惯了老师的唠叨，适时的沉默，可以深切地表达你对学生的关心，效果将胜过你的天天训语。

（四）多种渠道，务求产生实效

有些孩子心理有问题，当面批评见效不大，可以通过文字进行批评教育。文字不仅能够表达出当面批评表达不出的关怀，同时也能使老师冷静下来，慢慢地理出思路，找出更贴切的语言来打动学生。

三、幽默婉转，注意旁敲侧击（顾治国）

含蓄、幽默的批评往往更容易被人接受。若学生上课睡觉，可以这样提醒："经常趴在桌子上很容使脊柱变形，当心变成罗锅背！"学生迟到，可以问他："今天早上你来这么晚，是帮妈妈洗碗了吗？"学生字迹潦草，则可说："某某同学的作业真是'龙飞凤舞，自成一家'。"

四、话不说绝，互留余地（李靖华）

在批评学生时，千万不要把话说绝了，要记得给自己和学生都留一点回旋的余地。学生打架，老师很生气地说："你要是再打架，我绝对让你上不成学，从哪儿来回哪儿去，不信你就试一试！"可学校无权开除学生，一时口快而做不到的批评只能够让老师失去威信。

批评重要，善后更重要

王 莉

一、"标靶型"批评后，要及时安抚、表扬

学生犯有相同错误时，如迟到、上课串位、作业不规范等，许多老师经常会采用"标靶型"批评，"杀一儆百"。此类批评中，作为"靶子"的学生由于在全班同学面前丢了"面子"，会心有"疙瘩"，老师必须要有恰当的善后。课下要及时沟通、安抚，最好再找一个给学生表现的机会，让学生重拾"颜面"。

二、"冲动型"棒喝后，要真诚道歉

老师性格火爆、心情不好，批评犹如火山喷发、江河决堤，完全来不及考虑话语中的内容，这类批评对学生伤害很大。等到老师冷静下来后，要及时放下架子，抚慰学生受伤的心灵，避免恶性事件的发生。

三、"预谋性"谈话后，要跟踪观察

"预谋性"谈话是事先有计划的，针对性、目的性都很强，一般能达到批评的目的。但对于有些学生来说谈话效果的持久性不强，时间长了效果就会消失；有些学生虽在心理上接受了批评，但自控能力差，行动上会跟不上；也有个别学生会表面一套，背后一套。所以谈话式批评后，一定要跟踪观察，要外松内紧，密切关注学生情况，切不可以"一谈了之"。

小心批评的四个误区

王立文

误区一：批评不注意场合

很多班主任喜欢将违纪的学生叫到办公室去批评，其实这样做非常不好。

办公室是老师们集体办公的地方，你在那儿批评学生，谁还能静下心来备课？同时，你在办公室批评学生，办公室里不少老师会出于"好心"，也会跟着批评几句，这样会让学生觉得很没面子，从而激起学生的反感情绪，不利于学生改正错误。

在教室批评学生也很不恰当，容易引起学生顶嘴。因为人都是要面子的，很多学生认为自己不能这样"窝囊"。只有和班主任顶嘴，才不会被同学瞧不起。

最好的办法是：批评悄悄地说，没有旁人看见，大家都好交代；表扬公开地说，大家都有面子。

误区二：怒不择言，揭露隐私

有些老师在学生犯错的时候，容易被愤怒冲昏了头脑，不顾学生的隐私，这样做的后果很严重的。例如：有一名女生早恋，班主任多次批评后仍无效，有一次在上课时发现她在给男生写情书，班主任很生气，开口就说："你这么想男人，不如趁早结婚、生小孩算了，还在这里读什么书。"之后的几天该女生都没有到校上学，最后在一条小河里发现了她的尸体。

像早恋这样的个人隐私，不能在公开的场合宣讲，这样做既侵害了学生的人身权利，也很容易铸成大错。

误区三：批评"株连"他人

有不少班主任走入了这个误区，在批评某人犯错误的时候，喜欢将和他有关系的人都批评一番，将打击面扩大化。这样的做法毫无疑问是错误的，因为犯错误的只有一人，其他人是无辜的。班主任迁怒其他人，其他人肯定是不服的，即使不顶嘴、不辩解，也会心生怨气。

误区四：批评缺乏公平公正

学生迟到了，如果犯错的是好学生，班主任就会说："这次就算了，以后要注意。"然后让他进了教室；如果是双差生迟到了，老师就会严厉处罚："你是怎么回事，今天又迟到了！站在教室外 10 分钟。"这样的处罚，学生们是不会服气的，因为犯了同样的错误，一个处罚得轻，一个却处罚得重。偏心是班主任的大忌，批评学生要对事不对人。

用谈心的方式批评学生

李靖华

一群初一的学生围在我班教室门口，说要找阿强算账，为首的孩子叫阿威。他的班主任告诉我，阿威是初一年级的打架"魔王"，年级组、政教处都有备案，他想打谁，不达目的不罢休。对于这种跨年级的打架事件一般是上报学校，让学校处理。

我想先和阿威谈谈。阿威来到我的办公室，他低头站着，一副在班主任、政教处过堂的样了。我搬了一把椅子让他坐下，他怎么也不肯："老师，我站着就行。"他已经挨过无数的批评，站着和老师说话已成了习惯。

我真诚地对他说："我想通过双方的沟通来解决。我希望没给你带来麻烦。"

阿威小声说："这件事是我不对，是我不分青红皂白，我不该去你们班闹事。"

"可你只是威胁，你还没打我们班的阿强，应该可以原谅。政教处是怎么说的？"

"让我叫家长来，领处分，回家反省，因为我还在留校察看期间。"

"上次为什么打架呢？"

"我打抱不平，有人欺负我们班的同学。"

"还很有正义感嘛！可打架很危险，弄不好会出人命，学校纪律也不允许。为什么不想别的办法解决呢？"

"我想不了这么多，在小学时我就这样。爸爸为此也没少打我，今天回家又要'饱餐'一顿了。"

"我能帮你什么吗？只要你保证你们不会再打起来，我去对政教处说，这件事情我们自己解决了。到时你也表个态，不通知家里，好吗？"

阿威抬起头有点疑惑地看着我："老师，您说的是真的吗？"

我笑着点点头："是啊！没有不犯错误的孩子，只要你愿意改，我会帮你的。"

我带着阿威来到政教处，表明我的观点——平息矛盾比处罚学生更好。领导答应这次不给阿威处分，阿威感激地说："谢谢老师！今后我保证不再打您班的学生。"

"也不能和其他班的学生打架了，你是个聪明的孩子，知道该怎么做，我希望大家平安，快乐地学习。"

"我尽力，老师。"

从此，阿威真的没有再来我们班找麻烦。我有两次在校园遇到他，远远地他就挥着胳膊喊："老师好！"我非常开心。

出了问题不一定要批评，解决问题的方式有很多，用谈心的办法也可以达到目的，为什么不用呢？

一次小小奖励胜过千次批评

温爱娟

曾嘉茂，一个可爱、天真的男孩子，平时挺勤奋，做作业的速度是班里最快的，可就是太粗心，虽然做作业、考试都是第一个做完的，可成绩第一名却总不是他。

每次交卷，我都说："拿试卷回去再检查一遍！"

他很无辜地看着我："我已经检查过了。"

"检查过了也要再检查一遍，这么粗心大意，我说了多少遍了，让你一个字一个字地检查，你就是听不进去。"说着我还重重地把他的试卷拍在桌子上。

可是没有用，以至于我对他不能得100分的事实已经习惯了，也不再强求他再检查了。

在这个学期的期末复习中，我对练习试卷的评改方式作了一些改变，学生做完试卷后，我在讲台上评讲，公布答案。学生在自己的试卷上对的打钩，错的就把答案涂掉，把正确答案抄上去。改完后统一交到我这里领100分，盖一个奖字印。因为是直接抄答案，所以绝大多数同学都可以得到这100分，当然，曾嘉茂也想领这100分，所以格外认真听讲。

下课后，他高高兴兴地跑到我面前，兴奋地比划着，有点语无伦次："老师，您看，这次考试得100分！"

看到他兴奋的模样，我知道这100分对他太有意义了！虽然是改过后的100分，但对于一个从没得过满分的孩子来说，这无疑是最高的奖赏。我决定给他一次小小的奖励："老师为你感到骄傲，你会得更多的100分的。来，老师给你盖一个闪亮的奖字印，还有单独送你一本漂亮的笔记本。"过后我还给他的家长发了一张喜报，通告他的这个进步。

经过这件事情以后，我发现这孩子写作业越来越工整了，甚至做完作业后不仅自己要检查很多遍，还让同桌帮着校对，争取作业得到更多的满分。终于，他在期末考试时得了100分。

我震撼了，一次小小的奖励竟胜过无数次的批评！

建立弹性惩戒制度

郑立平

我们的教育到底需不需要惩戒？要回答这个问题，我们不妨先来看这样一个小故事：

> 一个 12 岁的少年，在院子里踢足球把邻居家的玻璃踢碎了。邻居说："我这块玻璃是好玻璃，12.5 美元买的，你得赔。"这是在 1920 年，12.5 美元可以买到 125 只鸡。当时这孩子没有钱，于是回家找他的爸爸要。爸爸问："玻璃是你踢坏的吗？"孩子说："是。"爸爸说："既然是你踢坏的，那么你必须赔，我可以先借钱给你，但一年之后你必须归还。"于是，孩子花了整整一年的时间，通过不断地打工，终于挣回了 12.5 美元。

这个孩子就是后来的美国总统里根。他在回忆录中说："正是通过这样的一件事，让他懂得了什么是责任，那就是要为自己的过失负责。"

其实，当一个人知道自己犯错误的时候，内心都会有接受惩罚的心理准备。一般地说，孩子犯错误的时候，恰恰是教育的良机。我们不要主动放弃。

近年来，我和学生们探索出了一种"弹性惩戒制度"，效果很不错。主要内容如下：

（1）惩戒条目不再只有生硬的一条，而是由相对并列的若干条构成，充分尊重学生的个性选择和人格尊严。

（2）惩戒的措施、方法都来源于学生。

（3）惩戒照顾不同学生之间的差异，惩戒的行使因人而异，做到既达到惩戒的目的，又不伤害学生的身心。

（4）惩戒的措施方法突出了学生对违纪行为的自我反省、自我感悟、自我内化，真正让学生做自己的主人，对自己的行为负责，而不是被动地接受外在的惩罚。

如果学生违纪，他可以根据自己的情况从相应的惩戒措施中进行选择，再去适用；并且还可以由学生根据违纪的轻重和自身特点，申请另外的惩戒方式。例如，某学生上晚自习时和同桌吵闹，扰乱课堂纪律，则值日班长根据班规，很快就会开出一个《惩戒通知单》，里边包括违纪时间、地点和惩戒原因，并开出处罚措施：

（1）说明情况，向大家公开道歉，争取同学们的原谅。

（2）写一份呼吁"认真读书学习"的倡议书，张贴宣传。

（3）完成一份违纪心理剖析，并在学生中宣读。

（4）为同学们唱首歌，活跃一下学生气氛。

（5）到操场自我锻炼5圈，强化认识。

（6）自我申请的其他惩戒方式。

惩戒的执行由专门的监督人、值日班长负责，并需要班主任签字同意。我们制定这种弹性惩戒制度的主要目的在于促进学生的自主管理。

弹性惩戒制度已经成为我进行班级管理的一个重要"武器"，并取得了非常明显的效益。

第一，弹性惩戒制度健全了学生制度，大大优化了学生管理。弹性惩戒制度出台后，就成为学生制度不可缺少的一部分。它作为学生日常行为规范的有益补充和维护，使学生制度更趋于合理和完善；同时，它以其广泛而深刻的人文性、民主性被学生充分认可，使学生管理更趋于规范和科学。

第二，弹性惩戒制度改善了师生关系，促进了学生的自主管理。弹性惩戒制度充分体现了尊重学生个性和以人为本的思想，把每一个学生都置于班规的民主监督和约束之下，避免了由班主任个人强行独断的"一言堂"局面，有效地促进了师生和谐关系的形成。同时，学生的积极支持和参与，不仅提高了学生自我管理的意识和能力，还大大减轻了班主任的管理负担，使班主任从繁重的班级事务处理中解脱出来，有更多的时间提高专业化修养。

第三，弹性惩戒制度增强了学生活力，提高了学生管理的质量。有人说，新课改最核心的理念只有三个字：关注人。我们对学生的每一项工作都从尊重和理解学生的角度出发，因而得到了学生的充分认可和拥护，真正给学生带来了无限的生机和活力。弹性惩戒制度的制定和实施，有效调动了全体学生参与管理的热情，规范和约束了学生的不良行为习惯，使班集体持续稳定地健康发展，使各项工作扎实有序、成绩突出。弹性惩戒制度目前被迅速推广，更显示了它深刻的现实意义和教育价值。

第 **9** 项

上网指导：挑战班主任的引导能力

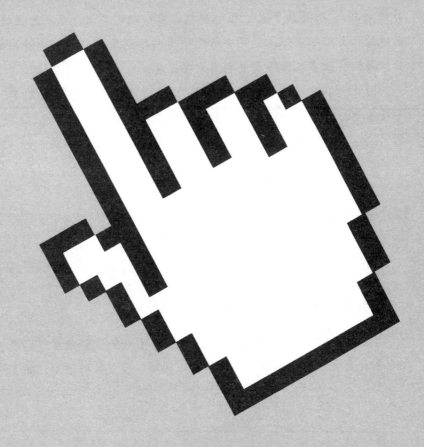

焦点问题

学生沉溺于网络，班主任该怎么办

科技改变生活，网络改变你我，上网已成为人们生活中不可或缺的部分。但过于迷恋网络，必然会对正常的学习、生活造成影响。特别是中小学生，一旦沉溺于网络，不但荒废学业，影响身心健康，还会引发严重的社会问题。

据最新统计，我国网民超过2亿，其中青少年网民占80%。青少年上网大多以玩游戏和聊天为主，网络成瘾、网络受骗、网络犯罪等问题日益突出。"网毒猛于虎"已越来越成为人们的共识，也成为困扰家长、老师的一大难题。但是，完全杜绝使用网络也是错误的，毕竟网络是工具，我们有很多工作还需要利用它去开展。

因此，如何指导学生科学上网，就成了衡量我们班主任引导能力的一项重要标准。

1 戒除网瘾需要专业思维

一、拓展学生的生活空间（顾治国）

丰富多彩的课余活动是让学生远离网络游戏的重要武器。组织学生参加各种比赛（如体育、绘画、歌唱等）活动，成立各种社团，如文学社、心理健康教育协会、志愿者服务协会等，都能转移网络对学生的吸引力。

二、帮助学生构建朋友圈子，引导良好的家庭教育（钟杰）

（一）帮助学生构建朋友圈子。班上有一位女生，因为母亲早逝，她又与后妈相处不好，导致性格孤僻偏执，对人总怀有敌意，没有朋友便借助网络寻找慰藉。为了能帮助她，我找了班上几个性格开朗的女生和她交朋友，用宽容和真诚的心温暖了这个"刺猬"女孩，使她不仅驱散了心中的阴霾，还成功地戒除了网瘾。"人机对话"，无论"魔力"有多大，终究不如人与人的真情交往。

（二）引导良好的家庭教育。细心的管理监督、民主的家庭氛围与丰富的家庭生活以及和谐的亲子关系，都会让孩子的网瘾彻底失去"滋生的土壤"。

三、培养健康的生活方式（覃丽兰）

家长不玩游戏，可以给孩子树立正面的榜样作用。周一到周五，决不允许孩子玩电脑游戏；双休日在完成全部作业的前提下，可以让孩子玩会儿游戏，但总时间不能超过2小时；多带孩子进行户外活动，让孩子感受到家庭的温暖；培养孩子各种兴趣，鼓励孩子多与伙伴们打羽毛球、打篮球等，刻意用健康的休闲活动，如绘画、音乐、体育运动、收藏等，代替网络生活。当孩子有了一项爱好时，自然就不会花费很多的时间在网络游戏上了。

四、消除对网络的精神依赖（李靖华）

帮助学生戒瘾需要班主任具有专业思维，不能够简单地只用思想工作解决。树强原本是一个招人喜爱的男孩，可自从他沉溺于网络之后，就像变了一个人似的，上课无精打采，学习成绩直线下降，每天想的就是如何从宿舍溜出去上网，如果不上网就浑身没有精神。我帮助他从消除对网络的精神依赖入手，用了两个月时间，终于使他成功戒掉了网瘾。

科学合理地引导学生上网

一、加强网络的正面用途（顾治国）

通过各种有效途径对网络知识进行宣传，从而引导学生科学合理地使用网络知识，避免不健康内容的影响；学校可开展一些网络方面的竞赛，如网页制作竞赛、个人和班级网页制作展示；建设健康的网络虚拟世界，如建立校园 BBS 等正面的网络生活不仅可以让孩子对网络不陌生，而且还能减少对网络游戏的迷恋。

二、教会学生科学利用网络（高顺杰）

教会学生科学上网应该成为学校教育的新任务。网络文化对学生成长的影响是利害共存的，我们要教会学生正确利用网络：一要教会学生利用网络搜集资料；二要教会学生识破网络诈骗；三要教会学生网上正确交友；四要教会学生控制上网时间。

三、充分利用网聊工具（钟杰）

在我的 QQ 里有 78 名学生。放假时，我经常和学生们在网上交流。很多当面不好说的话，在网聊中就能够敞开心扉。网络文字承载着平等的交谈、真实的想法和真挚的情感，通过网聊使点滴情谊渗透进师生的心田，温暖着彼此的心。

让孤独的心有所依托

赵春梅

心心是一名留守儿童，由爷爷奶奶照顾。她性格内向，有点儿自私，基本上没有朋友，在班里很少与人交谈。一天，心心的爷爷来到教室，叹着气向我诉说："赵老师，你一定要帮帮心心，她天天上网到半夜，不是玩游戏就是聊天。我可真是没办法了！"我忙对老人说："老人家，您先别生气，心心是个懂事的孩子，她知错一定会改的。"说着，我把老人请到办公室，听他详细讲述了心心迷恋网络的情况，我表示一定尽力想办法帮心心戒掉网瘾，并希望得到他的协助。

放学后，心心刚要离开教室，我叫住了她。此时，教室里只剩下我们两个人，我笑着说："你上网的事是真的吗？"她点了点头。我拍拍她的肩膀说："以后想上网就到我家去，去网吧爷爷会担心的，我也会担心的。"她用惊异的目光看着我，忙说："不用了。"我笑着说："下班后我送你回家，看看你爷爷是不是还在生气。"她迟疑了一下说："老师，不用了，我爷爷就那样，天天给我讲大道理，他的话我都听腻了，我不听他就生气。而且，我干什么他都要问个明白，不让我出去玩，也不让我带同学回家，说怕影响我学习。弄得我连个好朋友都没有了，我在家像被关禁闭似的。"说完，她深深地叹了口气。

听着那沉重的叹息，我感到了这孩子内心的孤独。她与爷爷奶奶之间存有深深的代沟，不能平等地交流，她又没有朋友，这对于一个十多岁的孩子来说太压抑了。难怪她迷恋网络，她要在那个虚拟的世界里发泄心中的苦闷、寻求心理的安慰。

我不禁叹道："原来是这样！"她继续说："除了上学，我只能待在家里，只有上网玩游戏或聊聊天，才觉得有趣点儿，可现在网线也被掐断了。所以，我昨天去网吧了。"

我依然没有批评她，劝慰道："以后别上网吧了，如果想上网就到我家去吧。"她苦笑了一下，没说什么。

下班后，我与心心一起来到她家，她爷爷已经消气了。没说几句话，他就向心心讲起了道理，心心笑着看了看我，我也笑了。我笑着对老人说："老人家，心心是个懂事的孩子，她以后会经常去我家玩，您不会反对吧？"老人一听，高兴地说："不反对，不反对。"我说："放心吧，心心不会让您失望的。"

从心心家出来，我的心情异常沉重。心心迷恋网络并不是她的错，是现实生活的孤寂使她感到无所适从。我想：要使她不再迷恋网络，首先要让她拥有可以推心置腹的同龄朋友，使她在现实中可以找到安慰；其次，要让她把精力倾注到其他事情上。第二天，我悄悄找到了性格温顺开朗、善解人意的佳乐同学，对她讲了心心的处境，希望她能与心心成为好朋友，佳乐高兴地答应了。

很快，佳乐与心心成了好朋友，心心不再孤单了。心心的文笔不错，于是我在班里组建了作文兴趣小组，组长便是心心。在每期学校的校刊上，我都会推荐心心的作品，极大地激发了心心写作的兴趣，她开始在写作上倾注大量的热情。

我把心心的表现如实地传达给她的爷爷，爷爷听后对她也就放心了。如今，佳乐成了心心家的常客，爷爷也在"约法三章"（每天上网不许超过一小时；学习成绩不能下降；不许聊天玩游戏）的前提下，重新接通了家里的网线。心心至今还没有违约过。

我想，学生迷恋网络一般都是因现实生活趣味缺失造成的，教师一定要关注这类学生的心理状况，找准原因，对症下药。

4 多管齐下使他"移情别恋"

邝金山

一天，堂兄向我诉苦，说自从家里有了电脑之后，孩子小军就迷上了网络游戏，加上家人的溺爱，电脑几乎是他的"专用品"了，放学一回家就扑向电脑，开始他的"梦幻西游"，课本练习本从来不主动碰。

原来是这样，难怪我平时回家很少见到他，原来是"藏"到网上去了。看来我得好好治治小军，实际上，小军除了会玩游戏，对于电脑知识懂得并不多。

没过几天，电脑就出现了"问题"，一开机就奇怪地"嘟嘟"响个不停——因为内存条被我偷偷地拔了出来。在孩子面前，堂兄当然很"着急"，自己边弄边埋怨。还让我回来"帮忙"，我也弄不好。"唉，只能找专业的人维修了。"我用无可奈何的语气叹道。就这样，这台电脑被我带到了我的一个同事家里静静放了一段时间。孩子被蒙在鼓里，只能是干着急，还不停地问"什么时候才能修好呀"。

这个时候的小军，就像刚断奶的婴儿，得为他及时准备"替代品"。要使网络游戏瘾断得彻底，这段时间很关键。在他百无聊赖之时，爸爸一反常态，与孩子"套近乎"，主动跟孩子聊天、说笑，还约孩子玩"斗地主"。输了的还被罚夹耳朵，或者扮小猪，常常引得大家捧腹大笑。在其乐融融氛围中，小军也不怎么关心"电脑什么时候修好"了。

我知道小军对乒乓球有兴趣，就建议小军的班主任在自己班举办乒乓球、羽毛球等比赛活动，并与他的班主任一起动员小军参加乒乓球比赛，小军刚开始还犹豫："我的乒乓球打得不好。"

我说："没关系的，重在参与，而且只要你平时多练习，进步会很快的。"小军看见自己的几个伙伴都参加比赛之后，他也答应了。这次，他爸爸还专门为他买了一副比较好的球拍。这样，大多数的课余时间，小军和他的伙伴们都是在乒乓球台旁度过的。

不久，班主任让他组建了班乒乓球队，并且经常邀请一些老师来进行指导，于是，他的热情更高涨了，在校园里常常能看到他矫健的身姿。通过多方努力，我们终于打了个"胜仗"。

别把喜欢玩网络游戏的孩子当坏人

李　云

我一直有一个观点：并不是所有上网的孩子都很坏，并不是所有喜欢网络游戏的孩子都不可救药。电脑只是一种工具，孩子变好变坏，责怪这个工具有什么用呢？

并不是所有喜欢玩网络游戏的孩子，都是坏人。

我和孩子们聊天的时候，就发现即使是喜欢玩网络游戏的孩子，也不是全无是非观念的。一个喜欢玩《传奇》的孩子说，网络游戏让他有很多的感动。他讲了一个在网络游戏里朋友互相帮助的故事，讲得很感人。他说，那时他刚刚学会玩《传奇》，虽然级别太低，却有一个叫"含苞"的网友带他升级。

"那天'含苞'带我下组玛5去打装备，她知道我最不喜欢别人打了装备给我，没有办法，只能带我一起去。怪物太多，我级别又太低，她只能在我前面不停地帮我引怪，一路护送我到组玛5极品屋。这趟下来，含苞不知道因为我'死'了多少次。"

"我有些难受，就因为我说了一句不喜欢别人送我装备，她就这般辛苦地带我，让我有些愧对这个朋友。后来我渐渐发现，我的朋友们很在乎我，不让我去的地方都是很危险的地方，在那儿他们都自身难保，很难再分身照顾我……"

听到这些，我肯定了他在游戏中的感动，并对他能够不依靠别人、自立自强、为他人着想的思想表示了由衷的赞赏。这就是责任教育，这就是德育工作。在我们的传统德育中，总把德育当成了课堂，把道德的培养当成了知识的传授。因此一上德育课，一讲思想品德教育，孩子们和老师都感到痛苦。为什么我们不把视野拓宽，像这样在游戏中培养孩子的互助、忍让、关怀和责任感美德呢？

在游戏中，孩子学会了成熟，学会了冷静地思考问题。一个两次遭遇盗号的学生说："第一次遭遇盗号，看着系统不断提示密码错误，我依旧不敢相信他们说的盗号也会发生在我身上。在官方网站找回了号码，我急忙修改密码。虽然早已预见了结果，但看到一个'赤裸'的28级战士出现在我面前时，泪水禁不住涌出了眼眶。"

当第二次遭遇盗号时，他已经成熟多了。"第二次面对盗号，我平静了很多，没有太多的伤悲，只是默默地找回账号，再上线。"

这种冷静、克制和达观，不正是我们想要教给孩子们的吗？社会是一个大世界，游戏也是一个大世界。现在的孩子没有经历过太多的挫折，受不了打击，但他们可以通过玩游戏使自己成长，难道这不是一个很好的方法么？

在游戏中结过一次婚的菲儿说起"结婚"的事情，满脸洋溢着感动："我站在仙儿面前，郑重的为她带上求婚戒指，当我在游戏里宣誓永远爱她的时候，冰咆哮、打防、打魔组成的一个个礼花绽放在婚姻殿堂。整个行会的朋友围绕在我和仙儿的周围，为我们祝福。第一次在游戏里结婚，那么多人在为我祝福，我的眼睛有些湿润了。"

我见过许多媒体批评孩子们在游戏中结婚的事情。有一个初三女孩子，在游戏里结婚17次。于是媒体断言，这是世风日下，游戏的婚姻观念将会摧毁我们传统的婚姻、爱情和家庭观念。我想这种说法太夸张了，试问孩提时，有多少人没有玩过"过家家"的游戏？试问每次玩"过家家"的时候，我们是不是都必须是原来的那一对儿童"夫妻"？为什么"过家家"这种游戏换成了网络，我们就不能够容忍了呢？

我问菲儿："你觉得游戏中的婚姻很重要吗？会对现实生活中你未来的恋爱、婚姻产生影响吗？"

菲儿回答："我确实很感动，但是，这些感动也仅仅是对人世间一些美好感情的感动，并不是真正的要陷入结婚游戏中去。其实和我结婚的，也是一个女孩子，只是我们在游戏中的身份是异性而已。我不会把网络婚姻当真的，游戏始终是游戏，现实终归是现实。"

我想明白了，她在网络游戏中寻找的，纯粹就是一种让她感动的精神。而这种感动，我们都需要。

玩游戏虽不是坏事，但是沉溺于游戏就不应该了。要想让学生真正地从游戏中走出来，关键还是靠他们自己、靠我们提高他们对游戏的自觉认识。

从初一就开始玩《传奇》游戏的刘瞻遥现在对《传奇》不感兴趣了，他说："我玩《传奇》已经有4年多了，从上初一第一次跟同学玩，就被这个游戏的画面、人物的样子以及PK练级深深吸引住了，以至于耽误了学业。现在想想都觉得不可思议。"

我问他："以后你还玩游戏吗？"他说再也不玩了，即使有时间也不玩了。当初沉溺于游戏，是因为游戏给了他一种很大的成就感。但是现在，当他看见自己因为游戏而荒废学业、虚掷光阴时，甚至磨损身体，他觉得不值得。"游戏仅仅是一种娱乐，我们不能够因为游戏而把人生全部要义都抛弃了。"

我带头为刘瞻遥鼓掌，所有的孩子也都为刘瞻遥鼓掌。我极为骄傲地评价了他的游戏观，能够拥有这种认识的孩子，你还能够说他是一个坏孩子吗？

一些学生说："我们最害怕的，就是家长和老师，只要他们一看见我们上网，就认为我们变坏了。我们需要适当地放松，需要朋友，需要在团体中生活的感受。老师您想想，我们回到家里，在偌大的一间屋子里，就我一个人，您说，我们有话到哪里去说？学习任务完成后，剩余的时间就很空虚了，游戏恰好就让我感受到在这个世界上我并不孤独。我们也不想沉溺于网络游戏，但是，我们需要家长和老师把我们当作正常的学生看待。我们不是坏人。"

别把喜欢玩网络游戏的孩子当坏人，这是孩子们的心声。

6　整治上网集体化倾向绝不心慈手软

郑学志

2006 年开学初，有学生反映班上有十来个学生常常在晚上十一点去网吧，凌晨三四点才回到寝室。我很惊讶，难怪最近有些学生上课精神不好，原来是因为晚上溜出去上网。于是，针对学生集体上网的现象，我采取了下列措施：

一、摸清情况，严厉批评

我欲擒故纵，先在班上说我今天要请假一天，请同学们自觉遵守纪律，然后在午夜零时来了一个突击查房行动。清查的结果是，当晚班里共有 9 名学生外出，其中包括 2 名女生。

第二天晨会上，当着全体学生的面，我对夜晚爬墙出去玩游戏的学生进行了严厉的批评。由于平时我很少公开批评学生，所以，这次的严厉批评很有威慑力。

二、严惩违纪，强制戒除

违纪的学生有 9 名，但不宜同时对所有人实施同一个惩罚，那样不仅因后果分担而降低了惩罚力度，还容易使他们形成对抗老师的小团体。因此，我只惩罚了两名为首的学生。

我对这两名学生采用的惩罚措施是每天完成 1500 米的长跑。心理学家研究证明，消除精神上的疾病如忧虑症、网络依赖等，最好的办法就是用体力上的消耗来转移注意力。我把它称之为戒除网瘾的"体育疗法"。

三、利用舆论，正面引导

为加强舆论引导，我和班委共同设计了"倡导绿色生活"主题班会，列举了许多孩子因上网成瘾而带来灾难性后果的案例。学生深受触动，纷纷表示再也不去网吧玩游戏了。

四、建立制度，防止反复

我建议班级"立法"委员会把整治集体上网措施制度化——任何人在学校期间外出上网都要受到严厉处置。而我则从当天开始采取"严防死守"的措施，防止学生管不住自己而再犯错。

五、沟通交流，确保长效

之后，我又把那些孩子一一找来谈话。因为制度措施只能是"围堵"，而与学生在这个问题上取得共识才是从根源上"疏导"。

首先，我再次强调了上网成瘾的危害，让他们理解老师采取"专制"手段的必要性。虽然这些观点在对全体学生的教育中已经提及，但是与犯错学生的个别谈话，会让学生从情、理、法三个角度来理解、认同老师的教育，从而提高他们执行老师决定的自觉性。接着，我表达了我的难过和担忧。指出老师如此关心、体谅、信任他们，而他们却做出了辜负老师的事情，我很失望。适度地表达老师对孩子的失望，可以引起他们思想上的愧疚和震撼。

从那以后，我们班再也没有出现过学生偷偷溜出去上网的事情。

焦 点问题

学生把手机带进学校，班主任该怎么办

随着手机的普及，一些家长为方便和孩子联系，相继给在校的孩子配备了手机。本来手机只是一个通讯工具，但是由于手机本身功能较多，加上学生身份特殊，手机进入校园，带来了很多教育管理上的新问题。一些学生有了手机后，很少联系父母，却常常联系网友、同学和恋人；常常使用手机上网玩游戏或发聊天短信。在其他时间手机的影响较小，而在上课时影响较为严重。

手机已经严重影响了在校学生的学习，对此，不少学校已有明文规定：严禁学生携带手机进入校园。可是，禁令禁不住学生和家长。家长忧心忡忡："现在社会这么乱，孩子联系不上怎么办？"学生也抗议："手机又不是什么害人的东西，你们老师能用，我们学生为什么不能用呢？"

因此，手机入校，给班主任带来了很多新挑战。班主任该如何创新管理体制，以便引导学生们正确使用手机呢？

1 手机在学生手上弊大于利

弊：

一、学生把手机当玩具（赵冬）

其实手机对于学生的学习来说没有一点帮助，那些安心学习的学生，怕人打扰，很少佩带手机。相反，那些热衷于使用手机的人，多数是把手机当玩具，看电影、上网、聊天、打游戏。甚至还有部分学生，利用手机的拍照功能，偷拍人家隐私。

二、考试用手机舞弊（温爱娟）

我在很多次监考中发现，考试临近时，学生中携带手机的人就格外地多，一些平时不用手机的学生，也相继带手机到学校。他们带手机干什么呢？舞弊，拇指一按，答案就出来了，或者携带蓝牙耳机，藏在头发里，即使学生在对答案，老师也不一定知道。

三、用手机传递不良信息（高顺杰）

曾有学生的手机接收到了不良信息，但他不但没有删除，而且还传给了别的同学。在信息被公安局的人截获后，学生受到了严肃批评。还有的学生用手机在网上下载色情图片、小说、视频等，造成不良影响。

四、手机给正常教学带来影响（马彩云）

有时候老师正在上课，而学生的手机响了，这对老师上课的情绪影响很大。很多老师明确规定：上课时间手机必须关机，可是学生一门心思惦记着谁会给他发信息，谁会给他打电话，手机根本没有关，而是改成震动。这样，老师上课，他同样没有听进去。

利：

一、加深情感交流（李靖华）

利用手机可以和家长联系，和老师联系，和同学联系，比如，有的学生烦恼时，会通过手机短信与同学朋友老师交流思想，消除不良情绪；在节日到来时，给老师同学发送节日祝福，密切了感情联系。

二、替代书信留言（高飞）

尤其是一些不方便说的话语，通过手机短信传达，很多同学就会变得自在一些。我发现有些学生和家长闹了别扭，或者想向老师汇报班级情况，都会使用手机把信息告知我。这些用途，其实就是过去书信的延续。

三、方便与家长联系（温爱娟）

这是家长给孩子配备手机的主要目的。随着城市交通变得繁忙和不安全，很多家长为了能及时和孩子联系，便主动给孩子配备了手机。尤其是前一段时间在地方上出现了在校学生被绑架案之后，家长给孩子配备手机的就更多了。

2 引导学生正确使用手机

王立文

学生带手机进学校，在国外多是被禁止的，如日本大阪府曾立法禁止府内公立中小学学生携带手机入校或在校园内使用手机，澳大利亚的学校也不允许学生带手机进入校园。为了引导学生正确使用手机，我们应该借鉴国外学校的管理经验。

但是如果学校没有有关使用手机的明确制度规定，怎么办？我们可以做好以下工作：

（1）告诫学生保管好自己的手机，避免丢失。

（2）明确规定手机使用的地点和时间，如不准带进教学区，只能在上学前，放学后使用等。违反规定一律处罚。

（3）正确使用手机除通讯功能以外，其余的用途不必花很多心思去研究。

（4）反对学生用手机上网聊天，避免玩物丧志。引导学生树立学习目标、培养高雅的追求，以形成良好的班风。

让手机安静进校园

马彩云

小楠（化名）的父母离婚了，她从小由爷爷奶奶抚养长大，可她在这种情况下，竟逼着爷爷奶奶给她买一部手机。家访时小楠奶奶说起这件事就老泪纵横。我不禁着急起来：该如何解决手机带来的新问题呢？

一、透过现象看本质——关注心理健康

小楠为了显示自己不比别人差，不顾自己的家庭实际情况，与人攀比，没有形成正确的价值观。于是我以集体讨论的方式来帮助学生形成正确的价值观。

班会课上，我在班上召开了"什么时候有面子"主题班会，大家一致认为被评上"技术能手"以及上台领奖时最有面子。

"那么，拿着手机故意显摆是不是也有面子呢？"我把问题抛向学生。

"那种人最让人看不起了，让人恶心。"学生们纷纷说。

班会过后，我又多次在班上明确宣扬俭朴为美的消费观念，提出"向长辈索要手机的人可耻"的口号，一段时间之后，我问小楠的奶奶，孩子还要手机吗？奶奶说，已经很久没有提了。

二、制订手机公约——文明使用手机

我在班里进行了问卷调查，从调查的结果看，班里有一半同学拥有手机，他们有时会上课偷偷看视频、发短信、玩游戏等。这样做的危害大家都知道，但就是缺少自我控制力。所以，如何把外在的压力转化为内在动力，我把问题交给了学生，一起制订手机使用公约，并集体签字通过。

于是，很快出台了班级《手机使用公约》：

（1）和家长约定好联系时间。上课期间一律关机，若上课开机，手机则交由老师代为保管，第一次代保管十天，第二次二十天，第三次一学期，并扣考勤分1分。

（2）选择恰当地使用场所，在图书馆、教室和熄灯之后的寝室不得使用。

（3）只使用通讯功能，其他功能尽量不使用，节省时间和费用。

公约实行一年以来，效果很好。开始有个别同学手机忘了关机，就会主动交给我保管。接到手机后我会当面把电池取下给他，避免有学生说老师用了他的手机或看了他的短信，然后我记准日子及时交还手机。代管了两个同学的手机以后，到现在没再发现他们上课开机的现象了。

⊔ 手机背后的故事

李靖华

新生入校没几天，便有学生向我反映，涛有手机。我已经在班上强调了不准带手机，涛为什么还要带手机呢？

我找涛了解了情况。涛告诉我手机是他在北京打工的父母留给他的，不放心涛一个人留在学校。因此，我没有让涛上交手机，我感觉那样做对一个初次远离父母的孩子来说，似乎有点残忍。于是我和涛约定，不要把手机带进教室，和父母定时联系。涛答应了。

对涛，我自然多了些关注。在师生交流日记上，我发现他总是写得很伤感："我就像一个没人要的孩子，平时还好，有老师和同学，可周末是我最痛苦的日子。我有时会去表姐家，但她也是租的房子，晚上没电，我一个人在房间里很害怕。有时我不得不回乡下奶奶家，可我对奶奶也很陌生，一天也说不了几句话。我很痛苦，晚上我忍不住会偷偷地哭。如果我去北京上学就没法考高中、上大学，因为我没有北京户口。为了考大学，我得咬着牙忍着，这苦日子何时才能熬到头？"其他同学也常和我说，涛给父母打电话时总会哭，晚上在宿舍也常常哭，别人劝也劝不住。

涛尽管有手机，尽管可以和爸妈联系，可手机取代不了父母亲情。

本来性格就内向的涛，变得愈加不爱说话了，学习成绩也呈下降趋势。我看在眼里，急在心里，经常找涛谈心，但涛的情绪越来越糟。到期末，他竟然产生了要退学的念头。这可怎么办呢？

我于是又给他远在北京的父母发了这样一条短信："我现在不是以一个老师的身份，而是一个孩子母亲的身份在和您交流。您或许还不知道，涛到现在还经常在宿舍里偷偷地哭，情绪越来越低落，我看着都心疼。涛是个好孩子，学习很刻苦，成绩也不错，可现在他的成绩在下降，甚至都有退学的念头了。因为他需要的是一个温暖的家，他不愿做一个没人要的孩子。虽然在北京可以多赚钱，可你们就这一个孩子，如果孩子不成材，你们挣再多的钱又有什么用呢？再说在家乡也可以挣钱养家，请你们一定要慎重考虑一下，利用寒假处理好这件事情，至少你们要有一人留下来照顾孩子。"

涛妈妈马上给我回了短信，或许她也意识到了事情的严重性，两天后便和涛爸爸来到学校。我详细地和他们谈了涛的情况，表明了我的态度及担忧。他们表示一定会想办法解决。

寒假开学后，涛脸上有了笑容，从涛的笑容中我读出了其中的故事——涛的父母果然回来了，在我们城市做些生意。涛的后顾之忧解决了，性格也开朗了许多，从此，涛的学习成绩一路攀升。涛再也没有带过手机来学校了。

或许每一部手机的背后都有一个故事，无奈的故事、伤感的故事、荒唐的故事、感人的故事……让我们走近这些孩子，想办法去了解这些故事吧，当这些故事有了圆满的结局时，手机的问题也就能得到妥善解决了。

疏导学生的攀比心理

王 莉

初二月考的作文题目是《十四岁，我多了一份____》，多数同学补充的题目是《十四岁，我多了一份责任》、《十四岁，我多了一份宽容》、《十四岁，我多了一份动力》、《十四岁，我多了一份渴望》，等等。于立阳的作文却是《十四岁，我多了一份悲哀》。

于立阳，是从一所乡镇中学转到我班的新生，漂亮、开朗，小小年纪怎么会悲哀呢？我急切地翻阅了她的作文：

十四岁，我多了一份悲哀

这个月初，我转学到了安阳。一切都很匆忙，弄得我措手不及，不知所措。当我刚刚适应了这里的老师和同学时，就迎来了第一次月考。这次考试考得很不理想，以前连想都没有想过，我因此难过了好几天。在我快要振作起来的时候，妈妈又狠狠地骂了我一顿，而且不让我用手机，不让我跟以前的朋友联系，我感到很委屈。也许，我以前给朋友打电话真的没有注意控制时间，所以，我对妈妈说我以后只在空闲时间和他们聊天，妈妈竟然说我"放肆"。听了之后，我忍不住掉下了眼泪，就这样，我哭了两天。

我觉得妈妈很不讲理，友情和亲情都是我生命中很重要的东西。有些东西不是可以割舍得掉的，可妈妈非要干涉我的自由不可，我已经做出了最大的让步，可还是说服不了妈妈。

以后的日子我只有在不公平中度过，因为我缺少了生命中的一部分，也缺少了享受自由的权利，学习固然重要，但一个人不能没有朋友。没有朋友的人生没有任何意义，因为朋友可以帮助你分担忧愁，分享快乐。

十四岁的我多了一份悲哀！

——原来是手机惹的祸！

看完作文，我找于立阳谈心。"这两天和妈妈生气了？""嗯，她把我的手机给停了。""为什么呢？""她说我和同学聊天，影响学习。""我认为你妈妈担心得对！""可是，我是在空闲的时间才打的……"

于立阳并不服，看来用短短的课间几分钟时间难以走到她心里去。

我见过于立阳妈妈，是个很有素质的小学教师，为了女儿付出了很多。两周前我们交流孩子的学习情况，我们同时发现了她学习上的不适应，也发现她的电话和短信太多。我当时提醒她学校是明文规定不许学生带手机的。谁知道妈妈把手机给停机了，她就悲哀了！

于立阳的不服让我有点生气，但同时，又让我很揪心。现在的学生，整天享受着家长的呵护、老师的关爱，却身在福中不知福；有一点点不如意、不顺心，就异常敏感，把痛苦放大，对家长的付出任意、任性地践踏。

我给她写了一封信，这样也许能够避免我们的正面冲突。我在信中写道：

"十四岁，我多了一份悲哀"这句话让我替你妈妈、爸爸心凉。从水冶小镇转到安阳读书，将来你会知道，这次转学改变的将是你的人生轨迹。你了解这次改变的背后你爸妈的千辛万苦吗？你和水冶的同学相比，你是幸福的还是悲哀的？为了你而搬家租房，你的妈妈每天在安阳和水冶之间奔波，对你这是不是一种奉献和付出呢？

我读了几遍你的作文，发现你的"悲哀"是妈妈收了你的手机。我理解你的怨恨和苦恼，但我不同情也不迁就你，我明确告诉你：我站在你妈妈这一边。来到新的环境，留恋以前的同学是人之常情，老师理解。但真正的友谊不是东拉西扯地闲聊，而是相互激励地奋斗。你知道吗？朋友有益友和损友之分，能帮助你前进的共同进步的敢于相约几年后在某一所重点大学相见的朋友才是你真正的朋友，才是益友……

请理解你的妈妈！没收你的手机，方法也许生硬了些，但只是为了让你专心致志地学习。如果不没收手机，那你给予我你的成绩排名要提高100名的承诺靠什么实现呢？你的妈妈是个负责任的好妈妈！我们是不是该感激她呢？

我没有看到于立阳读信时的表情，只知道第二天她偷偷塞给我一张纸条，上面表达了三个意思：一是感谢我这么关注她；二是请我放心，她和妈妈已经和好了，她知道她很幸福，得到的爱很多；三是保证排除干扰，在期末考试中让大家刮目相看！

下午，我对于立阳说："如果有急事，可以用老师的手机。"

"老师，我没有急事。"

她给了我一个甜甜的笑，我揪着的心终于舒展了。

6 规范使用手机才是上策

张万祥

电视剧《手机》把手机问题第一次摆在大众面前，面对手机，成年人有很多困惑，学生也有很多困惑。虽然很多学校硬性规定不准学生带手机进校，事实上仍有大量学生偷偷带着手机上学。学校的制度既然无法贯彻到底，这个制度也就没有什么意义。

"堵"不住了，怎么办？疏导？显然也靠不住，因为这不是感情问题，而是一个工具使用的问题。我觉得单纯地禁止学生带手机是解决不了问题的，关键是规范，只有规范化使用了，手机问题才不会成为问题。

我觉得学生可以带手机进学校。家长需要，学生需要，为什么不可以呢？很多事情，知道禁止不住的仍然去禁止，叫不明智。我们在学校宣布不准学生使用手机，可学生家长却在背后支持，学校的工夫就全浪费了。你告诉家长、学生可以使用手机了，这样，你和他们不对立了，后面的问题就好处理了。

站在学生的立场，带手机到学校也未必是坏事。比如，有事与家长联系，闲时听听音乐，甚至看看新闻，都挺好的。关键是，多数学生一旦手机在手，就不会那样使用了。他们要么是用来显摆，要么是用来发短信，要么是用来 QQ 聊天。如果说这些在空闲得无事可做时做做也可以，但不少孩子却不会安排时间，他们要么是在课堂上玩手机，要么是在就寝时沉迷游戏和 QQ 聊天，最终弄得课没上好，觉没睡好。自然，学习就不好了，习惯也不好了。那么，这时班主任该怎么办呢？班主任就该去规范。

规范的第一要务，是班主任自己要做好正确使用手机的榜样。有许多老师将手机带到教室，学生正在认真听课或安静地写作业时，老师的手机传来了来电铃声，他马上就停止上课，拿出手机公然就在课堂上接听了。老师这样做，却要求学生上课不能使用手机，学生能够服气吗？所谓"其身正，不令而从；其身不正，虽令不从"，教育学生不带手机进课堂，老师就应该起模范带头作用。

其实，退一步想想，我们老师哪里有那么多紧急要务要处理，上课一小时，关闭手机对我们来说有什么影响呢？魏书生一辈子不用手机，照样成为当代名师？不用手机，不会妨碍什么。

其次，规范使用手机，我们还要做好家长的工作。我们要向家长说明学生使用手机的弊端，取得家长的理解和支持。只要说得在理，相信大部分家长还是会支持学校和老师的决定的。

第三，规范使用手机，还要有一个制度依靠。这个制度，一般学校都有，那就是反对学生带手机进学校。既然制度规定了，我们老师就有了"尚方宝剑"，如果家长溺爱孩子，我们也可以搬出制度来抵挡。其实，很多家长买手机给孩子，是不知道学校有这个制度的，一旦他们知道了，也就不会随意给孩子买手机了。

第四，帮助学生养成良好的作息习惯。家长给孩子买手机，关键是对孩子不放心。如果我们明确告诉家长，学校不拖堂，每天按时放学，家长按时接孩子，习惯养成了，家长才不会浪费钱给孩子买手机。也有老师说，习惯没那么好养成的。对，既然孩子习惯养不好，你可以对家长说："你给孩子买辆汽车上学，他也会开着车兜一圈才回来。买手机有何意义呢？"我们要善于和家长讲道理，道理讲明白了，家长也就支持老师的工作了。毕竟，老师都是为了孩子好。

第五，细化使用守则。学校制度管的是大方面，但班主任也别指望制度可以束缚一切学生，因为法律那么严苛，仍然有人知法犯法。所以，肯定有胆子大、不怕事的学生偷偷带手机到学校。对这一部分学生要怎么处理呢？我认为说教、指责、抱怨、没收都不能从本质上解决问题。班主任要做的就是把事情摆在明处，与大家一起商量如何规范使用手机。我的做法是细化使用守则：

（1）任何人不得将手机带到课堂上（包括老师），如果带来了，并且扰乱了课堂秩序，一律收缴并交到学部统一保管，直到放假才能让家长取回自己的手机。

（2）就寝前，在学生联系家人或者短暂消遣之后，睡觉时必须关掉手机，如果不听劝告，则一律收缴并由生活老师统一保管，直到放假才可让家长取回。

（3）任何同学不得用手机给别人发骚扰短信，如果被发现，除了证明该生品质恶劣之外，还要进行纪律处分，此外，手机将交由学部统一管理。

（4）如果有同学利用手机之便，联系校外不良分子与在校学生打架斗殴，事发之后除了报案之外，手机也将收缴并交学部统一管理。

（5）利用手机聊天、谈恋爱等影响学习且造成恶劣影响的，手机一律收缴，且要受到学校纪律处分。

注明：手机一旦到了班主任或者生活老师手里，不得翻看其手机短信内容，更不可用该手机打电话，而是应该立即关机，妥善保管。

我与学生商量，定了以上五条规定，每一条学生都赞同。我以为，不论制度多么苛严，只要学生赞同了，就是行得通的。重要的是教师在落实制度时不可随意修改制度内容，否则就会亵渎制度而使制度没有任何执行力。

在这里，我要补充一个问题，那就是没收学生的手机的问题。很多班主任在禁令没有效果之后，情绪一上来，就没收学生的手机，且美其名曰"代为保管"。我觉得这招要谨慎使用，如果一定要代为保管，下面三点要引起注意：

（1）注意不要违法。手机是学生的私有财产，没收肯定不行，一定要明确一点——代为保管。我发现在许多学校都出现过这样一个公告：发现在校园里使用手机，一律没收并给予处罚。但在实际的操作过程中也有很多问题，一个主要问题是：谁给你这个权力？一部手机少则几百块多则几千元，老师能把它没收了吗？要是保管不好，被盗了，于己于人都不好交代。再说，你真的把学生手机没收，学生和家长一定不会罢休。所以，我们一定不能够让自己被动，要明确声明，我们仅仅是代为保管，也就是说你把禁用物品带到禁区来，虽然我们没有权力没收，但是可以代为保管，离开的时候原物奉还，家长也就抓不住把柄了。

（2）注意不要侵犯学生的隐私。手机中有许多学生的隐私：在与同学互发的短信里，可能有老师认为不健康的内容，如男女同学暧昧的词句；手机里存的相片，有男女生较亲热的画面，有女生照的较性感的照片等。这些，事实上是学生个人的隐私，我们应该自觉地保护学生的隐私。我认为老师一定不要查看这些属于学生隐私的内容，即使知道学生有不良行为，没有经过有关部门特别授权，坚决不看。这样是对学生的尊重，更是一个公民应具备的最基本的素质。

（3）注意不要因为手机而恶化师生关系。有的学校在处理学生的手机时，采用了一些极端的手段，如发现使用，就地销毁；或者直接把手机扔到楼下……这些方法可能起到"杀一儆百"的效果，但给人的感觉是"杀鸡骇猴"，容易恶化师生之间的关系。而且，破坏他人私有物品，也是违法行为。

手机是这个时代的产物，是学生生活的一部分，因此，与其禁止学生带手机进校，甚至于因为手机而造成师生关系交恶，还不如正确引导，教会学生规范使用手机。

第 **11** 项

外号文化：挑战班主任的鉴赏能力

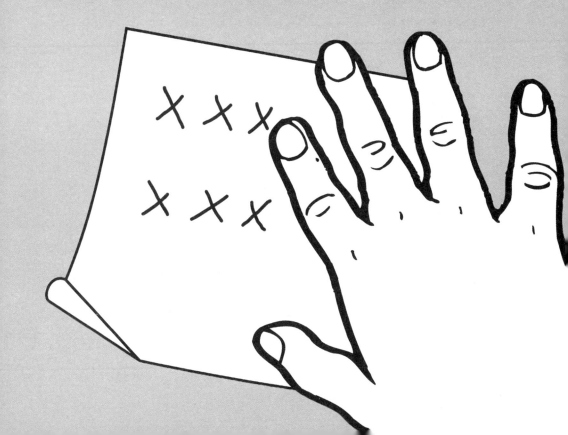

班上流行外号风，班主任该怎么办

外号风在校园里盛行不衰，很多学生热衷于给别人取外号，传播外号，并乐此不疲。不少孩子被外号所累，身心受到极大的伤害。更有甚者，由外号引起的辍学或恶性事件屡见不鲜。一些老师也"在劫难逃"，被孩子们私下里取了外号。《广州日报》曾报道，从化太平中学初中一年级某班，因有人将班主任老师的外号"茶煲"写进周记里。班主任一怒之下，先让40余名学生自掌嘴巴，这还不解恨，然后又亲自上阵，逐个扇了这些学生的耳光。这件事情引起了轩然大波。

可见外号虽小，问题却大，引导不好，就会埋下"定时炸弹"；处理得好，便可消除"炸弹"隐患，转危为安。因此，班主任该如何做好这个引导工作呢？

1　外号只是校园生活的亚文化

一、只是为了好玩（覃丽兰）

孩子都有贪玩的天性，没事的时候会给别人取个外号，借以调节枯燥乏味的生活，改变沉闷的学习气氛。这些外号往往伴随着幽默、俏皮和丰富的想象成分，本身并无恶意，只是生活中的一种点缀。记得读书时有个名叫焦妹妙的女生，因其姓名与功率的单位"焦每秒"读音相近，同学就把她叫成"瓦特"了。而我上初中时，正值电视剧《霍元甲》热播，于是就被同桌叫做"倩男"，因为我名字连读就是这个音，我感觉挺亲切，很乐意接受。

二、吸引他人注意（马彩云）

青春期的孩子总想吸引他人，特别是异性的注意，可是别人的目光总是投注不到自己的身上来，这时他们就会想办法"炒作"自己，给自己或他人起个响当当的外号，从而使别人关注自己。

三、炫耀自己的才智（赵春梅）

有些学生认为给人取外号是彰显自己才华的一种方式，因而对取外号格外热衷。特别是平时很少得到关注的学生，一旦有人说他在某一方面有才，他就会在这方面不懈努力。

四、标榜关系很铁（郑学志）

为了表示亲昵，关系比较好的人就会互相给对方取外号。比如说我们父母这一辈，他们都以同事或者朋友的外号"某胡子"相称，感觉亲密。而我们自己也一样，记得我原来读书的时候，有三个玩得很好的铁哥们儿，互相取了外号，一个叫"乡妹"，一个叫"拐子"，我呢，人很瘦，就只有头大，所以他们给我取了个外号叫"学霸脑壳"。现在毕业二十年了，每每叫起昔日的外号，兄弟之情溢满心田。

五、纯粹报复泄愤（徐大雄）

外号只是"外衣"，其真正目的也许是泄愤、报复与反抗。相对于打骂来说，叫外号是一种较为隐蔽的、进可攻退可守的泄愤报复方式——"君子动口不动手"，我不能打你骂你，但我可以给你起个侮辱你人格的低级外号。就拿我们班来说，我们的班长是个女同学，工作认真负责，得罪了一位男生，该男生为了泄愤故意给这个女班长取了个"太平公主"的外号，后又给她取名叫"人妖"。

六、违纪时不易被揪出（顾治国）

有一段时间，学校纪律较差，学生拉帮结伙打架成风。有一次，我班学生莫名其妙被别人打了，想追究打人者责任却无从查起，因为他们只是互相叫"虎子""耗子"的外号，不知打人者的具体姓名，事情便只能不了了之。学生告诉我，学校存在很多小"团伙"，常常是三五个"意气相投"的学生在一起，结伙打架、翻墙上网等。这些团伙在"作案"时通常都规定使用代号，不许叫姓名。

⒉ 充分利用好外号的教育资源

一、外号是老师的一面镜子（王立文）

外号是老师的一面镜子，成功，失败，都在里边。被起恶意外号的多是学生不喜欢的老师，而善意的外号，是学生感情的抒发，是师生关系和谐的表现。在听到学生给自己起的外号时，首先应该对照自己，反思一下自己的语言、行为、对学生的态度等方面是不是有欠妥的地方，若是有，就要改进自己，消除学生对自己的不良印象。

二、外号是班级文化的体现（覃丽兰）

如果班级里流行乱七八糟的、恶搞的外号，则意味着调皮生多，班风不正；相反，若柔美亲和的外号多，则说明同学间关系融洽，班级团结向上，集体荣誉感强，班风良好。

三、外号是出现问题的信号（邝金山）

外号被制造而且流传开来，必定是有其原因的。学生热衷于取外号，可能是学生不思进取而觉得生活空虚无聊、学习枯燥无味，也可能是学习压力太大，受管制过严而觉得沉闷压抑，还可能是学生关系不好或者故意捣乱。如果老师被学生取了不雅外号，那么，老师要反思一下，这是教师本身的原因还是其他原因造成的。外号的出现只是一个信息，我们要去分析其背后的原因，找出根源解决问题才是上策。

四、外号帮助我改正缺点（高飞）

我走路时总是一边肩膀高一边肩膀低，当无意中听到学生以此给我取了个"高低杠"的外号时，我暗下决心一定要改掉这个毛病。通过不懈的努力，我终于克服了这个"顽疾"。这要感谢我的学生们，他们给我起的外号促使我从"高低杠"变成了"平衡木"。

五、外号也是一种教育资源（徐大雄）

我们可以将外号作为一种教育资源，借其引导学生成长，让他们学会人与人之间的正确交往以及相互尊重。比如一位班主任"肇事"在批评班里两位爱给他人起绰号的学生时，"肇事"学生以《水浒传》中每人都有绰号为由进行辩解。班主任当下决定就外号问题在全班进行一次公开讨论。班主任先让被起了侮辱性绰号的学生讲了自己的感受，接着他又让大家讨论《水浒传》中"三十六天罡"的绰号和班里两位学生给别人取的绰号的区别。通过讨论，学生们最终明白了"侮辱性绰号"和"昵称"的区别。

学生与我谈外号

钟　杰

作为女老师，最怕的就是被学生取外号。因此，每当听到别的老师有了外号，我就担心哪一天外号会"从天而降"落到我头上。到那时，我该怎么应对呢？所以，惶惶也，急急也，惴惴也。我有时会主动出击，找一些老实的贴心的孩子问："我有外号吗?"孩子们直乐，都笑着摇摇头。

有一天，在和一群孩子闲聊时，有学生跟我说，数学老师的外号叫"老龙王"。我心里隐隐不安了，既然最和蔼可亲的数学老师都有了外号，那么我这个经常唱黑脸的"包公"一定有一个难听的外号了。当下追问，为何给数学老师取个"老龙王"呢? 学生嘻嘻而笑，解释道："我们并没有恶意，我们很喜欢数学老师的。数学老师姓龙，而且他的儿子名叫太子，太子的父亲就是王啊! 再说了，数学老师年龄也大了，他对人和蔼可亲，就像一个慈祥的老龙王，我们都把他当作自己的父亲来尊重的。"

其中一个孩子还说："老师，您也别一听到外号就紧张。学生给老师取外号，除了少数是恶作剧外，多数都是以事实为基准的善意情绪的表达。"

"好啊，既然话说到这个份儿上了，我实话问你们，我的外号是什么?"我故作严肃地说，"今天你们必须告诉我，否则……我会生气的。"

孩子们顿时扭捏起来，你望我，我望你，都不说。我假意生气："好啊，你们竟然给我也取了外号，真是反了你们了。"

看我生气了，有个学生小心翼翼地说："您的外号是'猴王'。"

我"啊"的一声，惊讶地说："'猴王'? 我是女老师，干吗取个'猴王'啊? 这多寒碜人啊!"孩子们马上解释："没恶意的，那是喜欢，您平时不是亲切地叫我们'猴儿'吗? 既然我们是您的猴儿，那您肯定就是我们的'猴王'呀。"我释然："哦，这样啊，那还差不多。"马上又有一个乖巧女生补充道："就因为您是女老师，又年轻漂亮，所以我们私下叫您美猴王呀。"孩子们七嘴八舌，把我哄得很开心。自此，知道自己叫"美猴王"了。这是个不错的外号，一点贬义都没有，而且恰如其分。我真像一个"猴王"一样带着一群"猴儿"，很快乐，很幸福。而且，他们还在"猴王"前面加了一个让我十分得意的修饰语——美!

这一番议论下来，让我对外号之事有了兴趣，于是话匣子大开，说："那你们说说，学生给老师取外号，究竟有什么含义?"

一个孩子说："好玩，新奇，刺激。"

一个孩子说："对那些我们很敬重的老师，我们一般不给他们取外号，即使要取，也是带有褒义的，含有喜欢的意思;对于那些我们不喜欢的老师，我们有时会给他们取一些中性的外号，既不伤人，也不恶俗，比如我们给一个老师取外号'包谷'，那是因为他喜欢说土话，经常骂我们'吃了包谷粑粑开黄腔'（打胡乱说之意）。"

一个孩子说："对那些不负责任，喜欢骂人打人，教书又教得一塌糊涂的老师，我们肯定会给他取外号，而且不会客气的，我们都是在背地里叫，所以老师一般不知道。比如那个戴眼镜的某老师，可凶了，对学生不是打就是骂，学生都怕他，背地里叫他'眼镜蛇'。"

我心里暗想，天哪，谁说学生小啊，他们虽然不敢明着顶撞老师，但他们会背地里伤人的。那些外号，多难听啊，要是老师们听见，不伤心才怪呢。

我认真道："你们怎么这么坏啊，竟然背地给老师取那么难听的外号。"

马上有学生反驳道："老师，对那些认真负责，真心爱我们的老师，我们从来不乱来的，就算有学生要乱说，我们也是不同意的。"

我无话。想想，也是，个别学校领导和教师，对学生总是很凶，而且是台上一套，台下一套，说得好听，做得难看。学生虽然年龄不大，但他们的心灵是剔透的，眼睛是雪亮的。老师们在前面做些什么，他们在一旁看得清清楚楚。他们不敢直接反抗，但会借助外号来表达他们心里的看法。

我又问学生："有没有同学假借外号故意泄愤？比如对某一种现象不满，或者是心态不好，或者是无聊，故意给老师取外号让老师生气的呢？"

孩子们纷纷摇头，表示没有这种现象。一个平时颇有主见的孩子说："任何事情都不会空穴来风的，既然有果，肯定是有因的。"

的确，任何事情都存在因果关系。如果老师平时种的是善因，收获的肯定也是善果，反之亦然。

由此可见，老师们与其责骂学生没教养乱取外号，还不如完善自己，让自己变得有修养，不给学生取恶意外号的机会。

ㄐ 现身说法让外号风匿迹

邝金山

"老师，不好了！陈京兵和宗强在教室里打起来了！"听到学生们的叫嚷，我马上赶到教室，这时打架已被制止。宗强在小声抽泣，而陈京兵好像还很气愤的样子。

我带他们到房间了解情况。在我的追问下，陈京兵才红着脸，小声说："他叫我'神经病'！"宗强争辩说："又不是我先叫的，很多人都这么叫。"我明白了，又是外号惹的祸！原来，一些同学取"陈京兵"的谐音，给他起了个"神经病"的外号，结果引起了这场冲突。

对于"外号风"我班以前也曾明令禁止过，但不久又死灰复燃了。看来只靠强行禁止是没有效果的。我何不改变以前强制的教育方式，借由这次事件对学生进行一次引导呢？等陈京兵和宗强冷静了下来，我说："你们能不能配合老师做一件事呢？"我说了要求——要他们准备在班上发言，他们犹豫了一下答应了。

自习课开始了，我走到教室，用严肃的语调说："今天，我们班的两个同学发生了一次冲突，这是很不应该的！大家要好好想一想，从这事得到了什么教训？下面先由当事人说说当时的情况和自己的想法。"

大家听了这话后瞪大了眼睛。陈京兵走上讲台，先向大家鞠了一躬，说："我为班里添乱了，对不起宗强，也对不起老师，还有同学们。"大家都被触动了，教室里静得出奇。接着，他说了当时的感受："当时我真的很愤怒，还有很多其他的说不出的感觉……所以控制不住就打了人……"他的话引起了大家的思考。

我趁机对大家说："同学们，大家有没有这样类似的体会？你们可以想想自己被叫外号时是怎样的感受。"

过了一会儿，胖胖的小谢说："一些男同学叫我'水桶'，我很难过，心里特不好受。"

接着，被叫做"眼镜蛇"、"根号2"的同学也发了言……他们大多有同样的感受——痛苦、羞怒、没面子、抬不起头……只有极个别同学对自己的外号表示认可。同时，我也觉察到，一些平日里喜欢恶作剧的同学低下了头……

我又让宗强走上讲台，说说他的感想。他低着头，小声向大家道歉，说自己当时也是觉得好玩就这样叫了，没想到会给对方造成这样强烈的感受，他保证以后决不再做这样的事了，也希望同学们不要再叫那些伤人自尊的外号了。他的肺腑之言感动了大家，特别是他最后几句还获得了同学们的掌声。在他的带动下，一些同学主动地做了自我检讨。

看到这样的情景，我"趁热打铁"道："我希望同学们能将心比心地想想别人的感受，做到'推己及人'，明白'己所不欲，勿施于人'的道理。不管动机如何，乱叫别人不雅的外号就是对人的欺负、侮辱，是对人的侵犯，我们不能把自己的一时快乐建立在别人的痛苦之上。"我还通过身边的具体的事例阐述了叫人不雅外号的危害，最后，同学们纷纷表示以后再也不给同学乱起外号了。

看来，积极利用冲突带来的教育契机，让同学们现身说法，比起老师的强令禁止来效果要好得多。

用心中的太阳去照耀别人

温爱娟

开学初，一位家长拉着女儿来到了我面前，语气很生硬地说："老师，您是教四年级的吧，他们都欺负我女儿，我女儿想转学了。开个证明吧！"

"怎么回事？能说说吗？"我拉了一张椅子放到了家长面前。

家长像找到了"出气筒"一般，坐在我准备的椅子上激动地说："我这个孩子李秋榆，天生就很内向、害羞，上学期不知谁给她取了个外号叫'李秋根'，班上的学生都不再喊她的名字了，还经常用外号来取笑她，课堂上也起哄。这不，孩子吵着闹着要转学，说在这个班呆不下去了！你们这些老师，也不管管学生，真是不负责任！"

听到这里我明白了，是外号伤害了女孩，还伤得很深，躲在妈妈背后的她还不停地在抹眼泪。

我安慰孩子的妈妈道："我能理解您的心情，孩子受欺负做父母的确实会很生气。现在我知道这件事了，一定会认真处理的。"

看得出家长只是想利用转学的事让老师处理好这个问题，并不是真的想让孩子转学。"给她换个名字吧，叫李秋怡。"我建议到。

我轻轻地招了招手，女孩怯怯地站到了我面前，我们开始了推心置腹的谈话。

"他们都叫你外号，你有什么感觉？"

"不舒服，他们在欺负我。"

"让我猜猜看，当别人这么称呼你时，你也觉得自己的外号很滑稽，是吗？"

"是的。"

"你知道吗？老师也有很多外号，小学的时候，老师被同学取了个'狮子'的外号，那是因为我发怒的时候样子很可怕。还有'乌龟'，因为我做题慢。"

"啊？这么难听！"

"石头和棍子会打断我的骨头，但外号永远不会伤害到我。你看我现在照样快乐地生活着！所以，不用去理会那些外号，做快乐的自己，时常对自己说'外号不会伤害我'。"

"外号不会伤害我。"小女孩默念了这句话。

"你知道么，我刚教书的时候，有学生在背地里叫我'眼镜妹'，就是因为我总是戴着眼镜的缘故。我对此没当一回事，装作不知道。后来有同学报告给我听，我也敷衍了过去。糊涂一点好，说不定到哪一天，他们还记得有一个'眼镜妹'教过他们，还在同学会上回忆起我和他们之间的快乐往事呢！

我曾教过的一个学生，嘴角是向下的，笑的时候感觉像哭一样，连我们老师背地里都叫他'哭笑哥'。因为这个学生开朗、好学，别人叫他什么都无所谓，所以同学们都喜欢和他交朋友，每次有什么活动都邀请他一起参加，有什么评选活动都少不了他的份儿。所以，叫外号不一定是侮辱你，有时也是一种亲切的表示。这件事如果真的伤害了你，老师就替那些叫你外号的同学向你道歉。但是，假如他们真的是在取笑你，这就是他们的不对了，你也不要往心里去，老师会处理好这个问题的。还有，以后把老师当成你的朋友吧，有什么解决不了的事情都可以告诉老师，老师会帮你想办法的，好吗？"

女孩子露出了微笑。

"你笑起来真美！老师送你一首诗吧：

当你微笑面对人生时/人生会对你微笑/困难会被你吓跑/当你带着微笑面对别人/别人也会以微笑回报你//当你是太阳/把别人照耀时/别人在享受阳光时/同时也在用心照耀着你。"

在开学后不久的一天早读课上，我在黑板上写了"根"字，让同学们念了一遍，再让一个同学上来注音"gēn"，大家再念了一遍。然后我写出第二个字——"怡"，让学生念，再让学生写上拼音"yí"，大家念了几遍之后，我就对大家说："以后大家要记住，咱们班上有位李秋怡同学，大家可不要忘了老师教过的字，若再不识字，老师可不饶你们！"

从那次以后全班学生就没有再叫错李秋怡的名字了。

让外号"美丽"起来

郑学志

外号是人际关系的一道奇特的风景线，不仅标志着人际关系的亲密度，还是感情好坏的晴雨表。老师们的这期讨论很精彩，让人大开眼界。但是，我总觉得还有些问题没有讲透，大家多在"控制"上下工夫，对外号风气"围剿"的多，引导的少。

我觉得，对于外号，"围剿"肯定是不能够从根本上解决问题的，学生虽然不公开喊外号，但在背地里却叫得厉害，我们老师也没有办法。最好的办法要从下面三个方面着手：

一、教会学生尊重他人

有学生喜欢给别人取外号，也有学生乐意别人给自己取外号。因此，对于外号的全面"围剿"，我觉得没有必要，因为有的外号是"周瑜打黄盖，一个愿打，一个愿挨"的事情，班主任没必要去过分干涉。但并不是所有的学生都是心甘情愿地接受外号的。有很多外号，是别人不怀好意取的，是自己无力改变却被迫要接受的。为了除去这种外号，我们首先要教会学生尊重他人。

对此，我很赞成用班会的形式进行换位思考谈话，让大家一起来倾诉那些丑陋的外号给自己带来的痛苦。比如邝金山老师在班会课上，让深受外号之害的陈京兵走上讲台，诉说自己的外号之痛，然后引导其他讨厌外号的同学纷纷表达自己的痛苦。看到外号给同学带来的切肤之痛，一些原本以取笑为乐的学生会认识到，自己的快乐不应该建立在别人的痛苦之上。于是，同学们知道了将心比心，自己心中的痛就是他人心中的苦；知道了善待他人就是友善自己；知道了放他人一"嘴"就可以赢回一片美好的天空。因此，学生们就有了一个取外号的底线——尊重别人，不能够伤害别人。

我觉得这样的做法很好，这样做告诉了孩子们取外号要注意的地方：一是要尊重别人，不能拿同学的身体、外形、习惯上的缺陷当笑话，不然就会给别人带来痛苦；二是传播外号的前提是征得当事人的允许，当事人不喜欢的、感到难堪的外号，最好不要传播，不要图一时口舌之快，结果引起矛盾冲突，那就很不好了。

二、教会学生欣赏别人

中国的汉字很奇特，改动一个字，意义就全变了，例如"阉猴"和"猴王"，一字之差，感觉截然不同。我们要引导学生注意从友好的角度去取外号，学会欣赏别人。很多同学为外号所累，关键的一个原因，是那些外号具有打击性，而不是表扬和欣赏。如果那个外号里透露着友好的欣赏之意，我相信每一个被取外号的人都不会愁眉不展了。

在 K12 教育论坛上，小曼老师发表了这样一个帖子：在我上学的时候，同学们都喜欢称呼我"小鳗鱼"。最先这样称呼我的是我最好的朋友，她告诉我之所以这样称呼我，是因为她喜欢我这个朋友，她觉得这个称呼可以表达出她对我的喜欢，所以我自然也喜欢上了这个称呼。后来班级里越来越多的人都这样称呼我了，我知道那是因为班级里有越来越多的人喜欢我了。所以，这个外号让我觉得自己很幸福。现在，只要我和我的同学一见面，他们还是这样称呼我，这样的称呼会让我们想起很多学生时代幸福的往事。

所以，当小曼老师班上有学生给别人取外号的时候，她不打击，不"围剿"，而是鼓励学生从欣赏别人的角度出发，给别人取一个外号。比如，有同学跑步快，不妨就叫"飞毛腿"；有同学毛笔字写得好，不妨取个"书法张"外号。可以在班上公开评选出"最佳起名奖"，"最佳创意奖"，"最佳名称奖"……

这个办法很好。试想，如果你班上的学生的外号都是"及时雨"、"智多星"、"玉麒麟"、"铁榔头"、"小鞠萍"这样的外号，每个人都会欣然接受的。

三、关键时刻要善于改变

如果实在阻止不了同学们取外号，该怎么办呢？我先给大家讲一个知心姐姐卢勤的故事吧。

一次，卢勤到无锡沁园小学讲课，一个高个子男孩从后排挤到台前，满脸不高兴，气呼呼地对她说："他们给我起了好多外号，都特难听。"

"什么外号？说说看！"

"我眼睛小，他们叫我'小眯缝眼'；我做俯卧撑起不来，他们就叫我'软骨病'，我很生气！"男孩的脸涨得通红。

卢勤看着他生气的样子，突然想到他嗓门很大，音色很好，马上问道：

"你的声音很洪亮，唱歌一定不错吧？"

"算你说对了，我是合唱队的领唱！"男孩得意地说。

"你叫什么名字？"

"顾欣坚。"孩子的声音更大了。

"好，我也给你起个外号怎么样？"男孩瞪大眼睛，诧异地说不出话来。"就叫你顾大歌唱家，怎么样？"

"好，好，这个外号好！"男孩乐得一个劲儿地点头。

卢勤对台下的同学们说："现在请'顾大歌唱家'给我们唱两句吧！如果你们认为他像歌唱家，就使劲儿鼓掌；如果觉得他不像，就小声鼓掌。"

顾欣坚亮开嗓门只唱了两句，就引来了全场雷鸣般的掌声。

卢勤又说："请大家再跟我配合一下，咱们一起鼓掌一起说'棒，棒，棒，你真棒！顾大歌唱家你真棒！耶……'"

在家长和孩子们的齐声呼喊里，"顾大歌唱家"兴奋不已，洋溢着一脸的自豪、骄傲。散会后，卢勤对校长说："请您再配合一下，星期一的全校升旗仪式上，您让顾欣坚再当众唱首歌。唱完后，您再领着大家一起说'棒，棒，棒，你真棒，顾大歌唱家你真棒！'"

这件事后，大家都亲切地叫顾欣坚"顾大歌唱家"了。

教育需要智慧。当学生深受讨厌外号困扰时，我们给他取一个美丽的外号代替之，并加以推广，那么，叫者心无愧疚，被喊者兴高采烈，外号问题不就解决了吗？外号文化不就真正地"美丽"起来了吗？

第 **12** 项

校园防暴：挑战班主任的斡旋能力

点问题

学生之间发生暴力冲突，班主任该怎么办

最近，网上频现学生打人的视频，上海、广东都有，北京通州一所学校还因学生打群架造成了一名学生死亡……校园暴力冲突已经成为一个热门话题。如何降低校园冲突发生率，如何将冲突危害降低到最低程度？这是每一个老师都关心的话题。我们这次的讨论，将从学生冲突发生的事前、事中和事后三个阶段，共同探讨一下如何有效处理这类事件，提升班主任的校园冲突斡旋能力。

1 平时防范：智者治乱于前

一、畅通信息渠道（贾宏权）

班主任平时要让学生明白，老师是他们强大的后盾，有问题要第一个想到找老师帮助解决。要鼓励他们及时报送"信息"，并指导他们沉着应对：如果发现同学中有冲突苗头，应该及时制止；如果制止不了，就立刻通知老师。班主任要明确地告诉学生，这不是打小报告，而是帮助同学更加理智地解决问题。如果信息渠道不畅通，预防冲突就是纸上谈兵。

二、平时注重"四育"（李彬）

一是教育学生学会使用文明用语，让文明用语成为冲突的"降温剂"。

很多冲突都是由于双方语言沟通不良造成的，只要大家将"对不起"、"打扰了"、"没关系"等常挂在嘴边，那么，绝大多数冲突都会烟消云散；二是教育学生遇事多自省，让退一步海阔天空成为冲突的"减速器"；三是教育学生学会倾诉，给自己减压，让良好的心态成为冲突的"调控阀"；四是教育学生知法守法，让法律成为冲突的"警戒线"。

三、未雨绸缪三法（高顺杰）

一是抓好行为规范，培养学生温和、理性、守法的处事习惯；二是加强法制教育，结合校园文化建设，形成反暴力氛围；三是开展丰富多彩的班级活动，融洽学生之间的感情。

四、"压"、"放"结合（刘坚新）

如果冲突事件已经发生，就要采取强硬措施制止冲突事件的再次发生。在我们学校，连续三四年，都采取"重拳打击"打架斗殴事件，一经发现，一律给予严肃处理，甚至留校察看。一些学生以身试法之后，其他学生就不敢"轻举妄动"了。此外，我们还发现，爱打架的学生多半是精力旺盛且无处消耗，如果请他们多为班级、为老师做事，使他们充沛的精力得到释放，并借此机会多鼓励、多表扬、多引导，使他们逐渐爱上学习、以学习为主要目标，从此校园就会变得清静了。

五、教会学生自控（李云）

学生的身心正处于成长期，体内分泌的激素在促使全身组织迅速发育的同时，也增强了脑神经系统的兴奋，使他们的情绪容易激动，易引发冲突。因此，增强他们的自控能力，是有效预防冲突的关键：

（1）加强爱心教育。一个人如果充满爱心，时时处处与人为善、为他人着想，心态就容易平衡，就不会轻易做出野蛮愚蠢的事来。

（2）改善学生食谱，多吃鱼类食品，能够缓解人的冲动情绪。

（3）提高个性修养。我平常教学生要心态稳定，即使无故加之也不动怒，骤然临之也不惊。有了这种心态，就能有效避免非理性行为的发生。

（4）科学看待自尊。要通过多种活动让学生认识到，要想真正地维护自尊，就必须先去尊重别人。

（5）加强自制训练。包括强制自己冷静，延缓非理性行为暴发时间；认真听取别人的劝阻，避免情绪进一步受到刺激；在伸出拳头之前，即便是受了再大的委屈也不能乱来，应该马上报告老师。必要的缓冲，有利于让学生恢复理智，避免"悔不该当初"的事情发生。

② 现场化解：勇者运筹帷幄

一、把握冲突规律（李春兰）

一般来说，冲突都会经历三个阶段：一是语言冲突，这是冲突的起点，如果这时教师能够敏锐发现，及时处理，很多冲突都是可以避免的；二是轻微肢体冲撞，这是矛盾激化的明显信号，这时候教师应及时介入；三是有目的地伤害，这是怨恨已久，且有蓄谋的行为，如果稍不注意，后果不堪设想。教师应密切关注，及时化解矛盾。

二、掌握处理要点（林周毅、吴巧真）

（1）及时到场。教师第一时间赶赴现场，发现越早、处理越及时越好。

（2）不能硬来。最好先把双方劝离"案发现场"，分别处理。

（3）以柔克刚。教师即使非常生气，也应该以安抚为主，严而不厉，待冲突双方冷静下来后，再进行询问和引导。

（4）真情劝导。从为学生着想的角度出发，让学生体会到教师的出发点是为他好。如此一来，方可突破冲突者的心理防线，打开他的心扉，使之接受教师的教诲。

三、严惩闹事头目（孟祥杰）

"擒贼擒王"，只要抓住了领头闹事的学生，就能够很快平息群体冲突。对一些起哄、"点火"的学生，不妨暂时先放其一马，弄清楚情况后，再重点突破。同时要知道"远交近攻"，对自己的学生严肃处理，对外班或外校学生进行疏导和沟通，才能够使其冰释前嫌，防止冲突的再次发生。

四、让当事人"五思"（黄崇飞）

一是思考自己有哪些地方做得不对；二是思考有没有更好的办法避免冲突扩大；三是思考当时为什么没有使用更好的办法来化解冲突；四是思考本次冲突给班级、老师、同学和自己带来哪些负面影响；五是思考该如何了结此事。"五思"法把分析问题、解决问题的主动权交给了学生，不仅能够真正地解决问题，也能够教育学生自己。

五、巧用同伴调解（徐大雄）

实践证明，这种做法很受学生欢迎，因为学生比老师更能很好地了解事件发生的原因和背景，能比老师更好地了解每个同学的个性特点，同学之间比师生之间更易于情感沟通，他们之间的距离比和老师之间的距离更近。所以，学生的处理意见比老师的意见更有针对性，能很好地把握住冲突双方的切入点，让当事人心服口服。

六、注重团体作战（符礼科）

一是充分发挥科任教师的作用，人多力量大；二是及时向学校相关领导汇报，争取学校的重视，特别是涉及班级之间的矛盾，非学校出面不可；三是注意发挥学生干部的作用，密切注意事态的发展情况，帮助平息矛盾。

后续教育：仁者善始善终

一、完善申诉程序（贾宏权）

要从制度上给孩子们一个申诉期，如明确告诉他："你有权在一周内进行申诉和辩解。"这样做的主要目的是安抚学生的不良情绪，引导学生自省，并尽量避免"冤假错案"。

二、提供发泄平台（陈然之）

学生之间发生冲突，不管事情的起因如何，双方可能都有一肚子委屈要诉说和发泄，或者有某些"愿望"没有得到满足。这时，可以让他们详细地说出或写出他们的要求与期待、内心的委屈与困惑……通过发泄，引导他们从自身来找原因，为对方找优点，并让彼此沟通交流倾吐感受，矛盾往往就能被消除了。

三、防止冲突复发（季广花）

冲突化解后，一般不会再发生。但如果受到煽动和教唆，新一轮的冲突仍有可能发生。因此，教师要有针对性、有所侧重地关注当事人的情况，及时收集信息，防止冲突死灰复燃。一旦出现冲突再次爆发的迹象，要积极依靠学校和家长的力量，在短时间内，采取果断措施。

四、加强后续教育（王国伟）

冲突发生后，都会不同程度地影响到全体学生。因此，班主任要利用冲突事件对学生进行教育，要引导他们从全局的角度对自身的行为给予评判，并思考解决问题的最佳方案和手段。这样既有利于班级稳定，也可以消解冲突带来的负面影响。学生在不断地思考与判断中，会不自觉地设身处地地对照、检查自己和他人的行为，增强对真善美、假恶丑的理解和认知，有利于日后的稳定。

五、重建双方友谊（秦玉彬、何晓晖）

在调停冲突之后，班主任切不可简单地认为风波已平息，问题已解决，还应该采取一些补救措施，以消除双方情感上的隔阂，如在编座位时，让他们坐在一起，给他们更多接触的机会；课堂提问时，让他们共答一个问题，相互补充；劳动时，把他们分在一组，协同作业。通过共同完成各种活动，让双方和解。

ᄂ　计算打架成本

马彩云

在球赛中，我班主力夏龙被对方"暗算"了一脚，于是，男生们聚集在寝室里商量如何报仇。我知道后，把他们请到了办公室。

我说："你们出气可以，但在出气前，我们得计算一下打架成本。"于是我开始估算他们的打架成本：

第一，打伤了对方，拍片子、做 B 超，甚至来个全身 CT 扫描，一套检查做下来，恐怕要上千元，更别说住院费、医药费、误工费、精神赔偿费了。

第二，家长要低声下气地给对方父母赔不是、说好话，还要任其数落。

第三，如果我们自己受伤了，父母心里会更不好受。

第四，违反了校规校纪，甚至可能会被学校开除。

第五，如果严重伤人，造成重大损失，就会触犯刑法，会被判刑。

第六，如果造成了对方身体上的终身伤害，无论是谁，都无法弥补这个伤害。

第七，如果对方打输了，可能会不服气，于是再找来一伙人报复，矛盾便会加重。

看着这一连串的打架后果与成本，学生们不说话了。

⑤　群体冲突的完美化解

李　云

一、风云突起，沉着准备

我正准备午睡，门"砰"地被撞开了。羊维生一头闯进来，大声喊道："李老师，不好了！我们班同学和 153 班同学打起来了！"

"在哪里？"

"男生寝室"

我提醒自己要冷静，并抓起桌上的一只小喇叭，和羊维生一起向男生寝室跑去。我边跑边问打架情况："参加人员有多少？有没有武器？原因是什么？……"

二、冲突现场，紧急喝止

我赶到学生宿舍楼下时，双方还没停战，走廊里围满了看热闹的学生。我边跑边通过喇叭大声喊道："打架的同学，马上停下来！打架的同学，我要求你们立刻停止！"

听到喊声，两班学生"阵营"马上分开了，局面基本得到控制。但突然间，153 班一名身穿红色 T 恤衫的男生从寝室里冲了出来，一副气势汹汹的样子。见状，我当即指着那名学生厉声喝道："153 班穿红衣服的同学！你给我站住！"尽管我不知道他的名字，但是，我点出了他衣服的特征，那孩子一怔，不敢轻举妄动了。

喊话后，为了不引起 153 班同学的误会，我又大声命令自己班的学生："169 班所有同学，全部退回到自己的寝室去！其他同学，请尽快散开！"

随后，两个班的学生先后回到了自己的宿舍。

三、应急疏散，救治为上

疏散完其他围观的学生后，我吩咐两个班的学生，凡是因打架受伤的同学，都由班长带领着，尽快去医院查看伤势、接受诊治。需要做 CT 的，自己先垫上钱，如果钱不够，就等学校老师来了再付钱。我当即和学校保卫处的老师联系，请他们安排人员陪同学生去医院。同时，严令所有学生，不得与对方班级任何同学有言辞冲突，否则后果自负。

四、调查原因，力求客观

随后，我请两个班没有参与打架的学生简要汇报事情的来龙去脉，因为他们最清楚事情的真相。原来事情的起因很简单，我们班寝室前面有一个水龙头，总有学生在那里洗碗，乱倒剩饭剩菜，给我们班的卫生工作带来了很大负担，并影响到了卫生检查成绩。我们班学生便在水龙头边挂了张"请勿乱倒饭菜"的纸板。一次，153班的一名学生倒饭菜时被我们班学生当场抓住，双方便发生了口角。出事那天，我们班学生倒洗脸水时不小心溅到153班那名学生身上，他认为我们班学生是在故意挑衅，于是起了冲突。

询问中，我没有做任何表态。因为如果我稍微流露出对本班学生的袒护，就可能引起153班学生的不满。这时，153班班主任也来了，我把现场处置情况简要地跟他说明。他当场对自己的学生表态："到目前为止，李老师对整个事件的处理都很正确。"两个班主任高度一致的默契，让学生们无话可说。

五、讨论公平，疏通情绪

"水龙头群架"事件结束后，双方在学校保卫处老师的主持下进行了调解工作。两个班各有几人轻微受伤，由于伤害不大最后责任平分，双方各自负担医疗费，所有参与群架的学生各写一份检讨书。

对于这个处理结果，一开始两个班的学生都不服气，纷纷抱怨自己的班主任懦弱，没有给学生争面子。为此，我和153班班主任张老师分别在两个班做了一次公开讲话。

我首先问学生："学校如何处理这件事才算公平？"有的学生说应该由153班负责全部医疗费，还要到我们班来道歉，因为主要责任在于他们。

我接着问："发生了群体打架事件，我们班的同学就没有责任了吗？"

有人小声说："即使有责任，我们班的责任也很小。"

我告诉他们："刚才我到153班讲话，他们也说学校袒护169班，即使他们有责任，也是很小的……你看，几乎每个同学都是站在自己的角度去理解问题。所以，你们把责任推给他们的做法，是'很有道理'的。"

有同学笑了。于是我告诉他们："处理矛盾纠纷，是没有绝对公平的，最好的结局是双方都不满意，但事后想想又都感到满意，这就公平了。如果哪一方占尽了面子，那对另外一方肯定就是不公平的，那样，没有得到公平对待的一方以后还会打架或想办法扳平，事情就永远不会了结。"学生们接受了我的意见。

六、后继教育，重在修好

最后，我和学生们讨论了以后该怎样处理两个班级的关系问题。

同学们讨论得很热烈，但几乎都是针对153班的学生提出各种要求，没有一项是要求自己的。于是，我给他们讲了一个发生在养羊的牧场主与养猎狗的猎户之间的故事。故事的结果是通过法官的调解，使牧场主明白了宁愿和朋友做邻居也不能和敌人做邻居。最后，经过双方的努力，牧场主的羊不但没有再受到伤害，两户人家还成了好朋友。

故事讲完后，同学们都陷入了沉思。我启发他们："现在你们知道该怎么做了吗？"

"买一只垃圾桶，放到他们寝室外边，告诉他们剩饭菜就倒在那儿好了。"

"对，不错！你们什么时候去送呢？谁去送呢？"

"这事情是我引起的，由我去送。"彭鹏飞说。我表扬了他的勇气。于是，那天下午，下巴上还贴着胶布的彭鹏飞把塑料桶送到了153班寝室，并对他们真诚地说了句"对不起"。

这下，153班的学生反倒不好意思了。为了表示和解，他们班参与打架的学生，一起凑钱买了四五斤苹果到我们班慰问"伤员"。

一场班级矛盾冲突就这样得到了完美解决。

6 教师如何调解学生冲突

田丽霞

学生之间磕磕碰碰，发生一些矛盾冲突在所难免。班主任要想巧妙地化解矛盾，有效地解决冲突，就要做到以下五点：

一、思想上要重视

成长过程不可跨越，人的视野、胸襟、气度和承受力与其成长经历成正比，有些事在成年人看来是微不足道的，但在孩子们眼中却无比重要。对于学生之间的矛盾冲突，班主任一定要高度重视。

一次课间，一个学生不小心碰倒了同桌放在地上的水杯，水并没有洒出来，杯子也没有摔坏，不过杯子的主人坚持要这个学生把杯子扶起来，但这个学生说："马上要上课了，你自己扶吧。"两个人谁都不肯让步，最后吵了起来。

我觉得这是小题大做。我说："同班同学又是同桌，碰倒个杯子有什么大不了？何必这么斤斤计较，我给你扶起来。"杯子的主人坚决地说："老师你不要扶，就得他扶。扶杯子虽然是小事，但关系到我的尊严。"原来，他把"扶起杯子"和"维护尊严"等价了！

很多校园冲突都是因为"一句闲话"、"一次碰撞"甚至是"一个不经意的眼神"而引起的，教师没有把这些小事放在心上，没有认真对待彻底解决，结果小问题变成了大问题，一般事件酿成了恶性事故。

二、态度上要冷静

作为班主任都是不希望看到学生惹事的。但是，既然冲突已经发生，惊慌失措、暴跳如雷都无济于事，反而只会把事情弄得更糟。此时最需要的是冷静地控制事态的发展，阻止事件的恶化。

有一次课间，一个学生不小心碰倒了后面同学的课桌，书掉了一地。他本想去捡，但"受害者"却出言不逊。十六七岁的孩子，正是血气方刚、"士可杀不可辱"的时候，结果"肇事者"送到嘴边的"对不起"咽了回去，两个人一下子僵在那里。"受害者"出言不逊，"肇事者"不肯低头，周围同学"作壁上观"，教室里的气氛一下子紧张起来。这本是一件小事，如果批评他们，"各打五十大板"，并不利于问题的解决，还会激化矛盾。于是我快速地走过去，慢慢地弯下腰准备捡书。就在我伸手拿书的一刹那，有四只手几乎同时伸了过来，于是，书捡起来了，桌子也扶起来了。我只说了三句话："遇事宽容一些，勇敢地承担属于自己的责任，伸出你热情的手。"三句话说得"受害者"、"肇事者"、"旁观者"都低下了头。我的这一弯腰并没有损伤教师的尊严，却让学生们学会了怎样处理突发事件，我感到很欣慰。

三、处理问题要公正

"没有调查就没有发言权"，班主任了解情况不能只听一面之词，更不能凭感觉凭印象主观臆断，要摘掉有色眼镜，突破思维定式，放弃偏见成见，全面了解情况，做到实事求是，客观公允。如果班主任仅仅根据"经验"想当然地在调查之前就认定"罪魁祸首"，那么，同学们的矛盾还没解决，又会产生师生之间的矛盾了。

如果事情的起因弄清楚了，班主任该如何处理呢？以下三点建议可供参考：

（1）公正公平，一视同仁。教师处理学生冲突时要"一碗水端平"，就事论事，不要借题发挥。这是赢得学生信任和尊重的前提，也是顺利处理冲突的基础。

（2）保持理智，明确目的。惩罚不是目的，也不是为了出气泄愤，而是为了让学生认识问题、改正缺点、提高素质和能力，以助其成长。

（3）以人为本，讲求实效。在学生问题上，既要遵守公平原则，还要考虑学生的个体差异，做到以人为本、因人而异。但要注意，如果处理不当可能还会造成新的问题。

四、信息反馈要及时

冲突平息了，处理结束了，问题解决了，但班主任还要做好跟踪反馈，关注这些学生以及他们最亲近的伙伴的言行，以防发生后续问题。

为什么要这样做呢？首先，如果学生没有认识到自己的错误，对学校的处理心怀不满，就会"后患无穷"；如果某些学生因受处分而产生自卑心理，自暴自弃，这时只有班主任的关心鼓励才能使他们放下心理负担坦然面对。其次，学生们每天都在一起，接触的机会多，发生冲突的机会也多，翻旧账的可能性也大。最后，学生特别讲义气，为了"哥们义气"不惜出手打架，很多校园冲突转变成恶性事故的诱因都是"哥们义气"。所以，事情处理完之后，班主任要及时跟进，多关心这些学生，定期找他们谈心，在合适的场合用适当的方式提醒他们，使其深入认识问题，解开心结，"化干戈为玉帛"，变对手为朋友。

问题处理好后，如果跟踪反馈也做得好，事情才算真正的圆满结束。

五、反思要深刻

教师不仅要能妥善地处理问题，还要学会反思，总结冲突事件发生的规律，找到这些冲突背后的必然性。

校园冲突的发生是具有规律性的。比如，在新生入学之初，大型活动之后，毕业离校之前，是冲突事件的多发期；单亲家庭的孩子、远离父母的留守少年、刚刚遭遇挫败的学生、沉迷早恋之中的少男少女，经常成为冲突的参与者；学校的食堂、宿舍、厕所、操场等都是校园冲突多发地点。找到了这些规律，班主任就可以提前做好各方面工作防止冲突的发生，比如，做好入学教育，开展好大型活动的动员会和总结会，做好毕业班级的善后工作；而对那些容易卷入冲突的学生，教师应该多关心、勤提醒；加强宿舍、食堂的管理等。总之，对于反复出现的问题，要从发展规律上找原因。

要减少冲突、杜绝事故，除了健全制度、强化管理之外，更重要的是把工夫用在平时，注重"养成教育"，提高学生的修养。不要等事件发生了，伤害造成了，再来埋怨批评。"亡羊补牢"不是教育的理想方式。

班主任平时应该做些什么呢？应对学生进行"养成教育"，促使学生养成良好的习惯，如文明礼让、与人为善、反躬自省、三思后行、严于律己、宽以待人等良好品质。对学生进行安全教育、法制教育和自我保护教育，教给学生处理突发事件的方法，告诉学生，当面对突如其来的问题时，理智就是智慧，沉着就是修养，礼让就是明智，包容就是境界……总之，日常工作到位了，突发问题就减少了；必然的事情抓住了，偶然的事件就减少了。

有一个窍门可以尝试一下，成立"人文大课堂"，针对学生存在的问题，针对不同年龄段的学生，定期举行专题讲座，从交友学习到待人接物，从生活修养到理想抱负，由浅入深，让学生在不知不觉中提高修养，走向成熟。灯点亮了，黑暗就少一些，要学会化管理为疏导。

综上所述，班主任作为一个教育工作者，在对待学生问题上，平时要努力加强日常管理，做到防患于未然；当冲突发生时要沉着冷静、妥善处理；事后要反思自省，总结经验教训，让冲突不再发生。

班级失盗：挑战班主任的综合治理能力

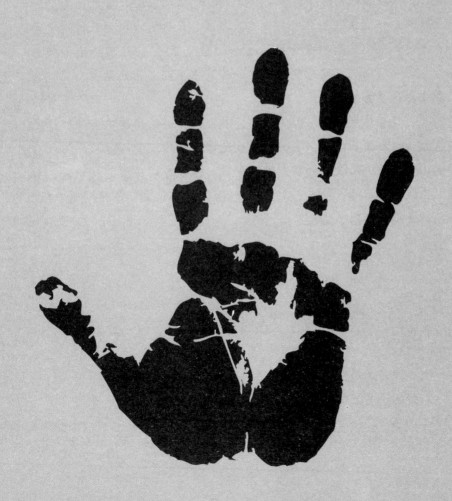

焦点问题

班上经常丢失钱物，班主任该怎么办

班级失盗现象很普遍，处理不好，就会给我们班主任带来很多负面效应：失盗者伤心，得手者侥幸，迷途者继续犯错，众人惶惶不安……最为令人气愤的，是一旦班级或学校有失盗现象发生，谣言就会"满天飞"，事情将更加复杂化。

因此，处理班级失盗事件，应该是对我们班主任综合治理能力的一个重要考验。我们在《班主任》杂志"我该怎么办"专栏讨论过这个问题，在一些来稿中，有些老师居然故意设置"陷阱"，让有小偷小摸行为的学生再次行窃。那些老师对自己的破案手段还颇为沾沾自喜，以为自己是福尔摩斯再世。

对此，我却感到悲哀。因为我们是教师，我们关注的不应该仅仅是事实真相，更应关注该如何去拯救那些迷途的灵魂。老师就应该用教育的思想指导工作，用教育的眼光看待问题，用教育的思维寻找对策，用教育的手段解决问题，"黑吃黑"、"带笼子"、"钓鱼"等非教育手段，都应该为我们老师所不齿。

1 "偷"字请别轻易说出口

一、老师要慎言"偷"字（王伟）

学生，尤其是低年级小学生，他们还没有"自己的东西"和"别人的

东西"的概念，对他们轻易说"偷"，容易误导和伤害孩子。相反，我们应该告诉孩子们，如何区分自己的财物和别人的财物，如何才能保护好自己的物品不会丢失。

二、孩子并非真想偷（高飞）

很多教师一听到失窃，便气急败坏，恨不能马上把"真凶"找出来。其实，对于个别孩子的偶尔犯错，老师不必紧张，有的孩子只是想给平淡的生活找些刺激，如偶尔不经过别人的同意，拿走别人的水果、用具等，其实只是想体验一下紧张的气氛，并非真的想去偷。对此，我们不要轻易地给他们扣上"品质问题"的帽子。要学会宽容，学会用商谈的方式启发他们认识问题。

三、过分渲染并不好（徐大雄）

即使班上真的有同学偷了别人的东西，班主任在班上批评得过多也会造成不良影响——阻断了犯错孩子向善的道路，根据犯罪心理学研究发现，其实很多人并不是一开始就坚决要走犯罪的道路，很多人是无法回头了，才铤而走险的。另外，破案前说得太多，会造成人心惶惶。即使真有贼，在案件侦破前也应淡化处理，这样既可以给作案者改过的机会，又可以麻痹作案者，为破案提供机会。

四、无端怀疑危害很大（赵冬）

曾有一位老师在班里出现失窃后，未经深入调查就怀疑是某女生偷窃的，结果给那名女生造成了很大的心理压力，甚至企图自杀。在对待班级失窃的问题上，班主任一定不能够轻易说班上有贼，否则对学生的伤害会比丢失的钱物还要大。

2 防预失窃才是关键

一、不"露财"才能不"破财"（钟杰）

我班有一条硬性规定：贵重物品不准带到学校来。否则，立即请家长来拿回去，或者交由老师代为保管。我们对学生零花钱的额度也有要求，每周的零花钱如果超过限定金额，也要交由班主任或者生活老师代为保管。学生兜里没"大钱"、柜里没贵物，盗窃诱惑少了，失窃现象自然也就少了。

二、筑牢思想的防线（李靖华）

我们平日要教育孩子们做一个坦坦荡荡的人，无论是从品德上还是从法律要求上，都要做一个有底线的人。老师可以多讲一些有关"一失足成千古恨"的事例，让孩子们懂得做人最重要的是提高自身素质，一旦人品有问题，一生都会有洗刷不掉的污点，甚至会影响到今后在社会上的立足。

三、传授保管财物技巧（顾治国）

有些学生的东西随用随扔，从来不注意保管，如将贵重物品随便放在课桌上、桌子里、床上等，钱、饭卡夹在书本里等。班主任应多传授一些保管钱物的技巧，这样既可自保，又可减少诱人犯罪的因素，真正做到"天下无贼"。

四、及时破案有利于稳定（郑光启）

如果一个班级的盗窃案件越来越多，案子总是破不了，那么，这个班级的盗窃问题就会越来越严重。这时最好的防盗方法就是迅速破案，以此为契机来结束混乱的局面。当然，破了案子，结果要不要向全体学生公布可以视情况而定。

五、一定要做好安抚工作（王立文）

安抚工作很重要，尤其是在案件侦破不了的时候，失主更需要安抚。这时，班主任应培养他们具有豁达看待人生的态度，比破案更有实际意义。同时，要想办法帮助他们渡过难关，发动大家给失主捐款，既帮助他渡过难关，又让"家贼"看到失主的难处，从而使其心灵受到触动，一举两得。

校园盗窃案的侦破原则

王　伟

一、合法性原则

有些班主任一听到学生丢钱了，马上就会把嫌疑人叫来，勒令其交代行窃经过，一旦遇到抵抗，就会进行"审讯"，更有甚者，把嫌疑人交给学校保安施以暴力。这些行为都是违法的。学校是教育机构，不是司法刑侦机关，单位性质不同，处理问题的权限也不同。作为教育工作者，即使学生偷盗事实铁证如山，也只能通过教育手段来解决，当需要使用法律手段时，也必须依法转交执法部门处理。

二、保密性原则

一是在未找到确凿证据之前，不能在班上公开怀疑某学生；二是整个调查取证过程都要尽量保密，不能伤害学生；三是事后处理也要保密。法院对于未成年人案件，一般都不公开审理，因此，学校更应该把保密工作做好。

三、保护性原则

我们要保护学生的正当权益不受侵害，保护他们的隐私和自尊，保护他们的心理不受伤害——无论对失主，还是迷途的学生。我们还应注意不要过分强调小时候行窃的危害，事实上，偶尔犯错的孩子长大不一定会成为坏人。

四、及时性原则

班级失窃案如果处理不及时，那些丢失钱物的孩子心理会不平衡，甚至会产生报复心理，偷窃其他同学钱物以"挽回"自己的损失。因此，如果班级出现盗窃事件得不到及时处理，不良影响将会波及其他的学生："别人能偷，我也能偷"，滋长了从众心理；"别人没有被发现，难道就会发现我?"滋长了侥幸心理。结果在这种麻木不仁的氛围中，失盗行为就会像滚雪球一样越滚越大，最后形成了一种盗窃风气。所以，班主任应果断采取措施，立即消除不良影响。这样才能够控制局面，维持一个良好的教育环境。

五、教育性原则

这也是学校处理这类事件和司法部门处理这类事件在本质上不同的地方。学校是教育部门，它是用教育的手段来处理校园失盗案，破案不是目的，教育才是目的。司法部门是用剥夺政治权利、刑罚来处罚罪犯，惩罚是整个事件的结束。单位性质的不同，决定了我们的手段不同。遵循教育性原则，永远是老师们所要坚持的一点。

4　侦破盗窃案件的常规技巧

张晓红

一、察言观色，注意神色异常者

1998 年开学不久，男生 213 寝室丢了 200 元现金。据了解，睡觉前钱还在伟的袋子里，可伟第二天起来钱就没有了。可见，偷盗是在夜间发生的。我仔细查看现场，门窗没有被撬开的痕迹，我询问过寝室长，睡觉时关了门的。那么，嫌疑人范围就被缩小到本寝室内了。

于是，我把该寝室男生集合到操场上，以安全教育为出发点，告诉新生入校该如何保护自己的私人财产。我边讲，边用眼睛密切注视着眼前的同学。我发现，从开始集合到集合结束，有一个学生的眼神一直游离不定，嘴唇轻微抖动，尤其是在我讲到已经初步确定嫌疑对象时，他的眼睛看了我一下，但是很快又离开了，脸色青一阵红一阵。于是，我心里就有数了。果然，他很快承认了错误，并把钱退了回来。

这个办法屡试不爽，但我要提醒大家的是，并不是所有神色有变的孩子都是嫌疑人。有些孩子心理素质不好，性格内向，出了什么事情，他都害怕别人往自己身上想。这样的孩子，容易紧张，在老师讲述事实的时候，也会脸红、心跳加快，也会眼神游离不定，这就需要教师具体问题具体分析。

二、对比辨别，留心行为反常者

2002 年冬天，语文组刘伟老师的一部价值 1800 元的三星手机在教师办公室里被人拿走了。由于当时老师们都在开会，办公室里空无一人，而且失窃的时间是学校大扫除的时间，送本子、取作业、打扫卫生等进出的学生都比较多，一时无法确定嫌疑对象。于是，我们分班到教室里向学生们通报了情况。

一般情况下，学生们听到这类事情，都会很惊讶、好奇，想知道事情的来龙去脉，所以都会盯着老师认真听。前面三个班的学生都是如此，当我们在四班讲述的时候，发现有一个学生始终在座位上埋头做作业。他的反常行为引起了我的注意，我默默地记下了他的座位和名字。后来把那孩子叫过来，谈话后，事情就清楚了。

三、冷静思考，注意异常热情者

1995 年春，班上失窃了，各种迹象表明行窃者很有经验，现场的盗窃证据都被处理得干干净净。从时间上看，行窃者有足够的作案时间，不是一般学生所为；从作案手段来看，作案者已经非常熟悉业务，不是初犯者能做到的。所以，我们用了几天时间调查取证，都没有明显突破。在准备打退堂鼓时，一个异常的现象引起了我的注意：从案发到调查，学生会的一名干部对此事表现出了高度热情，他一直帮我们叫人谈话，提供嫌疑对象线索，每天饭后还经常到办公室里来探听事件进展。作为学生会干部来说，积极配合老师调查此类案件合情合理，但过于热情就值得注意了。

于是，我把我的疑虑告诉了一起办案的老师。开始时他一口反对："不可能！学生会的干部素质好，怎么可能呢？"最后，我要他仔细调查一下失窃的当天晚上，谁能给那孩子提供他不在现场的证据。结果，"马脚"很快就露出来了，四五天无法突破的案件，一个晚上我们就完成了调查取证。

四、缜密调查，留心开支突变者

在我从教的十多年里，用这个办法已经成功破获了五六起校园盗窃案。运用这个方法的技巧有四点：一是调查要做到尽量隐秘，不要大张旗鼓地进行，以免行窃者警觉；二是尽可能地与家长联系，搞清楚学生自身的零花钱情况；三是做好家长的工作，要知道，并不是所有的家长都是通情达理的，很多家长出于保护孩子的念头，会联合孩子一起说假话，或故意给学校制造难题；四是立即要求学生开列收支清单，不给他思考的余地。如果查到钱不对数，就能初步判断谁是行窃者了。

破案莫入误区

郑光启

在对校园失窃问题的处理上，老师们的方法很多，但同时我也发现，老师们工作的误区也是明显存在的，所以我提出以下几点建议：

一、不要迷信感化的力量，忽视案情分析

我们经常会看到这样的案例：班上丢钱了，老师先在讲台上声情并茂地做了一番演说，再准备一个箱子，让每个同学的手都伸进去一次，然后打开箱子，钱在里面了。很多教师对此很推崇，认为这种做法既保护了犯错学生的自尊心，又找回了失款，一举两得。我对这个做法表示质疑：只想依靠感化的力量去处理失窃案，既难以保证成功，又存在一定的局限性，一旦失败，会使老师陷入进退两难的境地。真正切实可行的办法，是深入了解案件，充分把握事实，科学分析情况。

二、不要轻易表达愤怒，以情绪代替思考

发生失窃事件时，有些老师很不冷静，大动肝火，冲动地表达出自己的失望和愤怒。在老师的盛怒之下，犯错的学生即使想坦白承认也不敢了。所以，教师要沉得住气，尽可能给犯错的学生一个改过的机会。这样，行窃的孩子才有可能沿着你的设想走下去。

三、不要急于公开案情，忽视心理疏导

许多老师遇到失窃事件，总认为越快行动破案几率就越高。他们忽略了一个事实：作案者在案发之初，心理戒备往往最严密，经验不足的老师常常会查无所获。很多时候，我们要对学生进行科学的心理疏导，既要安抚失主使其正确对待失窃事件并耐心等候，又要积极地引导犯错的学生改邪归正。

四、不要思维简单，轻易贴"标签"

班上遗失了物品，有一些老师不管事实怎样，开口就是"我们班上有了小偷"，把一些由于习惯或心理问题而造成的错误，上升到道德品质问题上来；还有一些老师，学生偶尔犯一次错，就叫他们是贼，忽视学生内心的感受。这些做法都是错误的。很多时候，一个"偷"字、"贼"字，会摧毁犯错学生向善的念头。

五、不要把破案作为终点，忽视后继教育

其实，破案仅仅是失盗教育的一个阶段，它不是教育的终点。所以，班主任应把失盗事件作为一个教育契机，使学生明白盗窃是错误的行为，认识到事件的错误性质。此外，班主任还应该做好后续教育工作。

6 班级失窃重在防而非破

何光辉

我的班上有一个学生，他父亲从深圳给他带回来一个 MP3，他高兴得每天都把 MP3 带到学校显摆。最终，MP3 不翼而飞，学生抹着眼泪找我哭诉来了。

我问："MP3 何时丢的？"回答："不知道，反正是在教室里丢的。"我问："离开教室时，教室里还有什么人？"回答："不知道，没注意。"我问："谁最近对你的 MP3 流露出特别喜爱的神情？"回答："每一个人都喜欢。"我问："班里最近有人丢东西没？"回答："班上一直都不丢东西，只丢了 MP3。"问的问题多了，他直接说："根本就没想到 MP3 会掉，所以，谁会去注意谁啊。"我再问大家，谁都说不清，总之谁都没留意。

MP3 失窃案无法告破，我一时没了主意。突然想到其他老师的"观察法"、"箱子破案法"等方法曾经均轻松破案，何不一试呢？

我于是暗中观察，但没发现任何异样。每个孩子每天都面无异色地学习、嬉戏。我暗自叹道："这些孩子的心理素质也太好了吧，怎么拿了别人的东西就没流露出惊慌的神情呢？"

"观察法"失败了，只得再想办法。我于是先在班上以情动人，说："某某的 MP3 掉了，心情非常地糟糕，并且这个 MP3 还是他父亲从深圳带回来的，意义非同小可，大家设身处地地想一想，要是你自己掉了东西，多着急啊。"每个孩子都心情沉重地听着我说话，并且还不时地点头表示理

解。随后我又给他们戴高帽子，说："我们班两年来都没掉过东西，说明我们班的同学并没有偷窃的习惯，只是这个 MP3 令某个喜欢它的同学拿去听了，过后又忘记还了，刚想着还，某某就说他的 MP3 被偷了。我想，多半是这个同学害怕担个偷窃的罪名，所以不敢拿出来了。这样吧，我们每一个同学都到化学实验室去，在外面列好队，我用红丝巾把同学们的眼睛捂住，你们顺着实验室的墙角走进去，把 MP3 放在桌盒里。老师绝不会追究这个 MP3 是谁拿的。"孩子们都说这个办法好，又能找到 MP3，又能保护那个不小心犯错的同学的名声。

我当时也在为自己的办法而得意，满怀信心地等着 MP3 躺在桌盒里。可是，当所有的孩子用红丝巾捂住眼睛依次走进化学实验室，再依次走出来之后，桌盒里什么也没有。

这件 MP3 失窃案一直悬而不破。直到现在，我也不知道那个 MP3 是谁拿的。

无法破获这起 MP3 失窃案，令我在孩子们面前很没面子。我也想过很多办法，企图找到些蛛丝马迹，但就是无法告破这起失窃案，最后不得不放弃。面对失去 MP3 的孩子的那双充满信任和殷切的眼睛，我感觉非常过意不去。

还有一次，班上某位同学的皮篮球丢了。我迅速调查了解，有孩子亲口告诉我他亲眼看到一唐姓孩子玩了那位同学的皮篮球，并且亲眼看到他拿走了。证据确凿，我找到那位唐姓男孩，叫他把球拿出来，并向他保证，我绝对不会泄露秘密，可是唐姓男孩抵死不认账。

后来我私下问唐姓孩子的父母，其父母也说孩子带了一个篮球回家。我再次找到唐姓男孩询问，他还是不认账，并坚决地说那个篮球是他自己用压岁钱买的。

篮球没要回来，但那个孩子从此记恨上了我。事情已过十年，那个孩子已经长大成人，每次在大街上相遇，哪怕就是面对面，他对我都视而不见。

经历了这两件事，我不得不进行深刻的反思。

首先，我不是福尔摩斯，我不具备严密的逻辑思维能力，我也没有缜密的推理能力。我只是一个感性的人，不擅长抽象的思维，所以，破案不是我的强项。既然不是强项，我就只能想办法扬长避短了。

其次，除了有偷窃癖的孩子，一般的孩子要行窃，都是即时行为，也就是看到某样令自己喜欢却不属于自己的东西，才会偷心顿起；或者是钱财摆在自己的面前，一时无法控制住自己占有的欲望，一时起了贼心。那么，如果没有这些诱惑，偷窃行为是不是就会减少了呢？

最后，每当孩子丢了东西之后，我才想着怎样去告破这些案件，既费时、费力和费心，又收效甚微。如果失物找不回来还会影响自己在孩子心目中的印象。与其被动挨打，我何不主动防患呢？

经过反思，我得到了一个答案：与其费尽心思去破案，还不如想尽办法去预防。

失而复得的"文曲星"

顾治国

一天早上早读时，我刚走到教室门口，班上的一个女生——小李就出来哭哭啼啼地向我报告："老师，我的'文曲星'丢了，昨天晚上在最后一节英语自习课上我还用来查过单词，我记得用过后我随手就放到抽屉里了，今天早上我到教室后，却怎么也找不到了！它是我上周刚买的呀，花了一千多元钱呢！这可是我攒了一年的零花钱买的，我还要靠它补习英语呢！这可怎么办？"

"别太着急，说不定是哪个同学拿去用了没来得及和你打招呼，或者是哪位同学在和你开玩笑呢！让我帮你找找看！"我赶紧安慰她。

"肯定是我邻桌的王××偷的，我敢保证。平时在我用时，她老在一旁盯着看。她几次向我借，都由于我在用着，没借给她，她都很不乐意，并且她昨天晚上走得最晚。"小李激动地说，"老师，我要求尽快搜她的抽屉、壁柜，一定能找到。搜得晚了，就会被她转移了。"

小李的邻桌王××，家境不太好，从小父母离异，性格有些不好，在初中时曾有过一次偷窃行为，但整体上看还是个挺懂事的女孩。自从上高中以来还未有过类似的行为。

"不行，随便搜查别人是违法的，只有公安人员持有搜查令才能搜查别人的私有物品。"我回答，"你先进教室安心学习吧，你就把这件事交给老师处理吧！"

随后，我走进教室平静地说："昨天晚上，咱班哪位同学把小李的'文曲星'拿去用了，用完后请赶快还给小李，小李英语不好，正急着用呢！"说完，我便向全班学生望去，当我的目光掠过小李的邻桌王××时，她的眼神中透出了一丝的紧张和不安。

第二天早上，我一进办公室就发现办公桌上放着一只鼓鼓的牛皮纸大信封，打开一看，里面有一台"文曲星"和一张小纸片，纸片上写着："顾老师，我知道您清楚是我拿的，谢谢您没有把我当小偷看待，并给了我这次改正的机会，我今后一定不再随便拿别人的东西了！"

随后，我在班里连续举行了两次班会，班会的主题分别是"小偷小摸危害大"和"加强安全防范意识，确保生命财产安全"。班会课上，同学们都很积极、踊跃地发表自己的看法，从而对"小偷小摸"和"安全防范意识"都有了更为深刻的认识。自此以后，丢东西的现象在我们班再也没有发生过。

给迷途的孩子一个机会

王　静

班里发生了失盗事件，我觉得重要的不是破案，而是给迷途的孩子一个机会。

一、给一把下台阶的梯子

小月哭着对我说，她在上体育课时丢了两元钱，请求我的帮助。我召集全班同学回教室，说："最近红领巾广播站播了好几则表扬信，表扬拾金不昧的同学。碰巧，今天小月同学上体育课丢了两元钱，我们班有没有同学捡到？"沉默片刻后，一个女孩子红着脸走上讲台，递过手里的两元钱，结结巴巴地说："老师，我捡到了，本来就想交给您的。"全班响起了雷鸣般的掌声。

二、给一句鼓励的暗示

小风丢失了一本杂志，怀疑是小吴拿走了。放学后我把小吴单独留下来，试探性地问他有没有看到小风放在桌子上的杂志。他矢口否认。我没有再追问，而是给他讲亡羊补牢的故事。讲完故事后，我鼓励他："你最近各方面都有了很大的进步，老师很喜欢。你知道吗？老师最喜欢知错就改的孩子了！"看着我鼓励的眼神，他想了想，跑回教室，把那本杂志交给了我。

三、给一个宽容的拥抱

班里有两个孩子丢了要交的三十元钱。我经过观察，发现教室里有一张躲闪的脸。我单独把他叫到了办公室。可几经询问他都闪烁其词，甚至拒绝回答。我急中生智，上前把他紧紧地抱在怀里，在他的耳边悄悄说："老师最喜欢进步的你了，这是提前预支的奖励！其实，老师什么都明白。"他愣住了，很久没有说话。第二天早晨，我惊喜地发现了讲台上摆着六十元钱。我感慨万分，还有什么比老师的尊重、宽容和信任更能影响一个学生呢？

四、给一个改错的机会

因为小进总喜欢"拿"同学的东西，所以大家都不喜欢他。慢慢地，他的朋友少了。有一天，他哭着对我说，朋友们都不喜欢他。我说："你知道原因吗？"小进点点头："我想改……"我告诉他有一个好办法，怎么"拿"来，就怎么悄悄地送回去，老师什么都不说。小进满脸疑惑："这样可以吗？"我肯定地回答："可以。"第二天，很多同学惊喜地发现，自己的小刀、弹力扣、香橡皮都回来了。渐渐地，小进又有了朋友。

清楚地知道你在做什么

张万祥

在我们每个人的心底，都隐藏着一个英雄情结。如果班上出了小偷，班主任在愤怒之余，一个个跃跃欲试，均想当一回善于破案的"警察"，甚至有些班主任侦破案件之后，还不过瘾，心里边还暗暗期待着下一次失窃案件的到来。

这种心态是绝对不能提倡的。为什么？因为你忘记了自己正在做什么。我觉得，在对校园失盗的处理上，班主任首先要明白下面几个问题：

一、你是什么人

老师们很奇怪："我是老师啊！"对，我们是老师。既然我们是老师，那么，我们在处理校园失盗案件上，就不能够将自己等同于社会上的其他任何人：我们既不是警察，也不是黑社会，我们是老师。那么，警察破案中的一些特殊的侦破手段，如设置陷阱、刑讯拷问，我们就不能够使用，更别说黑吃黑的办法了。在这个问题上，我觉得"半月谈"的老师们头脑十分清楚，郑学志老师在谈论该专题的时候，首先开宗明义："老师就应该用教育的思想指导工作，用教育的眼光看待问题，用教育的思维寻找对策，用教育的手段解决问题。"这句话，可以说是我们处理校园失盗案的最基本的前提。有一句话是这样说的，一个人在世界上，你首先得明白你自己是什么人，其次是能够做什么，再次是你可以做什么。自知是我们采取一切行动的前提。

我曾经在杂志上看到这样一件事情：班上丢失东西了，班主任在事实确凿的情况下，通知家长到学校来协调处理。谁知道家长一来就血口喷人："凭什么侮辱我的孩子？我的孩子怎么可能偷人家的东西呢？我家里有的是钱，你这样说不是害我孩子一辈子吗？……"他非得要老师赔礼道歉才肯罢休。老师拿出学生的检讨书，家长说那是老师逼供的；老师拿出同学们的证词，家长说那不算数。事实上，如果不是司法人员通过司法途径取得的证词，还真没有法律上效力。

在这个问题上，我觉得"半月谈"王伟老师做得很好，"作为教育工作者，即使学生偷盗事实铁证如山，也只能通过教育手段来解决"，实在"需要使用法律手段时，必须依法转交执法部门处理"。这一点很重要，近几年来，教育也成了一个风险行业，也有许多老师在处理一些复杂的事情上会受到伤害，甚至付出生命。如何自保，就成了我们老师不得不了解的一些常识。维护自己班级稳定，我们要一切行动都站得住脚。因此，王伟老师的《破案的五个原则》确实值得广大年轻教师学习。

二、面对什么事

我研究了很多老师处理班级失盗的案例，发现了一个很不好的现象，那就是很多老师在事情还没有清楚就想把问题解决了。班上丢失了东西，不管情况怎么样，首先就先入为主地断定是出了"内贼"，搞得人心惶惶；或者就是玩什么"灵魂震撼"，把教室里的灯熄灭了，然后人人排队从讲台上走过，结果钱就回来了。对这样的处理方式，我很怀疑：学生丢失钱物，没有调查，你怎么就断定是别的孩子偷走了呢？难道不能够是学生自己忘记放在哪里了？对于班级失盗问题，我发现在很多情况下，学生们丢失东西，是自己无意遗失的，尤其是低年级学生，不知道怎么管理自己的用品，或者可以说是收捡习惯不好，常常丢三落四，容易遗失东西。如果是这样，本来没有贼，我们却大喊捉贼，岂不是自讨苦吃？

我常常对年轻教师说："班上丢了东西，你首先得弄明白究竟发生了什么事情。弄清事实是采取正确方法的前提。我看过很多讨论这个问题的刊物，也许老师们太急于解决问题，一开口就是如何打动学生心灵，如何巧妙保护迷途的灵魂和受伤的心灵。没错，这些确实很重要。但是，他们做的这些工作都假设了一个前提——班上确实发生了行窃事件，而且事件的主谋就是我们班上的某一个人或者某几个人。如果情况不明呢？

你该怎么办？"

如果事实不明，你在班上进行一系列活动，比如说为失主捐款，帮助失主解决问题，很可能会误导孩子。那些真正行窃的孩子就会心存侥幸，就会沾沾自喜："你看，我们偷了东西，班主任根本就被蒙在鼓里，他已经给我们善后了呢！"另外一些孩子就会想："啊，原来丢失东西是这么好的一件事情啊，我们也可以编造出失盗案件来。"

细节决定成败，在教育工作上，更是如此。如果有学生遗失了东西，我觉得班主任首先要明白：你面对的是一件什么事情？是因为学生习惯不好，自己丢失的？还是真的被盗？情况不同，应对策略也应不同。

三、你该怎么做

班主任不应该是"消防队员"的代名词，也不应该充当给别人"擦屁股"的角色。班主任是干什么的呢？他应该是对班级事件的主动管理者，是对班级问题的主动预见者，他应该能够根据学生的成长规律，适时地预见问题的存在，从而主动采取措施干预。

在这个问题的处理上，"半月谈"的老师们思维很活跃，他们提出的"防预失窃是关键"抓到了点子上。防盗教育的一个重要内容，是我们不仅要教育学生不要去做，同时也要告诉学生怎么保护好自己的物品。

首先，班主任要做到以下几个方面的内容：

（1）树立良好班风，增强同学间的友情，用情义和正气影响学生。

（2）加强防盗常识教育，提高防盗水平，确保学生财物不遗失。

（3）开展"法律进课堂"活动，用真实案例警戒教育学生。

（4）禁止外班学生随便出入本班。

（5）认真保管钥匙，关好窗、锁好门。

（6）重要财物交给班主任保管。

（7）不要轻易把藏钱的地方告诉别人。

其次，要遵循特殊事件的处理原则。班级失盗事件是一个特殊的事件，因为这样的事件是非常规的，同时，处理这类事件时，班主任的身份很尴尬，掌握不好，就会使自己陷入被动。因此，王伟老师提供的五个原则和张晓红老师提供的四个技巧，都是值得我们学习的，可作为班主任处理这类事件的基本原则。

最后，对这类特殊事件的处理，班主任要考虑一下它的处理后果。校园失盗事件在处理上，既不能怂恿人犯错，也不能够把学生向善的积极性消灭。对于这个问题，我反对所有把犯错的孩子"推出去"的做法。教育要讲求给人机会，讲求可持续发展，对所有不考虑孩子今后的人生、简单地用行政手段处理学生的做法，我都坚决反对。把学生留在学校里，实际上就是对社会稳定作出了一份贡献，为学生今后向好的方向发展作出了一份贡献。

那么，班主任究竟该怎么做呢？我相信，每一个有良知的老师，都会有一个明确答案。

第 **14** 项

师生冲突：挑战班主任的协调能力

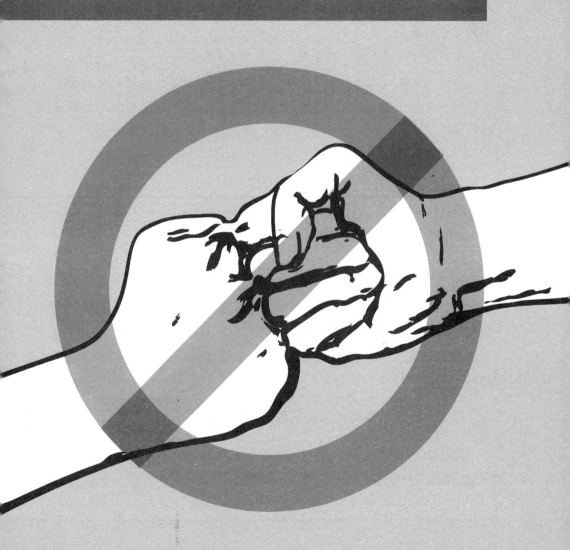

焦点问题

师生发生暴力冲突时，班主任该怎么办

徐大雄说："现在的学生越来越难教，不尊重教师的现象越来越多了。"在我们周围、在新闻媒体的报道中，师生发生剧烈冲突的事件并不鲜见，有的甚至酿成了血案。对此，我深感担忧，这个问题虽然是社会问题，但是，更多的却关系到我们教师自己。我常常想，当学生和老师发生矛盾冲突时，作为班主任，我该怎么办呢？

师生冲突是校园中普遍存在的一种现象，冲突不仅给师生双方带来了精神和肉体上的伤害，还损害了教师形象，甚至造成无法弥补的遗憾。因此，如何理智地应对师生冲突，就成了本期我们讨论的焦点。

1 构建新型师生关系以解决校园冲突

李　程

师生冲突是一种客观存在的现象，完全消除是不可能的，一味压制只会给下一次更剧烈的冲突埋下隐患。所以，我们应该从加强教师的自身修养入手，以积极主动的措施推动新型师生关系建设，用制度化的沟通渠道妥善解决师生间的冲突问题。

一、对教师自身角色准确定位

我们要消除以前那些在师生关系上的错误观念，如老师总是正确的、学生必须无条件服从老师、在学校里老师最大、所有问题都是学生的、老

师有权对学生做出任何处理……凡此种种不平等的师生观念，我们都要坚决消除。教育是第三产业，第三产业即服务业。既然是服务，我们就不是领导，就不是权威，更不是学生前途的主宰者。我们要把自己的角色从传统的文化知识传递者和教学权威变为知识学习的组织者、学生成长的辅导者和引路人，从权威转向服务。角色的转变有利于我们教师的心态平衡，有利于为孩子的成长创造一个优质环境，从而把师生矛盾消除在萌芽之中。

二、进一步加强教师的人格修养

我在很多学校中做过调查，发现各种原因的师生冲突里隐藏着一个不争的事实，那就是，自身修养差的老师和学生发生矛盾的几率更大。相反，那些师德高尚、人格魅力强、爱生如子的老师，很少遭遇学生的不敬。因此，加强教师自身人格修养是解决师生冲突的关键。教师要在提升自己的教育境界、修炼自己的教育个性、提高自己的教育品德上下工夫，用自己的高尚人格修养影响学生，用自己的敬业情怀感染学生，用自己的奉献精神鼓舞学生，从而为构建新型的师生关系打好基础。

三、构建民主、平等的师生关系

老师和学生发生冲突的本质原因是师生关系没有理顺、教师和学生的地位不平等。构建新型民主、平等的师生关系，有利于从根本上解决师生冲突问题。在平时教学实践中，教师要充分认识到，师生关系的核心是人，既然是人，老师和学生都是平等的，知识上存在着"闻道有先后"之分，但是在人格上没有谁高谁低、谁强谁弱。既然是平等的，那么，民主、尊重和理解就是这个关系中的主要元素，沟通和协调、接纳和影响、对话和互动就是实现这种关系的主要手段。教师只有通过这些手段，才能够有效地把知识、思想、观念和情感传递给学生。即使因双方的差异有可能引发冲突，也会在一种理性的师生关系下得到妥善处理。

四、建立制度化的冲突平衡机制

研究 2008 年的几起弑师事件，我们发现其中有一个共同的地方，那就是在事件发生之前，缺少一个有效的学生心理平衡机制来疏导学生的不良情绪。当学生的不良情绪得不到及时的疏导、发泄和平衡时，偶然事件也就变得必然了。在我们日常的教学实践中，我们要建立一种制度化的冲突平衡机制，来有效地应对师生冲突。我们可以在班级设置意见本征求意见（不是做样子），可以在学校设置专门的申诉中心，可以利用网络创建论坛、贴吧、心灵倾吐室等，让学生有机会表达自己的心声，发泄不良情绪。学校可以安排专门的老师，作为学生利益的代言人，跳出老师的身份局限来处理相关问题。"谐"字的解释就是"人人皆言"，如果所有学生都能够有一个说话的渠道，那么，减少师生冲突、构建和谐校园也就指日可待了。

 ## 慎对师生冲突四法

温爱娟

一、慎对冲突隐患

只要教师留心，其实很多冲突可以被消灭在萌芽之中。比如，在冲突萌芽阶段，当教师批评学生时，学生脸色改变、情绪激动，或显露轻视教师的表情时，教师应及时停止批评，不要把矛盾激化；当学生不服从教师管教、对教师怒目以对、出言不逊、气氛紧张时，教师应该要适当地转移话题，或者用幽默的语言缓解一下气氛，不要等到学生奋起反抗的时候，才知道处理过火了。

二、冲突中慎言慎行

有的老师，特别是年轻气盛的老师，见学生顶嘴了，就怒发冲冠，破口大骂，有的甚至与学生对打。表面上理由很充分：自己辛辛苦苦地教育学生，还被学生羞辱，太过分了。但仔细想一想，学生是受教育者，教师怎么能够幼稚到和学生一样了呢？这样想就应该"慎言慎行"了。一个被学生牵着情绪走的老师，一定不是称职的老师。

三、慎对情况分析

学生和老师发生冲突，有些不仅是思想上的问题引起的，还有心理方面的问题，教师应该谨慎分析。比如，有些学生有强烈的对抗心理，他们往往会把教师、同学和朋友的批评和帮助，理解为与自己过不去，认为周围的人都在轻视自己、伤害自己、与自己作对，因此极为不满。对这样的学生，教师要深入了解情况，科学分析原因，然后才能够对症下药。

四、慎重采取措施

我曾经和学生发生过矛盾冲突，之后我一次次地找他严肃谈话，一次次地挑他的毛病，导致他对我很抵触。后来只要有他在，无论我怎么努力班上纪律就是好不了。于是我到他家去家访，家长却反映他在家是个乖孩子，不相信我说的情况，甚至对我产生了误会。那个学年是我最失败的一年。从那以后，无论处理什么样的问题，我都要在心里问一句："这个措施是否恰当？"

换掉班主任的 N 个理由

刘 芳

有一次开学不久，我就遭遇了学生集体要求我"下课"。那一刻，我非常震惊，想知道他们要求我"下课"的原因。于是，我在黑板上写下了一个令人吃惊的标题：换掉班主任的 N 个理由。然后说："请你们给我说说理由。"

十分钟后，学生们写出了理由，归纳起来有十条之多。很多理由令我哭笑不得：1. 不管什么时候都只信任班干部，不信任我们。2. 批评人的时候多，表扬人的时候少。3. 总怀疑我们在做坏事，连下课时间都要过来

"监视"我们。4. 骂人总是含沙射影、旁敲侧击。5. 什么都想管。6. 不熟悉《未成年人保护法》，罚抄、罚跑那都是变相体罚。7. 增加学生的负担，总是推迟半小时放学。8. 经常在上课时间讲纪律的事情，耽误我们的学习。9. 体育不好，不会打球。10. 长得不漂亮，让人看了就不爽。

我叫一名学生上台，让他当着全班同学的面读出那些换人理由。学生的朗读声情并茂，极好地表现了学生们的情感。在学生朗读的时候，我迅速准备了一份"辞职申请"。当学生读完"换人理由"后，我在投影仪上显示出我的辞职"理由"。

尊敬的校长：

鉴于初二（12）班全体学生的要求，我特申请辞去班主任职务。请您为初二（12）班配备一个符合下列要求的班主任：

1. 长得漂亮的（我无法达到要求，找妈妈算账也来不及了）。

2. 会打球的（人各有所长，我不会打球，没人知道我发表过很多文章）。

3. 最好什么都别管的（就是说这个班的学生很自觉，不用配班主任了）。

4. 减轻学生负担，准点放学，最好早半小时放学（请校长把前期加班工资发给我，我本来打算义务为学生辅导，讲的是感情；现在没感情可讲，所以我要钱）。

5. 不要讲纪律的事情（出了事情他们会自己负责的）。

6. 最好连委婉批评都不会的（他们都受不了旁敲侧击）。

7. 熟悉《未成年人保护法》，不要变相体罚学生（我绝对支持，《未成年人保护法》我熟悉着呢！如果谁违反了制度，不用惩罚就会改，我也会改正的）。

8. 放心学生，下课千万不要往教室跑（学生没做坏事，怎么又感觉在被"监视"呢？我只是偶尔进教室处理一些事情）。

9. 经常表扬人，不要批评人（这条我的确做得不够，"下课"是应该的）。

10. 千万不要信任班干部，只有这样才能信任每一个学生（我信任学生，但是我做不到不信任班干部）。

如果您能批准我的申请，我和（12）班的学生都万分感激您。

此致

敬礼！

刘芳

2008 年 10 月 15 日

读完辞职信后，我大声宣布："从现在开始，我处于辞职信审核阶段，在新班主任上任之前，我不再行使管理职权。"然后大踏步走出教室。那一刻，教室里很安静。

没有一个学生主动来找我，也没有班干部代表向我道歉。我知道青春期的孩子在强大的团体面前是不敢公然违抗他们自己的群体的。我默不作声，冷静地观察着。

第二天，全校集合，（12）班迟到，被点名批评。

第三天，一名不明身份的外来学生乘乱到教室里挑衅我班男生，后来校警出面，才使事态没有恶化。

第四天，自习课纪律太乱，大家写不下去作业了，班长发火。

第五天，学生彭好在日记中写道："每个人都难做到让所有人满意，老师，其实你很好。失去的东西才让人觉得珍贵，老师，你回来吧，不然，我们班将毫无前途可言。"李敏在日记里也写道："老师，对学生犯的错你就宽容一些吧，请你'下课'并不是所有人的心声，那只是部分人的发泄而已。"

我"下课"的第一周，班级常规量化评分历史最低，我们班第一次没拿到流动红旗。

第二周周一，我告诉学生，校长还在按（12）班学生的要求寻找新班主任，暂时还没找到。"小精灵"吴镇豪大叫："找不到的，我问过其他班同学，符合这样条件的班主任根本找不到！老师，还是你当吧！等找到那样的班主任，我们班早就'死'了！"

我笑着说:"这只代表你个人的意见,我不干了,还是继续找一个合格的班主任给你们。"

"不找了!"学生们异口同声地说。

 妙解师生冲突三法

吉春平

师生发生冲突,无论结果如何,老师和学生都很受伤。因此,有效地处理师生冲突,是我留心的问题。下面与大家分享一下我的一些经验。

一、用舆论去净化学生心灵

2008年7月,一次自习课上,一名男生趴在桌子上,我把他叫了起来,他态度强硬地说:"我生病了!"我说:"那你就去看医生吧。"他怒叫道:"别这么虚情假意,如果是真心的话你给我开假条!"这时班上所有学生都呆了,大家都安静地看着我。

我没有和他争论,而是把评价权交给了学生。我要大家采取不记名投票"评价"的方式,请大家告诉我该怎么做。5分钟后,我把学生的"评价"收上来,当场宣读,该生听了后,脸红了,低下了头,然后真诚地承认了错误。

把评价权交给学生,就是利用集体舆论去净化学生的心灵,让学生去教育学生,几年来我一直使用这个方法,效果不错。

二、用顺势去唤醒学生自省

2009年3月,一名男生忘记做值日了,我宣布按《奖惩制度》让该生补值日一周。话音未落,就听见他在下面怒气冲冲地说:"不就是值日吗?我值一个月!"大家都知道他是气话,都在注视着我,看我怎么办。

我想了想,灵机一动,就顺着他的话表现出极高兴的样子:"某某能很好地认识到自己的错误，老师罚他值日一周，而他自己却认为惩罚太轻，决定值日一个月。他这种勇于承担责任的勇气，是值得我们学习的。"

结果，他反而不好意思了，下课后就找到我，深刻地反省了自己的错误。

三、用幽默去平息学生的怒火

有一次，一个学生在我上课的时候睡觉，我把他叫醒，谁知道他站起来就朝我怒吼："叫什么叫，连觉都不让人家安心睡。"这时候，我幽默地对大家说："看来我真是太霸道了，自己的课上不好，还不准人家睡觉。真是应该检讨。"全班同学哄堂大笑，那个学生也不好意思地摸摸脑袋，低下头笑了。

绰号风波引发的作文课

张士兵　熊锦梅

因为一个学生喊了老师绰号，那位老师和学生发生了矛盾。教室里的其他学生有的在窃窃私语，有的在笑，有的在看书，好像这件事情与他们无关。我注意到喊绰号的这名同学平时表现并不坏，不太可能是目无尊长，会不会是喊"顺口"了呢？

上课铃声响了，我走上讲台："同学们，这节课我们临时改上作文训练课：一事一议，你如何看待学生喊老师绰号这件事情？"

学生多少有点圆滑，没有人举手发言。我按座位号依次让他们发言。前三位同学都用"这样做是不对的"来敷衍我。我启发大家："按照小作文的模式，我们首先要阐明观点，以理服人。对此事我不发表任何观点，大家要讲真话，哪怕是谈感受也可以。"

陈某某站起来说："喊绰号是对他人的不尊重，我们都不愿意别人叫我们自己的绰号"。

语文尖子生杨某某说："绰号让我很受伤害，连家人都有受辱的感觉。有一次同学到我家玩，他们都喊我绰号，爷爷和父母听了很难过，并问'你们平常都这么叫吗？'！"

"我想做一个调查：没有喊过老师绰号的同学请举手！"学生张某某的主动发言让我有点震惊，但结果更让我震惊，全班只有三个同学没有叫过老师的绰号。

……

"作文训练"继续进行，大家渐入状态。"标准学生"赵某某说："我们对老师没有恶意的，只因偶然一次一个同学口误将老师喊错了，其他同学听了觉得好笑，就跟着喊开了。其实我们很喜欢这位老师的，特别是我们女同学，都很敬佩他的。"

还有学生认为可以喊人绰号："只要他本人同意就可以。我们寝室同学都有绰号。我允许他们喊，我们都很开心。"

我明知故问："你们叫老师的绰号，他同意了吗？"

"没有。"他们异口同声地回答。

"绰号有雅俗之分，高雅的、充满赞扬意味的绰号让人听着舒服，但是那些低俗的绰号、损人的绰号，让当事人听了很受伤害，甚至有被侮辱的感觉。今天，我们是不是应该深思一下呢？现在大家以小作文的方式写一写自己的感受。"

作文课结束了，我翻阅学生们的习作。他们居然在短短的十几分钟里写下数百字的短文，很多学生说在今天的作文课上受到了心灵的洗礼。肇事的那个学生还写出了六百多字的"大作文"，这是他开学以来写得最长的文章。他对自己的无知表示出了极大的内疚和悔恨。

鼓励"倔强玩家"变作家

王　静

第三节美术课还没有下课，美术课的郑老师就怒气冲冲地冲进了我的办公室，一位名叫俊的男孩默默尾随其后。

郑老师原本漂亮的脸蛋此时已经气得扭曲了，她愤怒地说："上课的时候，别的同学都在安安静静地画画，可他却总是拿蚕出来玩，破坏课堂秩序不说，还就是不肯认错！"

我先安慰了她几句，就先让她回教室上课了。

俊的手还紧紧握着蚕宝宝，仿佛他一松手，蚕宝宝们就会不翼而飞。我瞧了瞧他那一本正经的样子，笑着说："小俊，让我看看你的蚕宝宝吧，你这样捏着它们，会把它们憋死的。"他紧张地观察了一下他的小蚕们，才把它们拿出来。

我注视着在桑叶上东张西望的小蚕，问俊："很喜欢它们是吗？老师看得出来，你是一个很有观察能力的孩子。当初，法国昆虫学家法布尔就是因为对昆虫感兴趣，用心研究，才写出了旷世名著《昆虫记》。你也有这个潜质呢！"

"真的？"天真的他马上抛开了刚才的沮丧、倔强的情绪，一对黑黑的眼睛放出了亮闪闪的光芒。

我真诚地说："这个单元的作业就写观察日记，你就提前写一篇蚕宝宝的观察日记，观察它们的一切习性和成长的变化。如果写得好，老师就用你的范文来教大家，还会将你的稿件投给杂志社，说不定就能发表哦。"

他兴奋地点点头，红红的小脸上有一种被肯定的幸福。

这时我立即来个回马枪："可是，上课玩蚕是不对的，知错不改就是执迷不悟了。老师已经在郑老师面前帮你求情了，如果你现在马上去向郑老师道歉，她一定会原谅你的。"看到他迟疑的神色，我开导他说："谁没有犯过错呢？老师也曾经犯过错，在我小的时候还曾经对老师吼过话呢，可后来还是去承认了错误，得到了老师的宽容。"

听完我的话，他终于鼓起勇气，向教室的方向走去……

在师生冲突中正确认识教师角色

丁 榕

看到"师生之间产生矛盾冲突，怎么办"这个题目，我颇有感触。解决问题的方法可能很多，对付矛盾的招数不少，但我认为确立观念应先于寻找方法，观念正确了，方法就有了，矛盾也会迎刃而解。

这个问题让我想起这样两个例子：

一个学生在老师背后说了句"这老师真胖"，惹怒了这位老师。老师不依不饶，又是让学生写检查，又是找学生家长谈话。结果这个学生因不堪重压跳楼了，造成终生残疾。

一个刚接班的老师走进教室，出其不意地听到一个学生大唱"月亮走，我也走……"，惹得全班同学大笑——原来这个老师是秃顶。老师见状愣了一下，但马上也跟着大笑起来，然后幽默地说："噢，我明白了，这位同学是把我的脑袋比作月亮了吧，你太有想象力了！来，你们跟着我走。"说着，老师边走边讲起了月亮、嫦娥奔月、阿波罗登月计划等故事，学生们听得津津有味，笑声一片。这样，不仅解决了矛盾，还让大家一下子深深地爱上了这位秃顶老师。

这两个事例问题相似，但两位老师处理的方法却不同，从而取得的结果也大不同。所以，教师要谨慎处理这类事件。那么，师生发生冲突时，班主任究竟该怎么办呢？

一、分析、判断根源，认识师生矛盾的必然性，找到产生矛盾的症结

矛盾存在于各行各业，存在于每个角落，这是事实。师生矛盾是教育工作中的常见问题。因为教师面对的是未成年的孩子，是处于成长中的学生，是特殊人群，因此，他们之间的矛盾自然会无处不在，无时不有。能否正确看待矛盾的必然性，判断、分析矛盾的根源所在，是解决矛盾的首

要条件。因此，师生出现矛盾后，老师不必大惊小怪，着急上火，第一件事应是静下心来做判断，判断这个矛盾的根源是什么，找到症结就不愁没有解决办法。

一般来说，产生矛盾的根源有以下三类：

第一，思想根源——价值观的对立引发矛盾。由于教师和学生生长的年代、环境、所处的社会地位都不同，在待人处世、思维模式等方面的评价标准就会产生差异。价值观出现分歧，师生矛盾自然会出现。

第二，现实根源——"应试教育"所导致的矛盾。受传统教育理念和一些社会弊端的制约，应试教育依然在一定程度上存在于学校教育之中。一些教师对学生的期望值过高，"恨铁不成钢"和"铁就不是钢"两种观念产生矛盾，导致师生之间关系的紧张。

第三，人本根源——师生之间的差异引起的矛盾。师生之间情感、性格、兴趣、爱好的不同和年龄、阅历、性别的差异，会引发心理冲突，因而使得师生情感不和谐，甚至互相排斥。

面对这些矛盾，班主任一定要摆正心态。正如老师们所说，深入地思考矛盾和正确地解决矛盾，可以让我们成长、进步，使我们不断地发展和完善。

二、细心品味角色，认清教师是解决矛盾的关键，寻求解决矛盾的切入点

认清自己的角色是避免矛盾激化的关键，要始终记住：我是老师。上面例子中的两位老师，一位把自己定位在学生、小孩的角色上，所以就像小孩打架一样，你给我一拳，我就要还你一脚；而另一位把自己定位在一个包容的母亲的角色上，孩子撒娇时咬了妈妈一口，妈妈还亲昵地摸摸孩子的头。

所以说，在矛盾中认清自己的角色，防止矛盾激化为冲突，教师是关键。认真分析自我角色有助于自我认同和角色认同的构建。在我本人以往的工作实践中，矛盾遇到不少，但产生的冲突并不多。为什么？就因为每当出现矛盾时，我都会告诫自己：不能让矛盾变成冲突。我总要问问自己：

"你是谁?""你被谁拥有?"回答总是:"我是老师。""我被学生拥有。"一想到这两句话,无论自己受到的委屈有多大,都会烟消云散。

班主任在学生面前是老师又是学生,是领导又是兄弟姐妹,是父母又是朋友,是法官、是大夫、是楷模、是助手……将如此多的角色集于一身者,唯有班主任。班主任多重角色的相互转换是解决师生矛盾的切入点。它关系到教师的教育思想,制约着我们处理问题的策略。建立良好的师生关系需要师生双方的共同努力,但要合理解决师生间的矛盾,防止冲突的发生,班主任是关键。

三、构建和谐氛围,探究调节矛盾的方法,尽量避免发生冲突

矛盾是必然存在的,但冲突是可以避免的。作为一名班主任,有责任寻求调节矛盾的方法,尽量避免冲突的发生。

方法很多,各人有各人的高招,我的招数概括起来主要有以下几点:

(1)发现矛盾时,让自己"蹲下来"。

要站在学生的角度去思考问题,发现问题时,用学生能接受的方法进行处理:用学生的大脑去思考,用学生的情感去体验,用学生的兴趣填补自己兴趣的空白,把学生的困难当成自己的困难……

(2)防止师生冲突,要做到"五多"、"五少"。

多一些民主,少一些压制;多一些理解,少一些苛求;多一些尊重,少一些责怪;多一些引导,少一些说教;多一些幽默,少一些讽刺。

(3)解决矛盾冲突时,要用心理辅导的"十是"、"十不是"。

不是说教,是聆听;不是解答,是领悟;不是教导,是引导;不是训斥,是接纳;不是控制,是参与;不是造作,是真诚;不是遏制,是疏导;不是侦讯,是了解;不是解决问题,是协助成长;不是表面屈从,是内心转变。

最后,我想再强调一句,永远不要忘记:"我是老师。"

焦 点问题

老师们为何总在人际交往中受伤

卡耐基说，在现代社会中，成功者只有10%靠的是专业能力，另外90%靠的是人际交往的能力。一些教师很善于处理各种矛盾，能在各种人际关系中巧妙周旋，游刃有余。而另外一些教师则在人际关系交往中显得很被动，特别是在和领导的交往中，总是因不能妥善处理而受伤。还有一些班主任，常常和科任教师闹矛盾，搞得工作很被动……这些都是老师们在人际交往中的失败，而这些失败往往会影响到教师的心情和工作效果。

现在的教育管理理念认为，领导就是工作环境，同事就是生产资源，和领导、同事的关系处理得好与不好，都会直接影响教师的教育工作效果。所以，班主任如何与领导、同事和谐相处，就成为一个很有价值的研究课题，也是对班主任社交能力的一个重要挑战。

1 良好的社交是成功的基础

一、关键的时候会给自己提供帮助（贾宏权）

2006年我准备参评高级职称，由于调动工作的原因，我的"学时"没有衔接上，参评条件不够。于是主任急忙帮我与市人事局联系，并说明原因，解决了一部分学时问题。一位副校长还亲自带我到人事局、教育局等相关部门进行交涉，最终，我的学时问题得到了圆满解决。

二、良好沟通容易得到领导的认可（覃丽兰）

如果你是一个善于和领导沟通的人，领导会因此了解你的能力，认可你的付出，最起码，领导不会给你"穿小鞋"，在评优秀时，不会把你拉下来；在评职称时，也不会踩你一脚。

三、让自己有更多的发展机会（马彩云）

与领导和同事的关系和谐能得到更多的学习机会。试问有哪个领导在考虑人选时会选整天对自己冷眼相待、咬牙切齿的班主任？和领导的关系和谐了，至少自己在努力发展的时候，领导不会对你设置障碍，有利于形成一种好的发展环境。

四、别人愿意传授经验给你（王立文）

学生小松在自习前酗酒，任凭我大发雷霆，他就是不开口讲明原因。我与学校黄书记聊到这件事，他告诉我，和学生交谈不能声色俱厉，要多从学生的角度出发来谈问题，先从简单的问题开始谈起，如先问他的年龄、父母的职业等，谈着谈着，你们的心理距离就近了。于是我用黄书记提供的方法与小松交流，小松果然说出了酗酒的原因。

做一个让领导、同事都喜欢的人

一、当与领导意见不一时要换位思考（高飞）

2005 年 9 月，我突然接到学校通知：今年第一次带高三的老师要参加专业课考试。我们感到非常不理解，甚至感到气愤！于是，我们这一群年轻人群情激奋，在开会时向领导发难："历届第一次带高三的老师从来没有进行过考试，为什么从这届开始要进行？""这是领导搞形式主义，灵光一现、一拍脑门就做的临时决定。""学校对教师不信任！"

校长坐在讲台上，不急不躁，认真接受了我们的"炮轰"，然后不紧不慢地说："我完全能够理解你们现在的心情，这次考试学校并没有不信任老师的意思。你们这些朝气蓬勃的年轻人，给一中补充了新鲜的血液。但现在在学生和家长中存在着一种偏见，认为一中的很多老师都太年轻，没有经验，无法胜任高三的管理和教学工作。学校组织这次考试，就是要用你们的成绩去回击各方面的猜疑。"

校长话语温和，让人心服口服。那一届高三，我们这些第一次带高三的"新"教师都"玩命"地工作，向学校和家长交了一份满意的答卷。当我们和领导意见不同时，记住"有话要好好说"！

二、当受到领导批评时要真诚反省（温爱娟）

记得有一次，一位领导听了我的一堂随堂课。也许是课讲得太糟糕了吧，对于我这个新手，领导一点儿面子也不留，劈头盖脸地把我批了一通，说我"还在走老路，没有新的东西"。当时，我又难堪又自责，眼泪都快出来了。但我没有反驳什么，因为那节课确实讲得不好，我无话可说，只是静静地听他训话。此后，我从各方面收集素质教育的资料，刻苦地学习，我的课堂教学效果越来越好，我和领导、同事的关系也越来越好。

三、当遭遇委屈时要大度沟通（高顺杰）

我初当班主任时，学校分给我们班的卫生区是三个篮球场加周边花坛，球场面积大，而且打球的人多，很不容易打扫，因此，经常被学校扣分。同学们都觉得很委屈，我心里也着急，就直接打电话给学生处分管卫生的老师说明难处，而且语气强硬。这次"抗争"虽然以我的胜利而告终，但是同事却私底下说我太"强悍"了，不好打交道。

"四多四少"助你人际关系更和谐

一、多做事，少空谈（李靖华）

我的处事原则是真诚待人，努力做事。学校曾安排我连带了 5 年初三，那时初三教学任务非常繁重，晚上要上晚自习，周末要补课，生活紧张得连喘口气都困难。儿子那时才四岁，无人看管，我常常是第一个把他送到幼儿园，最后一个把他接回家的。我默默克服着一切困难，从来没有开口向领导请求照顾，在这样的情况下我的教学成绩依然保持连年第一。所有的外出公开课，我都体体面面地完成，领导很高兴，常常在各种待遇上优先考虑我。说实话，关于如何和领导、同事相处，是我的"软肋"，我不会刻意寻求什么技巧，但我会多做事情，少空谈，这些大家都会有目共睹，最终使我得到更多的认可与支持。

二、多请教，少逞强（李云）

你是不是常常向领导请教有关工作上的事？或者班里出了问题，有没有跟他一起商量对策？如果没有，从今天起，你就应该改变以往策略，尽量地发问。一个年轻的部下，向经验丰富的领导请教，这并不丢人，而且还请教得理所当然。有心的领导，是希望他的部下来请教的。征服领导的一个好办法，就是尽量接近领导，人人都有一种渴望被重视的心理需要，当你以行动表现出"我需要你的帮助"的心态时，领导自然会对你格外留心。

三、多分忧，少牢骚（贾宏权）

高三某个班因为多种原因成了全校闻名的混乱班，新校长上台后，决定换班主任，让我来接手。我当时很犹豫，但看到领导对我的信任，我还是欣然接受了。我仅仅用了两个星期的时间，班级纪律就有了明显的好转，班级面貌也发生了根本变化。很多老师之所以能成为领导的得力助手，就是因为在关键的时刻能为领导分忧。

四、多建议，少怪话（王莉）

2007 年，高考那段时间我曾经请假到上海陪孩子参加高考，为了能给孩子填报一个理想的高校，我天天都会上网查询各高校的相关资料。每次上网，我都习惯性地到我校的网站上去转一转，浏览一下学校的新闻，倍感亲切。但是很快我就发现了一个问题，我校的网站上经常公布考勤、教案检查等属于内部管理的"家丑"，如"某某老师迟到了"、"某某老师旷会了"等等负面信息，严重影响了学校的形象。当时正值招生前夕，也是抢夺优质生源大战之时，为树立学校良好的形象，各个学校的网站内容一个比一个精彩、积极。当我在学校网站看到这些负面信息时，觉得特别刺眼。于是给校长发了短信："我们学校这几年成绩斐然，网站上关于内部管理的信息是否该从技术上屏蔽一下？在网站上展示给外界的应该是正面积极的内容……"校长很快给我回复，不仅感谢我提醒得很及时，而且还表扬我关心学校。

４ 像水一样做人，像山一样做事

钟　杰

我刚参加工作的那几年里，和领导相处得并不好，甚至可以说是很恶劣。

那是 1993 年，全区进行教师大调整，我被调到一所初级中学。校长、主任都是我的校友，大家都很年轻，我自恃有能力，根本不把他们放在眼里。他们给我安排工作时，我挑肥拣瘦，大声嚷嚷不买账；分配利益时，我锱铢必较，大喊不公，针针扎人。那时，我以我的"蛮横"占得了许多便宜。

慢慢地，我发现，领导看见我就退避三舍，同事看见我也爱理不理。

终于有一天，因为一些琐事，我和校长大吵了一架。由于我嘴巴厉害，校长在我凌厉的攻势下哑口无言。我很得意，正准备大获全胜地鸣金收兵时，校长说了一句："你去调查一下，学校里哪一个老师喜欢你，大家都很讨厌你自以为是的样子！"校长说完就走了。我愣住了，之前的得意霎时消失得无影无踪。

这是一段至今还在令我不堪的人生经历。由于当年的年少无知，心高气傲，恃才傲物，目中无人，才造成了我人际关系的失败。相反，我的一个同学，却是备受欢迎。领导器重她，同事尊敬她，学生爱戴她，家长信任她。她每天都笑脸盈盈，欢声不断，好像快乐随时都在与她约会似的。我向她取经，她说："把做人的调子放低，像水一样，往低处流；把做事的调子定高，像山一样，往高处长。"

听了同学的话，我开始试着修正自己。不是有一句俗话说"与其改变别人，不如改变自己"吗？

我定下自己的处事基调：静坐常思己过，闲谈莫论人非，少说话，多做事。哪怕有时候看起来是闲事，只要能够做到，就尽量去做好。有一次，我回宿舍拿东西，回来时被一个教师家属拦住了，她定要我教她织毛衣的领子。当时我有点迟疑，因为学校明确规定上班时间女教师不得做手工。那个家属看出了我的心思，说："不要紧的，这是下课，又在家属区，校长看不见的，我耽误不了你多少时间。"听了这话我就不好拒绝她了，但那天我的运气真是糟透了，恰好局办公室派人来检查工作，他们透过多功能活动室的窗户看见我在教人织毛衣，于是把校长批评了一顿，说校长管理不到位，上班时间竟然还有教师在"好为人师"教人织毛衣。等检查组走后，校长问我是不是在教别人织毛衣，我顿时脸红筋胀，嗫嚅着承认了。校长什么也没说，只是长长地叹了口气。从此以后，在工作时间，我再没有做过任何手工，校长还为此在大会上表扬了我，说我能知耻而后勇，是素质高的体现。

因为我把自己放得低，对什么我都不再去争，所以大家越来越喜欢我。但是，如果仅仅是做到低调做人，我认为那也只不过是一个与世无争的老好人而已。要想赢得领导的信任，有利于自己工作的开展，靠的是自己的专业知识和无私的责任心。

　　记得我教 2005 级初中的时候，班级人数普遍很多，每个班都有将近 80 人，而我那个班的人数到初三的时候更是高达 95 人。学校为了不影响教学，决定从四个班中把最优秀的学生调出来组成一个尖子班，并且由我来担任尖子班的班主任及语文教学工作。可是我原班学生不同意，找到校长说，要是钟老师不教我们了，我们就集体退学。没办法，为了留住学生，我只得担任两个班的语文教学和班主任工作。那一年，我瘦了很多。可是，也得到了我事先没有想到的回报——评上了中学语文高级职称，获得了政府表彰的"优秀教师"称号。

　　像水一样做人，像山一样做事，让我在与领导和同事相处的时候，很和谐也很快乐。快乐从心底洋溢到脸上，于是每天都是笑脸盈盈的了。

5 做校长喜欢的教师

杜　林

　　校长喜欢什么样的老师呢？

　　首先，校长喜欢的是"有脊梁"的教师。这里的"有脊梁"，主要指的是能分辨是非，有正义感，不唯唯诺诺，不人云亦云，不见风使舵。也就是指有骨气，有个性，能担当责任。

　　其次，校长喜欢"简单"的教师。举个例子讲，当校长的决策在执行中出现不同理解的时候，要有老师能够当面与校长进行沟通。即使沟通中有的言辞过激，都是可以理解的。这种简单的处事方式，不仅有利于简化人事关系，而且更有利于事情的解决。

　　再次，校长喜欢的教师是"老虎"型，而不是"豺狼"型。因为老虎都是单独行动的，具有很强的个性特征，而豺狼是集体行动的，分不出强弱来。所以，保持与众不同的个性，这是所有杰出人物的共同特征。

　　那么，校长不喜欢什么样的老师呢？

一是工作上天天如此、没有变化的老师。这样的老师，年年一个样，天天一个模式。而且还自以为是，对别人提出的建议根本听不进去。因为没有变化，教学无创新，给人的感觉是榆木疙瘩，死气沉沉，所以学生也不喜欢。

二是看不见小事的老师。教师教育的对象是活生生的人，且是本性为善的孩子。教师所做的每一件事情，都对孩子的成长起到至关重要的作用。我至今不能忘记我以前上师范时的一件事情，有一位化学老师，看起来挺民主，每每讲课讲到兴头上，便让学生无记名给她提意见。但当纸条传到她跟前时，她的脸就时阴时晴了。看到批评的，不顺她心意的，她便指桑骂槐，有时甚至是暴跳如雷。有一次，讲到蛋白质，她让学生提问题。我想，我们天天吃的是蛋白质，那头发里也有蛋白质，为什么不能吃头发呢？当化学老师看到这个问题时，便讽刺挖苦道："谁提的这个问题？屎里也有蛋白质，你怎么不吃呢？"像这样的老师，口是心非，言行不一，学生还有勇气继续创新吗？所以说，教师的一言一行，都是有着教育意义的。注重小事的老师，必然是教育行业里的佼佼者。

三是说得多、做得少的老师。孔子说："君子欲讷于言而敏于行。"有些老师，说起来头头是道，但做起事来，往往敷衍了事，漫无目的，甚至有时还哄骗学生，应付学校的检查。这样的老师在一定程度上，影响了一批学生的发展，其消极作用是显而易见的。

普通教师和校长相处的五点建议

代安荣

很多人，专业能力很强，辛劳一辈子但是却不一定能够得到领导的重用；很多人，专业能力一般，但由于人际交往能力强，却能够得到领导的重用。因此，在基层流行这样一副对联："领导说你行就行，不行也行；说你不行就不行，行也不行。横批：不服不行。"可见，人际交往在现实生活中有多么重要。

对于一般教师而言，如何才能使自己在校长心目中留有一个好印象呢?，下面四点建议可供参考：

第一，做事要有留白艺术。教师除了要教好书之外，在日常教学工作中，在处理一些问题的时候，还要多向领导请教。我初当班主任的时候，由于自己看的书较多，很多事情知道该如何处理，为了不给领导增添麻烦，就常常静悄悄地一个人把事情处理完了。结果，领导认为我班上的学生很听话，我这个班主任当得很轻松。相反，有的班主任处理每一件事情都让领导参与，结果，不仅让领导的领导才能得到了展示，也让领导看到了这位教师做了很多事情。因此，与领导沟通，一定要把握好留白艺术，充分尊重领导，让领导充分展示他的才能，哪怕是那件事情你可以做得很好，也要先请示领导。

第二，不要带感情色彩做事情。世事是变化的，因此，尊重你身边的每一个人，这样才能给你自己带来一个和谐的环境。否则，也许就因为你一句无心的话，就会让你背负上几年、甚至是一生的包袱。我初毕业时，到一所学校去办事，刚好遇到那所学校的校长，他知道我当年毕业，问我愿不愿意到他们学校任教，我回答："像你们这样的学校，随便找一个教师代课就可以，不需要专业教师。"结果，开学的时候，他恰好调到了我应聘的那所学校当校长，我的境遇可想而知。

第三，不能说领导和他人的坏话与隐私。无论在什么时候，都要谨言慎行，都要考虑自己说的话是否会触及领导，否则，你的话很快会传递到领导的耳朵里。毕竟，心胸宽广并不是每一个领导都能够做到的，同时，说别人的闲话也是一种不良行为。

第四，给领导提建议一定要注意分寸。作为教师，给领导提建议是一件好事情，是积极参与学校建设、发挥主人翁意识的一种表现。但是，在提建议的时候，千万不要过火、太显山露水，否则，很容易导致喧宾夺主的。三国著名的"杨修之死"就是很好的例子。其实，杨修之死，就是因为他事先说出了领导心中的秘密，事先暴露领导的思想轨迹。如果他不是在生活的过程中到处散布他的这种先见之明，而是善意的给领导提出一条建议，我想，曹操也不至于对他如此恨之入骨。

第五，放平心态。有这样一个故事：有一次法国电影明星洛依德去修车，接待他的是一位女工。令洛依德奇怪的是整个巴黎的人都知道自己，而眼前的姑娘却丝毫没有露出一点惊讶和兴奋。"你喜欢看电影吗？"洛依德禁不住问道。"当然喜欢，我是个影迷。"女工手脚麻利，很快把车修好了。"好了，先生，你可以把车开走了。"女工说道。洛依德依依不舍地说："小姐，你乐意陪我去兜兜风吗？""不，我还有工作！"女工拒绝了。洛依德还是不死心，他又问女工："既然你喜欢看电影，那你知道我是谁吗？""当然知道，你一来我就知道你是当代影帝阿列克斯·洛依德。"女工平静地答道。"既然如此，你为何对我这样冷淡？"洛依德不解地问。"不！你错了！我没有冷淡，只是没有像别的女孩子那样狂热。你有你的成就，我有我的工作；你来修车就是我的顾客，如果你不再是明星了，再来修车，我也一样会热情接待你，人与人之间不就是这样吗？"洛依德听后大为感慨。是啊，人与人之间其实不就是这样吗？但在现实生活中却被我们人为地弄复杂了。

作为一名教师，本职工作是上好自己的课，教书育人。千万不要刻意去追求和校长的关系，这样做不但不利于教育教学工作的开展，而且还会让你在生活中很难做人。因为你的工作是教书育人，更多的时候，你需要向学生负责，而不仅仅是向校长负责。

第 **16** 项

刁蛮家长：挑战班主任的沟通能力

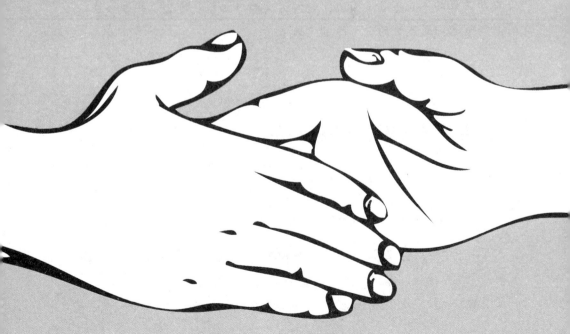

遭遇刁蛮家长，班主任该怎么办

秀才碰到兵，有理说不清。要是牵涉到"兵"的孩子，那更是"一锅粥"了。前不久，一名小学班主任告诉我一件事情：她的班上一位成绩较差、学习态度也不好的女生，不仅作业没完成，还请人代写，她批评了这个女生几句。老师严格要求学生，本来是件好事情，但这位女学生的家长却暴跳如雷："你是嫌我女儿成绩差！是不是想故意找茬赶她走？"还拍着老师办公桌咆哮："你这样的老师根本不配当老师！"旁边的老师看不下去了，说了这位家长几句，家长反而变本加厉："我现在还只是说一下，等一会儿还想打人呢！"

有句俗语："家有横妻劣子无法可治。"面对这样刁蛮的家长，我们做班主任的不能不管。因此，如何与这些刁蛮家长过招，就是挑战班主任与家长沟通能力的一个关键问题了。

1 给家长把脉：刁蛮家长为何"刁"

一、学校管理存在漏洞（李军）

由于学校在管理学生过程中，存在制度上或是人为因素引起的管理漏洞，令学生出现问题，导致家长前来学校"找茬"。例如，有一天早上，某中学一名初二女生乘学校门卫去食堂就餐时间私自外出，班主任不知道事情真相，没有及时与家长联系。谁知该女生被社会青年所骗，还险些被拐卖至外省。学生被救回后，其家长在学校吵闹了三天。

二、家校沟通不畅（王莉）

本来"孩子在人家老师手里"，不到万不得已，家长是不愿意得罪老师的。但有时候，老师和家长沟通不畅，往往容易引起误会，造成家长很有情绪，才会引起家长到学校寻衅闹事的。

三、教育方法不当（高飞）

我的一位同事曾经抱怨，不敢去参加女儿的家长会，原因是孩子的班主任说话从不留情面，只要孩子在学校表现不好，他的话就特别难听。可是，在家长眼里，孩子再不好也是自己的孩子，双方常常为此闹个不欢而散。

四、家长本身蛮横（刘俊泂）

有的家长素质低下，没有得到很好的文化教育，他们根本就不知道怎样去教育孩子，更不知道怎样去与老师沟通。一旦孩子在学校发生什么事情，他们往往只会使用暴力解决。

五、对教育有偏见（李云）

在教育孩子的过程中，如果家长对学校或是教师的教育行为不了解或是不理解，他就总认为是学校、老师处处针对他们、对不起他们，因此，他们就要打击报复，就要去刁难老师。

六、习惯和错误意识使然（郑学志）

有的家长有点背景，政治背景、经济背景，甚至是"黑社会"背景，觉得自己有"刁"的资本。因为他们已经习惯用刁蛮来赢得和保护既得利益了。

2　没有对付不了的家长

一、尊重家长，给人面子（李云）

"伸手不打笑脸人"，很多家长刁蛮，是因为没有得到应有的尊重。如果家长盛气而来，做老师的客气应对，进门一杯水，出门"您走好"，再刁蛮的家长也撒不起野来。为什么我们不这样做呢？是因为我们潜意识里还存在这样一种观念，我们是老师，因此，家长来了，我们不该给人倒水。事实上，倒一杯水，是待人的基本礼节，这么做我们又亏了什么呢？前年我的一位学生的家长因为资料费的问题到学校来问责，到办公室我给他倒了一杯水，他感激不尽地说，孩子读书十年了，这是他接着的第一杯老师倒的水。就凭这，他所有的话都不用说了。

二、因人而异，区别对待（赵冬）

对家长，应针对不同类型区别对待。对火爆家长，允许其"发火"，气消之后再说服；对不明情况的家长，避其锋芒，以退为进，说清楚情况再防守反击；对有些"浑"的家长，就要态度鲜明地摆清楚道理。记住，一定不要把全部责任都推到孩子身上来说服家长，这样容易激化矛盾。

三、采用"冷处理"（高顺杰）

"藤软才能捆得住硬柴"！当面对刁蛮家长时，我们要采用"冷处理"的方法，以静制动，让他把话说完，把气消掉。等他火下来了，再找到理由说服他。弄清家长发火的原因，并要求家长把事情单独谈清楚，因势利导；慢慢化解，严于律己，宽以待人。

四、和同事沟通，寻求"外援"（刘俊泂）

一天，琪的母亲带着一帮人，气势汹汹地来到张老师所在的学校政教处大吵大闹，琪的母亲边骂边哭。见状，张老师没法应付，于是只好请求政教处的杨主任出面。琪的母亲见学校领导来了，也收敛了起来。最后事情得到了圆满解决。

五、不要一味蛮进，要知道示弱（顾治国）

去年，我的班上一个女生表现很差，对其进行教育多次，却收效甚微，我便去她家做了一次家访。结果我刚开口，学生的妈妈就抱怨开了，期间我多次要插话，都被"挡"了回来。最后，我不再言语，结果不到五分钟，她自己感到不好意思，便主动停了下来。

用证据让刁蛮家长心服口服

何光辉

杏坛十几年，与刁蛮家长过招已经是家常便饭了。我知道他们大都有一个共性——溺爱孩子、护短。遇到这样的家长，就要用事实说话。

曾经有这样一位家长，他的孩子特别调皮，经常在学校惹是生非。每次孩子惹事之后我与其家长沟通，家长总会说，孩子在家很听话，在学校为何就不听话呢？还说老师不会教孩子。

遇到这样护短又不讲理的家长，我还能说什么呢？暂时不跟他说。只是以后每次孩子犯事后，我都叫孩子把事情的起因、经过、结果写出来，署上名，写下日期。同时，我写下帮助教育孩子的做法，甚至连我和孩子的对话我都记录了下来，并编号收存。

等孩子犯了几次错误后，我打电话通知家长，希望家长能到学校来一趟。家长见面第一句话就气冲冲地说："我家孩子又怎么了？你是不是对他有什么偏见？"

我笑着没说什么，把一摞叠得整齐的纸递给那位家长。"你看了之后我们再说吧。"说完，我就走出了办公室。等我再回到办公室的时候，家长面红耳赤地向我道歉。

"知己知彼，百战不殆！"老师和刁蛮家长过招，实际上就是一场战争。如果老师没有充分的准备，对家长"刁蛮"的情况心里没底，教师往往就会陷入被动"挨打"的局面。但如果准备充分，主动权就会牢牢掌握在教师手中了。

４ 和任课教师一起突围

郑光启

星期四下午的班会课上，因为林某多次违反课堂纪律，张老师气不过，打了他一耳光。当天晚上，林父就打来电话，说他一定要为儿子讨回一个公道，即使倾家荡产也在所不惜。我连忙安抚他说："您不要生气，这件事情的主要责任在我，张老师是好心，见我不在，就想帮我的忙。您有什么火可以冲我发，我能理解您现在的心情。看在我们俩是老乡的面子上，由我帮忙处理，好吗？"

"郑老师，我实在是咽不下这口气。孩子从小到大，我都没有动过他一根汗毛，张老师凭什么打我儿子？明天我就到医院开一张证明，非告死他不可。"

"孩子应该伤得不是很重吧，我相信您如果到医院去开证明的话，证明也能开出来。对于张老师的教育方式，我们可以和他沟通一下，他的出发点也是为您儿子好。如果以后您儿子做错了什么事，张老师看到后都不管不问，您可能又要生气了。"

林父迟疑了一下："好吧，我看在您的面子上先不去医院开证明。"

我算松了一口气："谢谢您的支持，如果您信任我的话，那就由我来帮助您处理，怎么样？"

林父回答："可以，不过张老师必须当面向我承认错误，赔礼道歉。"

我不知道张老师的态度，不感贸然答应林父的要求，只能避开这个问题："那您星期日下午到学校来，我在学校等您。"然后，我连忙打电话给张老师告之此事。

星期日下午，我和张老师、林父如约来到学校办公室。张老师先把情况详细地向林父作了说明。林父听完后，他质问张老师为什么只批评他儿子，而且还动手打他的儿子。质问两句之后，张老师的火气也上来了，两人居然在办公室吵起来，别人劝也劝不住。

张老师说："你带他到医院去检查，医药费我出，要告状随便你。只要你一句话，我以后上课肯定不会再管你这宝贝儿子了。"

林父听了这话，更加生气了。我怕闹出事来，连忙把林父拉到外面。他一边走，一边还骂骂咧咧。在另外一个同事的帮助下，我们劝说了很长时间，林父才慢慢平静下来。待双方心平气和之后，我再分别和他们沟通，两个人意见将近一致的时候，才把他们请到一起来。结果，事情很快得到了妥善解决。

事后，我进行了深刻的反思：一是张老师打学生，本身就是错误的，这在家长面前不能够推脱，我们要敢于认错。张老师放不下面子，我们可以代为认错，不一定要两人当面完成这个仪式。二是张老师和家长意见没有统一的时候，就把矛盾双方喊到一起碰面，这样只能够激化矛盾，不利于事情的处理。好的调解员是把两方矛盾处理好了，到签字仪式时再让双方见面，这样可防止事态进一步恶化。三是任课教师与家长发生冲突，班主任要成为任课教师的坚强后盾，一起突围。

迟到六年的道歉

刘燕山

2004 年，因为一个莫须有的"罪名"，亮亮的母亲不分青红皂白地将我臭骂了一顿。六年后，她真诚地向我表示了歉意。为了这一句道歉，我等了六年。

亮亮是我接七年级班（初一）的学生，她性格自由，身体早熟，内心驿动。她父母生意繁忙，对女儿的变化并不了解。某一天的上午，亮亮突然不来上课了。当时我们这里电话尚未普及，我又走不开，于是我让同学去找她来上课，但她置之不理。吃中饭时，我再次请和她玩得好的同学去喊她来上课，但她仍然没来。我决定下午放学后去她家家访。

可还没有等我去家访，她妈妈却气势汹汹地来学校骂人了。她在校门口破口大骂："没见过这样的老师，说我家亮亮去坐台都没人要，这是一个老师应该说的话吗？这是人话吗？"我一听，这不是在骂我吗？可是，我什么时候说过这样的话呢？这是莫须有的罪名啊！我忙向家长解释，可是，任凭我磨破了嘴皮，她仍坚持说："我家亮亮今天不想来读书了，就是你这句话说的！你害了我家亮亮……"我顿时觉得受到了极大的侮辱。这时，我无意间向外一瞥，看见亮亮躲在校门外，正在朝里面张望呢。我顿时明白了：亮亮为了达到逃学的目的，她给我编织了"罪名"。于是我选择了沉默。等气撒完了，亮亮她妈妈也悻悻回去了。

尽管后来对亮亮做了很多工作，亮亮还是休学了。她妈妈把这笔账算在了我的身上，但我坚信："清者自清，浊者自浊"，一如既往地以满腔热情对待学生。亮亮退学后，听说马上出去找了一份工作，但不久就碰得头破血流。亮亮在家呆了半年后，又重新回到学校读初一，可不到一个月，她又辍学了……如此三番五次，她一直没有读完初中。亮亮最后一次跑出去，不久后就嫁人了。

六年之后，一个偶然的机会，她妈妈听自己女儿说起当年的事情，才知道冤枉了我。于是，她找到我，真诚地向我道歉："刘老师，我当年错怪你了。"我只是笑了笑。

曾经看过这样一个故事，一个受尽屈辱的人去问一个得道的高僧："世人笑我，骂我，诽谤我，我该怎么办？"高僧闭目回答："让他，由他，忍着他，到时候你再看他！"这不是对付刁蛮家长的最高境界吗？

与家长打交道的八个忌讳

赵 冬

学生在学校出现了问题，家长有时会被请到学校，也有的家长会不请自来，其中均不乏一些难以对付的刁蛮家长。面对那些"难缠"的家长，班主任一定要注意以下八个方面忌讳，否则就会使自己陷入尴尬与被动的局面：

一、忌动不动就请家长

有些班主任把"请家长"当作处理犯错学生的"法宝"，学生犯了错，不分大小就请家长，其实，这种做法既不可取，也不明智。请家长时要把握好一个原则——"必须是必要才请"。如果班主任动不动就把家长请来，时间一长，学生就会对"请家长"感到麻木，认为班主任无能，家长也会有怨言。

二、忌请家长前不做准备

准备请家长之前，班主任要事先把事情了解清楚，做到心中有数。若是学生违纪，就要掌握学生违纪的真凭实据，手握第一手材料，不能仅凭"听某个学生说的"或自己的主观臆断就认定某件事的情形如何，这不仅不能令家长信服，而且容易造成自己工作的被动。比如，学生打架了，就要把事情的起因、经过、结果、主要责任人等调查清楚，最好让违纪学生把事情的经过写下来，签上自己的名字，这样在跟家长谈话时才有理有据。

三、忌让学生"请"家长到校

班主任跟家长联系时，一定要亲自和家长通电话，并向家长简要叙述事件的经过，解释清楚请家长来校的原因及重要性，让家长了解事情真相，有个心理准备。忌让学生通知家长，因为学生告知家长时，往往会站在自己的角度去叙述事情，可能表达不清或颠倒是非，使家长受到蒙蔽，从而对老师产生误解。我曾多次碰到这样的情况，班主任让犯错学生自己联系家长来校，但家长却迟迟不来，于是班主任亲自通知家长，得到的却是家长这样的答复："我们孩子来电话说了，没什么大事，已经解决了，不用家长去了。"原来学生为了阻止家长来校，假传"圣旨"。

四、忌一个人"舌战群儒"

有的家长为了给自己壮大声势，向学校和老师施加压力，他们到学校来闹事时，往往会带上七大姑八大姨，一起到学校讨说法。如果这么多人都来跟班主任理论的话，你一句，他一句，班主任会很难应付。还有那些不是学生家长的人，看问题和处理问题都不是从孩子和家庭角度着想，常常只是为了泄一时之愤，解一时之气，图个痛快，因此，他们的意见往往只会坏事，甚至会把孩子的父母推到不好收拾的地步。这时候，班主任一定要明确表态："我只跟孩子的父母单独谈话，其他人恕不接待。"

五、忌班主任想当然

跟家长谈话时，班主任要设身处地地从家长的角度出发，分析问题，处理问题，这样做不仅能与家长拉近距离，消除隔阂，还能形成统一战线。但有的班主任，请来家长后，向家长历数学生的种种"罪状"，把学生评价得一无是处，这势必会引起家长的反感，在无形之中把家长推向了老师的对立面，更易激起家长的敌对情绪，增加了沟通的难度。有的家长甚至与孩子结成攻守同盟，共同来对抗老师，那沟通起来就更困难了。

六、忌不了解家长的心理

班主任要善于倾听和观察，通过家长的言语、神态和举止，准确抓住家长的心理，这样才能够有效降服难缠家长。小亮和另外一个孩子打架，对方用小刀割伤了他的胳膊。学校在协调解决了小亮的医药费后，对伤人的同学给予了开除处理，对寻衅滋事的小亮也给予了记过处分。当学校请小亮父亲在处分协议上签字时，小亮父亲蹦了起来，拒绝签字："我孩子受了伤，成了受害人，还得给处分，这去哪儿说理呀？"他坚决不从。于是我耐心地和他讲道理，在沟通中我了解到，小亮父亲对学校的处分极为重视，怕以后对孩子造成不良的影响，所以坚决不签字。抓住了他的这一心理，我明确地告诉他："如果不签字，小亮没有受到处理，对方想不通，岂不留下祸患？更何况，对小亮不处罚，对他自己也不好。他没有认识到错误，以后还会继续和别人打架，到时候，刀子不长眼睛，岂不比这个处理的影响更大？"最后，家长被说服了。

七、忌胆气不足

刁蛮的家长通常都语言尖刻，态度蛮横，盛气凌人。班主任既不能被家长的气势吓倒，委曲求全，又不能"硬碰硬"，使家长发火，让事情越搞越僵。因此，无论遇到什么样的家长，也无论家长是多么有钱有势，我们都要心态坦然，不卑不亢，只有我们自己做得正、站得直，家长才能够被征服。我因为专门负责的是学生工作，因此，常常会受到一些家长的刁难。上学期期末，曾因一起群体打架伤人事件，学校处理了一个女学生。不曾想到该女学生的妈妈和表哥竟然冲到我办公室："有胆子，把你家住址告诉我，我去你家里跟你'理论'！"我听后，语气平静而严肃地告诉他："学校依据政策和规定处理学生，从来都不怕有任何报复。如果学校处理错了，你们可以依法依照程序和规定找有关部门去申诉。这一辈子，我从来没有做过亏心事，你作为朋友，尽可以去我家里做客。但如果是带有其他目的，请原谅，我不接待。"我不畏不惧的态度，让他的威胁失去了作用。后来，他被我入情入理的分析说服了。

八、忌孤军作战

有很多班主任觉得自己班上的事情，捅到学校层面去不好，因此，总想把它瞒着，自己悄悄地处理好。其实，很多时候，遇到一些难缠的家长，他们掌握了你的这种心理后，会变得更嚣张，动不动就拿这要挟你。这时候，班主任应该要从大局出发，学会向学校领导和同事求助，不要孤军作战，要相信，你再有能力也比不上群体的力量，三个臭皮匠，很多时候是能够抵得上一个诸葛亮的。

第 **17** 项

熄火平气：挑战班主任的自控能力

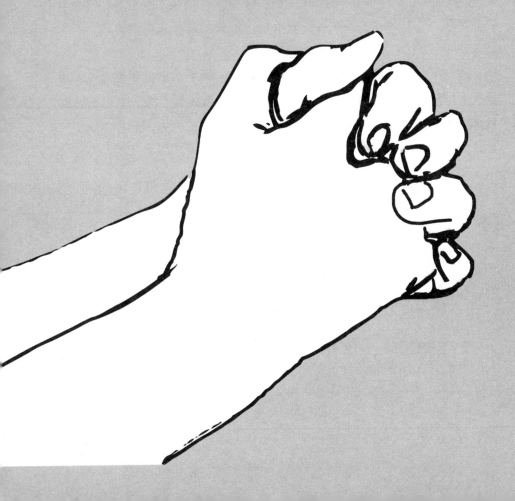

焦 点问题

班主任为何总是忍不住要对学生发火

学生们总是惹班主任们上火生气，因为他们成绩不好、扯皮淘气、屡教不改……有时甚至会给你捅娄子！遇到这样的情况，班主任怎能不急？相信每个做班主任的，都有怒火冲天的经历。

但是，据医学研究证明：经常生气的人，容易长色斑、脑细胞衰老加速、胃溃疡、心肌缺氧、伤肝、患甲亢、免疫力下降等，八大伤害，真让我们觉得划不来。而长期处于班主任怒火控制之下的学生，性格叛逆、怯懦、精神压力大，情绪容易激动，一些学生还会离家出走，甚至对老师举起了屠刀……

有没有一种办法，既能达到教育目的，又能不让班主任生气呢？有没有一种境界，真正把教育当作幸福的工作来做呢？今天，我们就来探讨这个问题。

1 发火不是好办法

一、使老师失去威信（温爱娟）

班主任随便发火，不但会促使学生产生叛逆行为，还会严重降低班主任的威信。这样，在班级管理过程中就会出现很多意外情况，使局面难以控制。

二、损坏教师形象（徐大雄）

教师是传递文化的使者，是文明的传承者。如果教师发火的话，很大程度上会损坏教师的形象。因为在学生心目中，老师是有修养的人。

三、影响师生感情（高顺杰）

人在发火的时候，很容易失去理智，说出一些过激伤人的话来。事实上，我从来没有看见有哪一位老师发火了，师生关系反而走得更近了。

四、影响教育效果（徐大雄）

老师在气头上，难免会失去理智，致使处理学生的措施失当。而学生呢？老师越发火，他越反感，哪里还有工夫去反思自己做错了没有？因此，一场发火，往往会将平时的教育效果降低了好几倍。

五、容易留下后患（李靖华）

有些学生性格比较内向，班主任发火时，他可能不会当场顶撞，但他会把这种难堪记在心里。于是，心里对班主任暗暗恼恨，甚至会在背后做出一些不利于班级发展、不利于教育教学的事情来。

六、传递错误信息（钟杰）

发火的人，往往会口不择言，很容易把一些错误的评价、错误的判断传递给学生。这对学生的打击很大，如一些学生心里特别记恨班主任，就是因为班主任在发火时伤了他们的心。

如何控制自己不发火

一、自我暗示（高顺杰）

深呼吸，暗暗叮嘱自己：千万不要发火！千万不要发火！通过自我暗示，心里的火气慢慢地就会消失了。

二、转移注意力（徐大雄）

每次我想发火时，就会看看天花板，或者是透过窗外看看校园里的花草树木，再或者就是想想开心的事情。这样一来，注意力就被转移了，火气也就越来越小了。

三、学会幽默（钟杰）

幽默是人际交往的润滑剂。有一次，上课铃声响了，有一位同学还在忙着削桃子。我进去了他也不顾忌。我笑着说："真有孝心啊，看我进来了，就赶紧给我削桃子！"这个孩子立即不好意思地把桃子收到桌盒里。

四、培养心态（马彩云）

心态好了，情绪也就好，甚至还能够欣赏学生的错误，回想自己做学生时，是不是也犯过类似的错误呢？这样一想，心中的火气自然就平息了。

五、提醒推迟（李靖华）

我不是圣人，有时候会发火，而且每次发火后都很后悔。所以，后来想发火时，我就对自己说：想想过去的懊悔，推迟两分钟发火吧。这样一推迟，火气就逐渐消失了。

发火之后的善后艺术

一、要做到知错能改（高顺杰）

该道歉得道歉，该安抚得安抚，知错能改就是好老师。要知道，现在的教育风险越来越大，一些孩子的情绪得不到及时的疏导，很容易引起不良后果。

二、耐心消除抵触（李靖华）

一定要想法让学生知道发火也是为他好，也就是所谓的"打一掌，再给一颗糖"。告诉他老师发火也是恨铁不成钢，虽然有点操之过急，但是绝对没有恶意。

三、督促学生自省（钟杰）

班主任发火了，但为什么发火？应该把情况和原因告诉学生。然后，再与学生一起分析，促使学生自我反省。学生只有通过自省，认识到班主任发火的真正原因，才会理解、原谅班主任，也才会翻然醒悟，从而改过自新。

四、务守教育本质（李云）

换位思考、沟通交流、自嘲下台、道歉认错，这些善后工作都不错。但是，不管怎么做，都不能够把教育的目的和是非丢掉，不能够离开教育去道歉认错。

用微笑把"火势"减弱

钟 杰

有一次，我正在讲《十一月四日风雨大作》。我给学生说："陆游是南宋爱国诗人，他一生的誓愿就是要收复失地，临终的时候，他写下绝笔诗《示儿》以明心志，咽气的时候还面朝……"话还没说完，下面就有学生说："陆游！简直是白痴！"我暴瞪双眼，谁胡说？当时我很想发火，但我强忍住了，我知道，这顿火发出来没有任何意义。于是，我淡淡地一笑，说："是的，在爱情这一块，陆游可算是白痴了，不过，我们今天探讨的是陆游的爱国精神，其他方面，放课外讨论，好吗？"火药味消失了，课堂里又有了积极欢快的生气。

还有，教学《社戏》时，讲到孩子们看戏结束返航途中偷豆的情节，马上就有学生问："老师，你偷过东西吗？"我坦然回答："偷过！小时偷过父亲的钱，父亲把我好好打了一顿。"下面马上就有学生不怀好意地说："活该！"听到这话，我心里一火，这不是在戏弄我吗？但我忍住了，继续微笑着说："是的，活该！谁叫我犯错误了呢？既然犯了错就得承担！只是，当有一天你们犯了错误，在接受惩罚的时候，我不会说活该，我只会说'孩子，没事的，错误谁都会犯，只要改了，一切都可以重来！'"说完，悄悄看了那不怀好意的孩子一眼，他已经把头低下去了。

在我们的教育教学中，会碰到很多令我们想要发火的事情，也会听到很多令我们气闷的声音。真的很想发火以表示自己的愤怒，但是，发火能解决问题吗？能封住学生的口吗？都不能！只会徒增烦恼，伤身伤心而已。

其实，学生惹老师生气无非有两种情况：一是无意；二是故意。如果是无意之举，作为教师，必须原谅学生的无心之失；如果是有意，作为教师，睁着一双眼睛上当，那就要好好反思自己了。

有句话说得好，"微笑是解决问题的良招"！只要教师有了积极、宽容、乐观、豁达、幽默的心态，面前不论有烧得多大的火，都能淡定从容，一笑了之，然后，不慌不忙地将火势扑灭。

发火之后别忘"降温"

徐大雄

小俊爸爸因做生意亏本了，他上学的所有费用都是由摆地摊的爷爷来承担。有一次，爷爷因有急事要外出，就推迟了来给小俊送钱。可小俊嫌迟，张口就对爷爷大吼大叫。

我刚好从教室门口经过，目睹了这一切，一股无名火立刻就蹿了上来。他爷爷刚走下楼，我就冲到教室门口，要求全班同学进教室。

"王小俊，你刚才对你爷爷说了些什么？你说呀？（我加重了语气）我们平时都说要尊敬老人，你是怎么做的？对待养你的爷爷，你连最起码的尊重都没有，还在那里大呼小叫，你还有没有良心？我还从没见过像你这样对待自己长辈的学生，真是太不像话了。"说着，我狠狠地盯着王小俊，他很不好意思地低下了头。

同学们听到我对王小俊的厉声批评，都静静地坐地座位上，一动不动。我在讲台上站了两三分钟，然后命令王小俊跟我到办公室来一趟。

到了办公室，我的心情逐渐恢复了平静，觉得自己刚才也有点过分。于是我拉过一把椅子，对王小俊说："你先坐。"然后把我为什么要那么批评他的原因解释了一下："知道我为什么要在班上发那么大的火吗？因为，我觉得刚才你对你爷爷的那番行为，不是我印象中的你能做出来的。在我印象中，你喜欢结交朋友，有团队意识和集体荣誉感，应该是个重感情的好孩子。可是你刚才对爷爷的态度，让我有一种好东西被毁灭的痛苦。所以，就对你急躁了一点。再说，你看见你爷爷的伤心了吗？你可能还没发现，他是流着泪水走下楼梯的……"

也许是我在批评中对他的表扬起了作用，他真切地认识到了自己的错误。我说到这里，他也哭了，哽咽道："徐老师，我知道错了……"

⑤ 道歉是成本最低的"灭火器"

李靖华

晚饭后，我刚想回家，晓晓哭哭啼啼地跑进办公室，哭诉吴佳胡乱编派，说她和班上的一个男生如何如何。我开始还不相信，后来又询问了几个同学，确实如晓晓所说。我听后，心中一股无名火直向上蹿，这个吃饱了撑的该掌嘴的家伙，唯恐天下不乱，无端搬弄是非！

我立即叫人传吴佳来办公室，并冷着脸坐在椅子上等他。吴佳和以往一样笑嘻嘻地来到办公室，我强压着火气问他："知道我为什么叫你来吗？""知道，不就是晓晓的事情吗？""那些事情都是你编派的？""是我说的。"他正想笑，我突然猛提声音："你这是在诋毁别人的名誉！知道吗？"情绪上来，我越讲越气，随手拿起一本书朝他脸上摔去。

吴佳是个吃软不吃硬的犟孩子。这一本书摔下去可把他的倔犟劲儿挑起来了。他气哼哼地站在那儿一言不发，任你怎么问他，他就是一声不吭。后来我也不说话了，两人就这么对峙着，事情陷入了僵局。

待我冷静下来，开始反思。虽然吴佳的行为令人气恼，但是自己的言行也有些过激。他只是个初一的孩子，说闲话或许只是因为淘气，没有意识到事情的严重性，更没有想到对别人会造成伤害。如果我平心静气地告诉他，他的言语伤害了晓晓，以吴佳的聪慧，他应该知道怎么做。可是我却心急似火，又是苛责又是摔书，把事情弄得一团糟。

解铃还需系铃人，于是，我缓缓地对吴佳说道："对不起，吴佳，老师不该打你，老师向你道歉。"听到我的道歉，吴佳的表情立刻缓和了下来，眼泪也下来了。我给他擦去眼泪，说："我知道你心里委屈，都怪老师刚才太急了。其实打你那一下，我的心也好痛！你知道吗？正因为老师喜欢你，才不希望你去犯错误、伤害别人。再说你又是班干部……"

"老师，我是和晓晓闹着玩的。"吴佳开始壮起了胆子，为自己解释了。

"闹着玩要有分寸，损害别人名誉的事不能做，更何况是对一个女孩子！万一她想不开，出了意外，你担得起责任吗？你会内疚一辈子的。所以我才会发那么大的火！"

"那怎么办？要不我向她道个歉？""好吧，晓晓的工作我来做。不过你要接受今天的教训，以后说话办事一定要想想后果。"吴佳顺从地"嗯"了一声。

此后，班里再也没有胡乱编派他人是非的事情了，而我，经历了这次发火、道歉之后，也成熟了许多。现在是"脾气越来越小，心情越来越好"了！

选一位控制教师发怒的同学

魏书生

在广阔天地种地的时候，在农村教书的时候，我基本是个乐天派。现在分析起来，可能那时社会忧患太多了，"一打三反"，"清除阶级队伍"，"大批判"，"揪斗牛鬼蛇神"等等。

客观世界本已有这么多的忧患，倘若再在主观世界自寻烦恼，那人间真是没意思透了。于是便千方百计保持自己心态的正常，少发火，少折磨自己，多干实实在在的事情，品尝做实事的乐趣，以求心理得到平衡。那时做什么事都看家庭成分，自己不是红五类出身，造反派不向咱发火就不错了，咱怎么好向造反派发火呢？

在工厂，头两年时还算顺境，发过两次脾气，到了"批林批孔"时，自己也成了挨批的对象，自然又没有了发脾气的资本。

到学校教书，有一种解放了的感觉。客观上，"文革"终结，政治解冻，自己又有了理想的工作，心情也愉快。半年之后，做教导处副主任，主抓教学，我被分工抓学生政治思想教育工作。那时有4个年级，26个教学班，1558名学生。"文革"刚刚结束，学生纪律不好，打架斗殴的事时有发生。那时学生打仗很凶，枪刺、砍刀、匕首都会用上。有一次，学生打起来，我跑去看时，失败者已躺在地上，腹部被扎了5个窟窿，正流着血。还有一次，一个很霸道的学生，没有什么前因，便往人家头上砍了3

刀。待我跑到时，砍人者已逃，我只好领着受害者去医院缝合。面对这样混乱的局面，我的耐心受到了挑战，并且我失去了抵抗力，于是开始发火、发怒，脾气变得暴躁起来。

到了1979年3月，自己带实验班还兼负学生管理工作时，这毛病仍没改掉。

一次，学生在教室里闹，每人拿一条绳子，你抽我，我抽你，你捆我，我捆你，把教室里弄得乌烟瘴气，桌椅推得东倒西歪。我看了，气不打一处来，破门而入，满脸怒气。学生一见，顿时惊呆，不知所措。我本应理智、清醒地问清事情的来龙去脉，帮学生分析利弊得失，并思考不再重犯的方法。但人在发怒时，一般不会这样做，一般都会找发泄怒气的方法，于是学生成了我发泄怒气的对象。我狠狠地训了这些同学一顿，又让他们在教室前站成一排，责令他们将打人的绳子高举过头。有的同学累得汗流满面，我还是不肯饶恕。当时自己也不知道这样做是不对的，会增强学生的逆反心理。但处在愤怒中的我，也像顽劣学生处在激愤状态时一样，不顾一切了，对抗就对抗下去，非把你压服不可。

这以后，再和这几位同学见面，心里总是疙疙瘩瘩的，他们总会躲避我，我也不自然。

每次发脾气，都使学生的自尊心、自信心受到了伤害，之后，我自己也陷入情绪陷阱之中，懊恼后悔。深深体会了发脾气的痛苦之后，我认识到：人在发脾气、愤怒时，是智能较低下的时候，往往会作出愚蠢的判断和荒唐的决定。要做好工作，为了集体，为了国家，也是为了学生，更是为了自己，必须控制自己的情绪，少发或不发脾气。

发脾气的人大都尝过发脾气的苦头，大都有控制自己的愿望，平心静气时充满战胜自己的信心；一旦情绪的怒涛翻卷，薄弱的意志大坝便被冲垮。怎样在冲垮前控制自己的情绪？除了请大家帮忙外，还要请一位同学具体负责。当他发现老师的脸色多云转阴时，便要及时提醒、劝告。我表决心说："只要这位同学一提出警告，老师一定听从，立即控制住自己的情绪。"

王迎同学自告奋勇，愿意负责控制老师发怒。这位同学的母亲是我在电机厂时的师傅，从小我便熟悉这位同学。在他的眼里，我不只是老师，更多的还是熟人，是朋友，是兄长，即使我当了他的班主任以后，他也常常和过去一样和我开玩笑，不拘小节。王迎为人单纯、直爽、热情，心地善良，做什么事，说什么话，喜欢直截了当，不会拐弯抹角。他负责监控我是再合适不过的了。

有一天，校内两个班级发生斗殴，我把这几位蛮横的学生叫到办公室。批评他们时，他们还不太服气，双方又争吵起来，强者又向弱者伸出了拳头。一气之下，我采取了过分的措施，狠狠惩治了霸道的学生。风波压下去了，我同被惩治的学生谈了心，他们理解了老师，我们也成了朋友。但由过分措施而产生的内心不快却缠绕着我，我离开办公室，向自己班的教室走去，想排遣一下不良的情绪。

那时自己刚接班不久，学生还没有自治能力，学生们像是为老师守纪律，为老师当长工，为老师学习一样。教室南面的4个大窗户对着140米长的走廊。我通常从走廊的窗户往里望，这个窗户便成了我和学生监视和反监视的前线。

我还没走到窗边，便听到教室内乱哄哄，刚到窗外，便见4位同学在教室打"粉笔头"仗，还有十几个人助威，搅得别人无法自习。我本想到自己的班级轻松一下，改变烦躁的情绪，不料自己的学生也是这么不争气，情绪愈加烦躁，怒从心头起，于是我冲进门去，想大发雷霆，狠狠惩治那几个人。学生们见我出现，立即惊呆了，正闹的几个人见我怒容满面，一个个不知所措。我正要大吼一声，王迎同学站了起来，笑着面对着我，在这种气氛中，也只有他还敢笑。我一时竟忘了过去的许诺，问："你站起来干什么？"他又笑着，不自然地挠了挠头，说："老师，您过去让我帮助您控制发怒，不知道今天还算不算数？"

是啊，过去当着全班同学的面请他帮忙控制我发怒，今天又当着大家提这个问题，我能说不算数吗？我咽了几口唾液，稳定了一下情绪，硬是压住了自己嘴边的话。为了缓和一下紧张的气氛，我请王迎同学到外面，我们在走廊里一起商量了处理乱子的办法，在融洽的气氛中解决了问题，使几位违纪同学从内心产生了想战胜自己的愿望。

王迎同学多次有效地控制住我的怒火，使我不再发脾气，渐渐地爱发怒的脑细胞利用率低了，其能力也低了。每当回忆起过去这些事，我便充满了对王迎同学的感激之情。

第 **18** 项

局面创新：挑战班主任的拓展能力

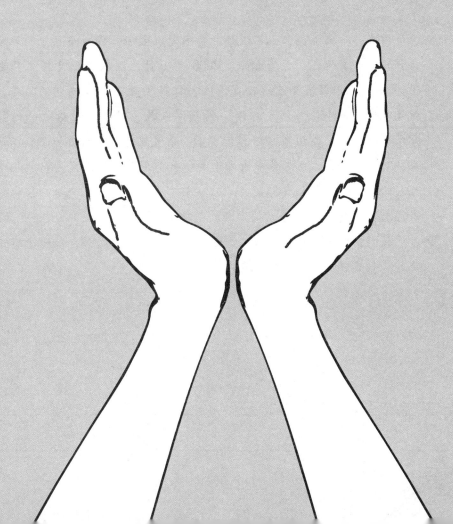

班主任为什么总感到工作重复、疲惫和厌烦

当激情被日渐繁琐的工作所代替之后，班主任普遍有一种心理上的倦怠感：学生一届不如一届，家长越来越刁蛮难缠，学校领导也好像对班主任工作不再那么重视，整天就是分数、评比……班主任陷入日常繁琐的工作之中，一个个沉重不堪。要不是冲着学生多少对班主任还有点畏惧感，或者冲着做班主任多少还有点实惠，否则，他们早就不干了。

但有一个班主任，他不仅越做越热爱班主任工作，而且他的班主任工作日日有变化，年年有创新。2008年1月，他以《班主任工作新视角》—— 一本写给妻子的教育情书，征服了数万老师挑剔的眼睛，他就是我们"班主任工作半月谈"的领军人物、网上人人称"师傅"的郑学志。他的"新视角"给我们留下了很多思考，如何做一个轻松的班主任？如何让自己在工作中感受乐趣？如何用欣赏的眼光看待我们这些可爱的学生……今天我们聚会"班主任工作半月谈"，一起畅谈郑学志老师及其"新视角"给我们带来的新感觉。

我们相信：当我们走出工作泥沼、迎来新的局面时，每一个班主任都会从心底焕发出青春的热情！

1 体验一种豁然开朗的感觉

一、自身定位新（郑光启）

说实话，以前我也像大多数班主任一样，把自己游离于班级之外，与学生区分开来，把自己定位为班级的管理者，高高在上。但郑学志老师的这些崭新的定位——"班主任其实只是班级中的一员，他不是一个特殊个体"、"班规应该首先表现出对班主任的约束"，让我们有一种豁然开朗的感觉。

二、教育理念新（钟杰）

其实郑学志处理的事件也是教师常见的问题，但教育理念不同，处理的方式也就不同。比如，"给敢于说不的孩子颁奖"，传统的教师，对于说不的孩子，不是嘲笑就是打击，而郑老师却鼓励学生大胆地把心中的话讲出来，并且当着全班的面表扬说"不"的李阔，还给他颁发了奖状。结果收到了意想不到的效果，其他班捐款大约人平均 10 元，而郑老师的班级竟然筹集了 2648.9 元爱心款！如果郑老师按传统的打压骂的做法，会收到这样的效果吗？不招致怨恨就不错了！

三、工作思维新（赵春梅）

郑学志老师的技术领域是宽泛的，他会玩《传奇》，会在众目睽睽之下"拱球"，他是学生的 QQ 好友，而且学生爽快地喊他"老大"，这些社会新事物都成了他与学生沟通的桥梁。他的教育观念时尚，他大胆地教学生学会放弃，他热情聆听孩子想当"坏学生"的想法，正因为如此，学生们信任他，愿意向他敞开心扉。读郑老师的书，一种全新的工作思维深深影响着我，使我敬佩于他那波澜不惊的教育智慧。

四、切入角度新（网友水草）

在《戒除网瘾需要唤起生命顿悟》中，郑学志老师提到史铁尔的"过度疗法"，这在常人看来是一个很成功的案例，史铁尔功不可没。但郑学志却提出质疑："对于这个方法，媒体给予了高度评价。我却感到难受——这种做法符合教育的原则和精神吗？很明显，以后彭兰一听到电脑游戏发出的声音，或者听到电脑启动的声音，或者看到电脑屏幕闪动，都会感到心慌、心烦、心闷，甚至呕吐，那是另外一种伤害！教育应该始终坚持一点：尊重孩子的身体健康权。我们没有任何理由，用孩子的身体健康来处罚纠正他们思想、习惯上的错误。"多数人只看到"过度疗法"戒除网瘾的结果，可有谁想过这种疗法的后遗症呢？郑学志想到了。我感到了一种心灵的震撼！

五、观点立场新（贾宏权）

如"站在孩子的角度提出批评，比站在真理上提出批评更能够解决问题"、"孩子们需要为青春的烦恼找一个出口"、"遇到问题首先想到的是保留一种孩子的体验"以及这些代表孩子心声的文章：《别把上网的孩子当坏人》、《调皮的孩子也可爱》、《在乎每一个学生的名字》、《要想学生听话，老师说话要像话》、《别让分数成为孩子心头的负担》、《想插嘴你就站起来说》……完全颠覆了我们固有的教育观念，将我们的思想污垢清除干净。

六、交流手段新（覃丽兰）

许多时候，我们总是想尽办法说服教育学生，却忘了我们最大的同盟军——家长。郑老师将家长纳入自己的教育管理之中，培训家长进而影响学生，而且他的方法让我们大开眼界：设计家长开放日、请家长进课堂、开办家长培训班、给家长教育孩子的金点子、留守孩子的网络视频家长会等等，让人耳目一新。

ㄹ　新奇的问答

一、我们讲道理学生总是不听，怎么办？（徐大雄）

郑学志答：欲使道理让人接受，办法有两个：一是焕然一新，就会让人觉得有豁然开朗之感。二是要注意讲道理的技巧。有很多道理，家长不是不知道，为什么家长讲话，孩子总是不听呢？那是因为家长总是教训孩子，总是要求孩子被动接受。而我呢？首先和孩子成为朋友，和孩子是一伙的了，所以，我讲话他们当然愿意听了。每个人都愿意听站在自己立场的观点，这是人性的弱点，我们要注意利用弱点进行教育的突破。

二、现在开家长会，到的家长不到半数，即使来也是爷爷奶奶居多。这种情况下如何做家长的工作？（王立文）

郑学志答：在新的形势下，家长工作将更加难做。对于不能够与会的家长，我会通过电子邮件、QQ 聊天、群聊、电话、短信和书信等方式联系，寄送教育培训资料，或者在假期护送孩子和父母团聚。通过这样的手段，影响、教育学生家长。2008 年十月，我还利用网络视频，成功举办了一次"网上学生家长交流会"，全场三十多台电脑，三十八个视屏头，把班会现场和散落在全国各地的家长们连在一起，很多家长和孩子在视频前泣不成声，家长很受感动。所以，我想，只要你愿意做，办法总比困难多。

三、您说对学生发火说明我们的无能，请问您真的从不对学生发火吗？（赵春梅）

郑学志答：我一直认为发火只能说明我们的无能，因为你拿不出更好的办法来解决问题，你只有发火。当我们要发火的时候，我们就要提醒自己：你真的就这么容易承认失败吗？这样一想，你就会控制自己不发火了。

一个人的脾气好坏，和修养有关，更和心态有关。心态一好，看什么都好。现在的我看到学生捣蛋，会觉得欣赏，为什么？他们可爱、淘气啊！你看他们多机智、多聪明！那些呆头呆脑的人会不会淘气？不会！淘气的都是聪明孩子。哪怕学生犯错了，我也会高兴：你看，人家多青春，有机会犯错。人年纪大了才没有机会犯错呢，因为你没有成本回头再来。好心态来源于生活和工作目标不要太高，如果目标永远无法达到，你的心态再好也难以维持。这是个秘诀，也是个关键。

四、现在中小学生基本上都是"90后"、"00后"，如何消除年龄代沟呢？（网友月影）

郑学志答：送你一句话，也送给在座的一句话，并一起共勉：尊重、宽容和理解，同时想想自己是怎么长大的。

五、优秀的教师教出了优秀的学生，却教不好自己的孩子，请问您对于教师培养子女有何建议？（网友看云卷云舒）

郑学志答：我从不认为一个教育不好自己子女的老师，会是一个好老师。真正的好老师，首先会在自己子女上尝试自己的教育探索，会把自己的子女培养得很好，如魏书生的儿子清华大学毕业，李镇西的女儿浙江大学毕业，张万祥的儿子是博士。我觉得，为了所谓的事业而荒废自己子女教育的老师，那不是一种伟大，而是一种把个人政治名誉看得比自己子女还重、政治生活比家庭生活更重的自私。如果老师自己在讲台上讲得辉煌，子女却在街头做混混，我认为那是对社会的不负责，是一种作秀的教育。

我建议老师首先把自己的子女作为教育的试验田，成功了再推广到学生身上去。这是一种最低成本的教育探索和实践。

六、在很多优秀教师的报告中，我们看到一些老师为了工作，不要健康，父母离世不去送终，甚至为工作牺牲家庭，您对这种做法如何看？（网友爱影摇曳）

郑学志答：我崇敬那些为教育事业奉献生命的人，这样的人有，而且很多。在特殊条件下，即使是我，也愿意为自己钟爱的事业贡献生命，比如说发生意外，我首先想到的会是拯救我的学生，而不是自己。所以，我对那些在特殊情况下牺牲的教师，抱有深深的理解和崇敬。

但是，我反对在常态下、在和平安稳的环境中，为常规工作而牺牲自己的行为，我认为那是一种不明智，至少，是一种缺乏真爱的表现。爱祖国爱人民，落实到最后，就是爱自己身边的人：爱亲人、爱学生、爱家庭、爱同事、爱朋友，还要爱自己。媒体上常常报道一些老师为了上课，父母去世不能够尽孝，子女病重不能够关照，我总有一个疑问：心肠这样硬的老师，会有一种慈悲大爱？难道我们教给学生的，仅仅就是课堂知识，而不是自己的道德为人？这样的教育，难道也叫做教育？中国教育的失败，我觉得首先就是这样一些教师教坏的，唯功名是图，不知道感恩，使教育沦为功利主义晋升的台阶。教育是做人的工作，离开了人性谈教育，那就是空中楼阁！

七、在管理工作中，如何保持学生对班集体的高度热情？（覃丽兰）

郑学志答：不说学生吧，说说我们自己。如果要让我们自己保持对集体的高度热情，需要什么？第一，给我一点实在的奖励，我做得真的够好（持续激励）。第二，好久没有搞活动了，不搞活动的集体，我还不如一个人玩呢（开展活动）！第三，满足我们最根本的愿望，听说单位已经按照绩效工资发钱了（照顾需要）。第四，老是重复现有工作，烦躁死了，可不可以来点新刺激（寻求创新）。第五，他们那么多人在等我呢，我多么重要，不去不行啊（体验成就）！第六，那是什么单位，鄙视，还是我们单位好（激发自豪）。括弧里的那四个词语，我们喜欢，学生也会喜欢。

八、学生不小心冒犯了你，您会怎么做？（高飞）

郑学志答：这样的事情多着呢！有次打雪仗，我进门，孩子们就"嘭"地打中我，我只是笑了一声：嚯，枪法真准！然后就中弹，牺牲了。结果学生们哈哈大笑，这事也就过去了。对孩子们无心的错误，不要小题大做。

九、我们教育孩子的最终目标是什么，如何让学生摆脱分数负担，真正在学习中感受乐趣？（郑光启）

郑学志答：对学生个人而言，幸福是最完美的结局；对社会价值而言，有用是最好的结果。把孩子培养成为一个幸福的人、对社会有用的人，应该是我们教育的终极目标。

第二个问题，我想全中国只有一个人有资格回答这个问题——他就是黄永玉，一个在广东集美小学连续留了五次级、仍然觉得读书是人生最大快乐的人。他留级留出了实惠：他比班上任何一个同学都大（爆笑）！让学生摆脱分数负担感受学习的快乐，办法有几个：第一，读他们喜欢读的书；第二，在学习中有足够的成就感；第三，感觉学习有前途；第四，把学习当成一种嗜好；第五，永远不要担心考试……哈哈，这么好，我也去做学生。

十、您喜欢挑战，只要是教育工作，哪怕不是您分内的事情，您也赋予了强烈的参与热情。这和班主任工作是有边界的相矛盾吗？（高顺杰）

郑学志答：我很赞成王晓春老师的班主任工作边界谈，这个思想明确地告诉我们，教育不是万能的，班主任也不是万能的，我们要用专业的思维和眼光来处理具体问题。但是注意班主任工作的边界，并不排斥我做分外的教育工作。只要我力所能及，我就愿意参与，并且赋予强烈的热情。举一个简单的例子，为什么有些问题我一看就知道该怎么做，而有些老师却茫然无措呢？那就是我的阅历在中间起作用。工作从来都不是没有意义的，哪怕是业余的、奉献的、无报酬的，它带给你的除了个人成就感之外，更重要的是经历和经验。这就是一个人取之不尽的财富。

我号召老师从书房里走出来，多参与社会性活动。因为教育是做人的工作，不接触社会，不接触生活，老师们只会越来越迂腐。你老用自己从先生那里学来的知识，怎么能够让今天的学生服气？

十一、你书里几乎都是叙述性的语言，请问，你会不会觉得自己的书太过单薄呢？（钟杰）

郑学志答：我喜欢郑学志说，不喜欢引用。记得我出第一本书时，正值我们县省级教改课题一等奖申报，教研室老师说："郑学志啊，你的书好像理论深度不够。"我问："不够在哪里啊？我的每一个观点都有事实依据。"他们说："你没有引用名家的话。"

于是我告诉他们，我有一个同学军校研究生毕业，论文答辩时导师问他："你这些观点理论依据是什么？怎么没有出处？"我同学回答："我的依据是实战经验，打仗必须这么打，不然就会挨打。"导师说："那你的数据是从哪里来的？"我同学回答："从实践中来的。您那些数据过时了。"结果导师一句话没有说，给他一个优。

我从不觉得我的书单薄，现在很多老师在杂志上、网络上写文章，都说"郑学志说"。

拓宽班主任工作新视角

——《班主任工作新视角》节选

郑学志

为爱导航：我承认，我比较大胆，喜欢尝试新的活动，不喜欢保持一种永久不变的教育姿态。所以我的班主任工作，总不断有新的东西吸引家长们的眼球。

亲爱的小傻瓜：

给你写了九封关于怎样做家长工作的信，你忍不住问：一个学期要开多少次家长会？每次家长会都不重复的话，要多少种形式才能够满足家长的心理期待？

看着你提这样的小问题，我咧开嘴笑了。有句话说，男人聪明的时候，女人就糊涂了；傻瓜，你现在对我有种思想上的依赖了，我讲什么你都相信。我感谢你的信任，但是，在工作中，我们是同志，是朋友，是同事，我更喜欢你我之间无拘无束地进行工作上的经验交流。我常想，有什么比爱人同志更值得羡慕的夫妻感情呢？

家长会只是我们联系家长的一个方式而已，并不是一定得要求一个学期开多少次。正常的话，三、四次家长会应该已经足够了。只不过我在规模家长会的基础上，开设了一个"家长开放日"的活动。这个活动，是我和家长经常性联系的一个窗口。并不是说我班的家长会，每周都要开一次，人家家长哪有那么多的时间陪你玩教育啊！活动日里，那些愿意到学校来的家长，那些平时开会的时候因为各种原因不能够到会的家长，可以很方便地到学校里来了解他们的孩子，了解我们的教学和教育。

傻瓜，你总说我在教育上不断有新点子。我承认，我比较大胆，喜欢尝试新的活动，不喜欢保持一种永久不变的教育姿态。所以我的班主任工作，总有新的东西吸引家长们的眼球。这是我们的工作需要啊，傻瓜，我们要不断地拓宽班主任工作新视角，以适应不断发展变化的班主任工作的需要。

我们做老师的，只要有孩子，我们的身份就会随时发生变化。记得我来这所学校之前，有一天，我看到我们楼下的陈曙光老师和爱人在那抓阄，就问他们是在赌什么。陈老师说："赌什么？赌谁去参加家长会呗！"

我很吃惊！开家长会是我们的责任和义务，难道还要用抓阄的方式确定么？陈老师长叹一声，咱孩子那班主任我们谁都伺候不起，每次开会我们不是挨训，就是在那接受贫下中农再教育。教什么？居然是教我们如何辅导孩子做作业！你说，我们这样师范大学毕业的科班生，还用得着去学那玩意儿吗？

我陷入了沉思：谁都不愿意参加的家长会，开得还有意义么？平时我们开家长会的时候，家长是不是也有这样的感受呢？如果是，自己真是害惨人了。这个学期，我总不断地在尝试，不断地在出新。每想到一种新的家长会模式，我都会站在家长的立场上想一想：假如我是家长，现在由睿崽的班主任召开这种家长会，我能够接受吗？有实际的效果吗？

如果我自己都不喜欢，那么，这种模式就可以被断然否定。

这个学期，我们共搞过下面三种模式的家长会。

一是由学生为主体的家长会，所有活动都交给孩子们去主持，去筹办，我只作为他们的班级代表参加会议。这在前面的文章中已经多次提到了，这里就不再重复。

二是座谈式家长会，我和家长都是来开会的嘉宾。我和任课教师坐一边，家长们坐一边，我们共同来聊聊孩子教育的话题。学生则是我们的联系媒介，他们也参与到我们的谈话中来，赞成或反对我们的谈话，他们可以明确表态。在十月中旬开的那个家长会，就是这样的一个家长会。

那天，我们在会议上集中讨论一个话题：棍棒之下究竟会不会出人才？孩子究竟打不打得？我们是控制不住打，还是根本就没有把打孩子当作一回事？我们在打孩子的时候，是不是心里已经有了这样一个意识：老子教训儿子，是天经地义的事情？而对于领导呢？对于父母呢？他们错了你敢不敢打？不敢。

很多道理不辨析起来，就不明白，一辩论就明白了。家长们纷纷认识到，不是他们控制不住，而是自己根本没有把孩子不能够打当作一回事。座谈式或者辩论式家长会，可以帮助家长明白很多教育上的道理，对教育好孩子有很大的积极意义。

三是导游式家长会，我把我们学校对孩子的教育目标、孩子们在这一个学期的表现、他们的作业情况、学习成绩、孩子对家长的建议以及怎样科学地教育孩子等知识，一一张贴在墙壁上，然后我陪着家长们一一看过去，边看边解说。我知道，很多家长对别人孩子的成绩并不感兴趣，他们关心的只是自己的孩子。我如果逐个地宣读他们的成绩，家长准一个个昏昏欲睡。这种模式，就可以避免家长们直奔孩子成绩的目标，一起接受一下我的教育思想的洗脑（呵呵，说得不太好听，但是我必须得这么做，我要用我比较科学开明的教育思想，去清洗家长头脑中那些根深蒂固的、旧的、落后的教育思想）。

在如何科学地教育孩子上，我除了给他们介绍报刊上的一些家长教育孩子的经典案例外，还联系我十年的教育生涯所看到的那些典型事例，给家长详细解说，目的是使家长明白培养孩子意志品质、行为习惯、道德品质的重要性和必要性。我反复对家长强调的一些观点是：永远不要对孩子失望；要用发展的眼光去发现孩子的闪光点；多鼓励少训斥；多一些引导少一些强制；家长对孩子有多大爱心和希望，孩子就会有多大出息。

我明确告诉家长，我希望家长要以身作则，要求孩子少看电视，自己应该首先从电视前走开；抽出时间关心孩子，了解孩子的想法，和孩子谈一谈学校的事情、伙伴们的事情；早上起来早一点和孩子一起锻炼身体；早晨少睡一会儿，让孩子吃好早饭后暖暖和和地来上学，有益于孩子的身体健康。傻瓜，也许你会觉得，这些都是生活小事，有必要告诉家长吗？我认为有必要，傻瓜，我要把我的教育思想，延伸到家长们的生活细节上去，要让他们从那些小事情做起，给孩子们创造一个良好的发展、成长环境。

在这次家长会上，我没有点名批评任何一位学生，我只是用我能够找到的一些经典的教育案例，鼓励家长永远不要放弃希望。这次家长会的效果也很好，会后，许多家长还依依不舍地和我交流看法、请教做法。直到下午六点，我才送走最后一位家长。

此外，我以前还尝试过表彰式家长会，就是通过表彰家长的方式来表扬孩子，效果也很好。你想啊，家长们一个个在我这里受到了表扬，回去还能够不高兴吗？我表扬他们的范围很宽，孩子所有的进步，都可以归结到家长的努力，你说对不？

班主任的工作是一门艺术，需要我们不断地拓宽视野，去尝试，去探索，去总结经验。没有一个成功的班主任是可以模仿的，我们要寻找的，是适合我们自己的工作方式，傻瓜。

还有什么比一起依偎着回家
更让我羡慕的家庭生活呢
还有什么比一起走过爱的教育
更让我羡慕的神仙伴侣
2005 年 12 月 13 日黄昏

有一种教育叫温情
——读《班主任工作新视角》有感

覃丽兰

小惠：

你还好么？你说，我们总是在教育的梦想中忙碌着，你说，我们做班主任怎么这么累。是的，我也深有同感。当我们被林林总总的学生思想问题困惑的时候，当我们一遍遍埋怨"90后"的学生怎么这么不好教的时候，扪心自问，我们教育学生时，是否站在学生的立场呢？是否在用"爱的名义"做着伤害学生之事呢？这种心灵拷问常常质问得我们不敢正视自己，是吗？

惠，最近我在看《班主任工作新视角》（以下简称《新视角》），一下子被里面独特的案例所吸引，一个个生动的表情，一句句充满爱意的爱情签名，一行行温馨的小贴士，将我久违的柔情唤醒。不由得手不释卷，不由得一遍又一遍地翻看，才发现，不是学生太复杂，而是我们缺少一种教育方式，这种教育方式叫温情。

这温情，是对班主任工作的挚爱。"教书不当班主任，就好像做菜不放油盐味精，一点味道都没有。不做班主任的教师，那不是一个完全的教育工作者"，正是这样的绵长而恒久的对教育的温情，才会让郑老师如此炽爱教育事业和学生。路遥说："只有初恋般的热情和宗教般的意志，人才能成就某种事业。"我想，郑老师正是有着这样的热情，才会执着坚守教师内心世界的高贵精神，才会有20多部专著的产生。惠，曾记得，每当我们抱怨教育的辛苦时，就发誓再也不做班主任了。试问，我们可曾有像郑老师这样做班主任的热情呢？

这温情，是和学生的平等。郑老师可以和学生玩拱球，可以和学生打雪仗，可以和学生一起交流玩《传奇》游戏的心得，可以将对班主任的约束正正规规地写进班规里，可以和学生一样接受惩罚，他不凌驾于学生之上，他不盛气凌人，他不树立自己绝对的威严。试想，在教育中，我们是否做到了犯错时和学生同罚？我们的内心是否真正将自己放在与学生平等的地位上？

这温情，是对学生的将心比心。保留一种孩子的体验，学会容忍学生的错误，老师说话要像话，建立一条制度化的谈心渠道，一个个站在孩子角度思考的鲜活教育故事，让我们不得不折服。读过《用自己的经历引领孩子成长》，于是我试着用我的故事引领学生成长：当学生莫名烦恼时，我说在高中时我常会淋雨，在雨中伤感，会看夕阳而落泪；当学生胆小自卑时，我告诉他们，你比我强，我那时站起来回答问题都会脸红；当提醒学生注意男女生交往的尺度时，学生曾坏笑地问我，你当年可有男生喜欢，我坦然告之，当然有，暗恋是一种多么美好的感觉，不要轻易将爱说出口……当我和学生谈起高中的那些"丑"事时，我发现学生更加喜欢我。是郑老师的文章点醒了我们，我们上学时的那些经历就是现在学生的一面镜子啊！

这温情，就是教育的个性创造。郑老师说任何复制都是可笑的，任何一个优秀的班主任，我们可以超越但绝不可以模仿。在《新视角》一书中，随处可见郑老师创造性地解决各种教育难题。透过书页，我看到一位笑容可掬、肯琢磨学生、因材施教的郑老师，他侃侃而谈，用心讲述着他和学生的故事。惠，其实我们可以为自己的工作找一个出口，可以用我们个性的方式演绎我们和学生的精彩，你说是吗？学习是为了思考和提升，绝不是生硬地模仿，当我们阅读大量的班级管理书籍之后，我们发现郑老师的这番话是如此直达教育者的内心。

"德育应该是温情脉脉的，应该是诗意浓浓的，给人一片关爱，给人一片温馨，给人一片希望；使沙漠变绿洲，使顽劣变聪明，使野蛮变文明。"张万祥老师如是云。郑学志老师用这样的温情，给我们展现了一幅诗意盎然、其乐融融的和谐教育美景。惠，也愿《新视角》这本书，给你带来别样的感受和震撼。

教育之路因有你同行而美丽

2009 年 6 月 18 日

心灵开门的声音

刘苏华

　　郑学志老师每出一本新书，都让我充满了惊喜。2005 年他的《班主任工作招招鲜》出版不到六个月，各路书市就已告罄；2004 年他因《非常作文·理念创新系列作文》被《光明日报》誉为"作文创新表现的良师"，该书至今畅销不衰。到目前为止，郑学志老师的各类教育教学书籍，已经热销达 40 万册以上。一些媒体给他粗略地做过统计，每天平均至少有 100 名读者，在掏着自己的腰包购买他的图书！2008 年 4 月，在江苏"中国教育出版年度会展"上，他的《班主任工作新视角》和《班主任工作招招鲜》登上会展畅销书榜首，成为仅有的两本被《中国图书商报》点名报道的书籍。

　　这对于一个 30 多岁的青年教师来说，是一种莫大的荣誉！

　　翻开这本《班主任工作新视角》，我抑制不住内心的激动，迫不及待地连夜把它读完——废寝忘食读好书，不亦快哉！读它之前，郑学志老师坏笑着给我打预防针："可能是一本抢眼球的书啊，看坏了眼睛不要怪我！"但我还是没有想到，这本书竟然让我彻夜没睡，真是大上其当了！我边读边拍案惊叹：郑学志把班主任工作做绝了！每一个经典案例，都能够让我们听到孩子心灵开门的声音，每一句经典话语，都让我们教师的心神为之豁然开朗——原来班主任还可以做得这么民主、亲切、富有人格魅力！

　　这本班主任工作新书，集中体现了班主任工作的四个"新"字——新颖的视角、新鲜的题材、新奇的做法、新巧的构思。

　　2004 年，他因为卓越的写作教学才能，一举从邵东一万多名教师中脱颖而出，被选拔为副局级行政领导。按理说，他应该满足了。然而，出于对教育工作的热爱，两年后，也就是刚刚过去的 2005 年，他毅然辞职了，去私立学校做了一名普通班主任。他执着地认为："教师的生命在学校，教育的源泉在学生。"一个成功的班主任，他的舞台应该是学校，而不是做官。

　　经历了中学教师、行政领导、私立学校班主任等多重身份变换后，郑学志老师能够更深刻地从教育之外来看教育，所以才看得真切、看得深刻。这本《班主任工作新视角》，就是他站在私立学校班主任角度上，利用电子邮件与他在公立学校做班主任的妻子进行的工作交流。看起来是工作交流，实质是新旧两种教育观念的摩擦和撞击，给我们展现了传统教育思想与现代教育思想的嬗变和交融，令我们思考多多，启迪多多。如他讲究民主治班，提倡带着孩子的体验去开展工作，要求站在家长的角度做班主任等，都体现了强烈的时代新气息，角度新颖独特。

郑学志老师喜欢挑战，有着逼人的新思维，习惯关注新生事物，只要是教育工作，哪怕不是他分内的事情，他也赋予了强烈的参与热情。同事的儿子上网成瘾，他积极给予帮助解救，外班的家长守着上网成瘾的孩子几乎自杀，他巧解内中关节。《班主任工作新视角》这本书，就是他记载解决此类难题的经验集锦，所有时下热门话题如心理健康教育、关爱残疾学生、呵护单亲家庭孩子、解决留守学生的教育培养问题，以及剖析陪读和隔代教育等内容，都在他的班级工作邮件交流之内。题材新鲜广泛，切合新时期班级工作特点，解决方案一针见血，具有很强的开拓性和创造性，确实是我们广大班主任的良师益友。

他洞悉学生心理，班级工作充满了个人的人格魅力，富有人性的光辉。很多孩子坦言，郑老师让他们体验了一个学生的尊严；是郑学志老师，让他们感觉到了接受教育的快乐。郑学志着重于人的教育，关注孩子的成长，大胆地提出网瘾不是孩子的错、厌学的板子该打在教师和家长身上、对早恋的孩子爱护他们的身体比名声更重要……这些复杂问题的处理，都体现了他新奇的思维和新异的工作技巧，使得本书更吸引我们读者。

其实冷静一想，这些想法别人也有，为什么他应用起来就格外有效呢？原来在他的新奇背后，实质却是更尊重人，更尊重教育规律。所以我们一翻开目录，他很多朴实无华、充满格言力量的教育经验迎面而来，每一个做法，平淡无奇中充满了教育智慧，让你的心灵豁然开朗——哦，原来许多难题，可以解决得这样的简单和富有诀窍！

此外，《班主任工作新视角》的写作形式也很吸引人。作者采用电子邮件的方式谈班主任工作，形式上新得奇，新得妙。本来是夫妻间的窃窃情话，却为我们娓娓道来做班主任的快乐与幸福，使我们分享到了他教育工作中的幸福和崇高。尤其是每封信的开头，作者用经典的班级工作经验作为"为爱导航"的工具，简洁凝练，发人深省。结尾又用 QQ 个性签名的方式落款，揭示教育工作、生活中爱的主旋律，机智、深沉、充满格言意味，让人手不释卷。

做一个成功班主任究竟有多难？郑学志老师的一句话让我们猛然惊醒："教育是一种极具个性化的活动，脱离了具体的教育环境，任何复制都是可笑的……我们要做的，是在优秀班主任和杰出班主任工作成绩和成功经验前面，另起一行，做好我们自己的班主任。"这一经典感悟，让我们许多初为人师的班主任，瞬间感受毛毛虫变蝴蝶的惊喜……

一本好书，就是人生的一个好伴侣，读郑学志老师的《班主任工作新视角》，犹如和青春做伴，与爱同行。我们每一个教师，都会听到心灵开门的声音。

第 **19** 项

专业进修：挑战班主任的研究能力

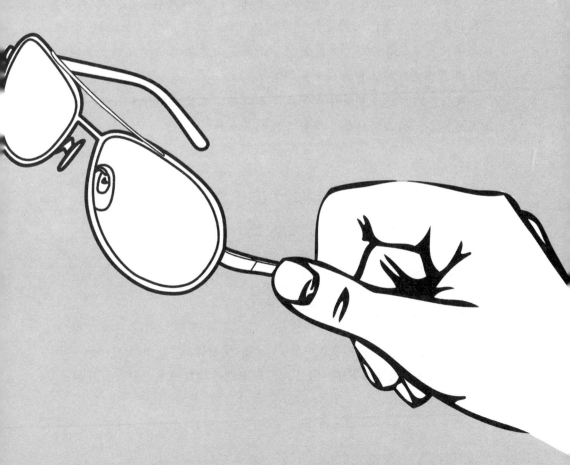

焦点问题

如何提升班主任的专业素养

现在一直提倡"做一个专业的班主任"，那么，专业的班主任究竟该有什么样的素养呢？我们请来了上海市浦东新区平和双语学校校长助理、著名班主任万玮，一起和我们研讨这个话题。

万玮，网名平和，1973 年生。1996 年毕业于复旦大学数学系，同年进入上海市浦东新区平和双语学校工作，历任数学教师、班主任、年级组长、中学部副主任，现任校长助理职务。2003 年开始在《班主任》、《教师博览》、《中国教师报》、《成长》、《福建教育》、《新教育》等报刊上发表文章，他的著作《班主任兵法》（下简称《兵法》）等系列文字被众多教育论坛广为转载。华南师范大学教育科学院刘良华教授称他为"班主任群体中的三大民间英雄"之一。

现在，这位班主任群体中的民间英雄与"班主任工作半月谈"这个民间团体之间的高端访谈，将会给我们带来什么呢？

1 自主研究是班主任的专业提升之路

一、坚持案例写作（钟杰）

2005 年以前，我自认为是一个了不起的优秀教师了。因为自己刚三十出头，就具有高级教师职称。但是，当我来到各教育网站之后，发现自己简直就是一粒尘埃，为此，我自卑了好长一段时间。后来，我开始坚持不懈地写作，不断地反思。现在，我的教育故事已写了近 120 万字，分别以《招招都是情，情到深处即无招》、《静听花开的声音》、《教育航海记》为题，发布到各教育论坛上。这 120 万字让我彻底醒悟，也让我的专业水平突飞猛进。现在，我已经从一名被动教书的人，变成了一个感受到教育事业乐趣的人；我的工作方式，也从技巧型上升到艺术型。

二、邀请同伴参与研究（赵春梅）

我不甘于平庸教书，对教育我也有很多新想法，但是一个人研究，常常会在困难之中滋生懈怠情绪。后来，我邀请两名思维比较活跃的同事一起做自主研究。我们制订了研究计划：每个月研究一个问题、写一篇教育文章；月末我们三个一起交流，总结经验，对各自的文章提出修改意见，然后向报刊投稿。这样的计划原来我自己不知制订了多少次，可始终没有兑现，现在"三人帮"形成后，这个计划如期执行了。如今，我们三个都有不同数量的文章在报刊上发表，班级工作也越来越受到学校和家长的关注，这大大激发了我们继续研究的兴趣。

三、注重工作反思（顾治国）

说实话，我当班主任的第一年是极其失败的一年，在班级管理、学生教育上屡遭重创，甚至曾为自己无力处理个别学生的淘气而在班上失声痛哭过。我发誓再也不当班主任了。一些关心我的老师不止一次地善意提醒我："不当班主任，很难在学校立住脚跟的！"怎么办？努力谋求出路吧。

整个暑假，每一个白天和夜晚，我都在思考我这一年的失败和教训。我把当班主任的第一天一直到学年的最后一天，把整个学年班级管理中的每一个细节、每一件事都在心里过了一遍，认真推敲在处理时有哪些不恰当的地方，然后把问题、经过及我深入思考过认为比较好的处理办法记录在笔记本上。当自己实在想不出好方法时，就向其他老教师请教，甚至在百度上"悬赏"征集答案。一个暑假，我整理了满满 3 本心得体会。

新学年开学了，我请缨重做班主任。我不仅反复研究过去的失败案例，而且还在空闲时间主动把现在正在经历的事和将要处理的事情都认真思考一遍，例如，如何召开班会、如何调动学生的积极性、如何让学生尽可能地参与到班级管理中、如何处理违纪学生，等等。晚上我常常会在思考问题中沉沉睡去。功夫不负有心人，一年下来，班级在全年级的各项评比中都没有下过前三名。到了期末，我因"治班有方"，被评为优秀班主任。所以我的体会是，要做好班主任，首先要研究自己正在从事的实际工作，这是快速提高管理能力的最好办法。

四、提升追求目标（王莉）

我是 2001 年通过高级职称评审的，2002 年被聘为高级教师。记得当时我说过一句话："我可轻松了，再不用写论文、上优质课了！"也确实是轻松了几年，但轻松的结果是自身没有什么长进。2007 年 8 月，我开始接触网络，开博客，上教育论坛，才发现自己已落伍，于是渐渐树立起"学者型教师"的目标，"出书"、"开讲座"、"做特级教师"的目标也越来越明晰。两年来，我参与编写了《创新作文梯级过关训练教程》（已出版）；在国家核心刊物发表班级管理方面的文章三篇；国家或省、市级获奖论文 5 篇；在论坛坚持写教育叙事或教育感悟，累计大约有 15 万字；在我们学校做"班主任工作经验介绍"三场；为安阳市内黄教研室和其他兄弟学校做"班级管理讲座"三场。

感悟：教师自主研修，最重要的是要确立自己的目标，为目标而扎实前行，自然能摸索出方法。

五、加强经典阅读，扩大同行交流和参加研究团队（覃丽兰）

（一）加强经典阅读

阅读是开阔视野、深化认识、提升理论素养的最好途径。这几年，我先后阅读了《给年轻班主任的建议》、《做最好的班主任》、《理性与诗意》、《班主任工作新视角》、《班主任工作招招鲜》、《班主任兵法》、《问题学生诊疗手册》、《班主任工作漫谈》等书。张万祥老师的热情教育、李镇西老师的爱心教育、魏书生老师的自幼管理、郑学志老师的温暖教育、王晓春老师的冷静分析、万玮老师的睿智兵法，都让我的视野更加广阔。

（二）扩大同行交流

做好工作仅有热情是远远不够的，教育更需要专业提升，更需要爱的技巧。而这些，只有在和同行交流中才能够尽快找到。这几年，我主动上网，研读其他班主任的工作叙事，在阅读他们的文章中进行交流借鉴。如读艾岚的教育故事时，发现原来不少"疑难杂症"可以这么处理，读云姐的教育总结时，才明白高效教育可以如此总结，读郑学志老师的《70 个临场应变技巧》，才明白了工作还可以有这样的机智……这些收获不仅使我多了几分冷静，更多了几分理性。

（三）参加研究团队

不管你承不承认，在我们生活周围真正愿意从事专业研究的人并不多，所以，到网络上参加一个自主的研究团队，对班主任的专业进修来说是一个很适合的选择。2009 年，我参加了以郑学志为主的"班主任工作半月谈"，团队的专题讲座、问题研讨、自主化课题实验等活动，都极大地丰富了我的教育经验。同时，我对今后进一步提升自己的专业水平充满了信心。

能力是成为名师的理由
——锁定《班主任兵法》研究

一、无尽喜爱，为我所用（纪继兰）

《班主任兵法》是万玮老师的教育手记，充满了爱心、耐心和教育智慧。作者将兵法运用于班主任工作和学生管理，收到了良好的效果。读第一遍我便被其中的一个个生动的案例和精辟的理论阐述深深吸引，并且有所启迪与感悟：原来班主任工作竟可以做得如此美妙！

《班主任兵法》一书中我最喜欢的是实践篇——三十个作者切身经历的小故事，它们正是我们平时所经历的、有些还是一直困扰着我们却无法解决的问题。看到万玮老师遇到同样的问题所表现出来的教育睿智，我不禁叫好！

常人接差班，通常是怨天尤人，一肚子火气，自认倒霉。可万玮老师说他最兴奋的便是接一个差班，因为那样自己又可以大显身手了，只因差班状况多，可以获取更多班级管理方面的经验，这可是一笔宝贵的财富，是无价之宝！《班主任兵法》下编中的《预篇》，其中的一些精辟的论述带给我不小的启迪，例如，我们都知道平时上课是需要提前预习的，但却从未想过，做班主任工作也是需要"预热"的，万玮老师说他在每一次找学生谈话之前，"都要仔细设计谈话的策略，寻找切入点，预想学生可能会有的反应，准备好几种应对的方法。这样想几次，心中基本有底之后，再去把学生找来"。正因为有了这样的准备，万玮老师每次与学生的谈话都能收到不错的效果。想想我自己呢？哪次不是问题出现了，才去匆忙解决？

二、能力是成为名师的理由（温爱娟）

没看《班主任兵法》之前，我先买到《班主任兵法2》。我曾感叹，一个老师能在短短的28天里写成一部书，而且是一本非常好的励志作品，此人一定是不简单的人物。再看《班主任兵法》，不由喟叹一句：名师之所以是名师，绝对是有理由的。

第一个理由：万老师做事干脆利落，面对难题时靠的是那灵机一动的妙计。

第二个理由：这本书有较强的实战性，很值得细细品读，如果在教育管理中遇到类似的情景，这些绝招说不定还可以移为我用。比如，新接一个班后，学生对环境适应之后，师生之间的关系马上进入第二个阶段，这个阶段称之为"黔之驴"阶段，此时学生便会开始试探老师，这个阶段对新老师来说是个极大的考验。我很钦佩"黔之驴"这个形象贴切的比喻，更佩服万玮老师对学生的心理和行为了解得如此透彻，对班级管理收放自如，如鱼得水。

第三个理由：少了些感性多了些理性。《班主任兵法》言简意赅的话语透着幽默风趣的风格，能把兵法中的许多警句和制胜上的"诀窍"与自己的教育案例相结合，体现了一个理性的教育工作者在兵法理论和实际运用之间的思考。

第四个理由：他教给我们的并不仅仅是简单的管理招数，还有如何爱的谋略。万玮老师之所以能远谋深算，能将事故防患于未然，能对班上的疑难杂症妙手回春，是因为作者无时无刻不在思考，既对过去的经验作了总结和回顾，又考虑以后该怎样处理问题，进一步思索了里面蕴含的辩证关系，最后把实践中的经验上升为深刻的教育理论。

其中我也得到一点启示：要善于做"事前事后诸葛亮"，当方法正确的时候，我们还要学会在不同学生身上去重复检验，这样才知道是碰巧成功还是必然成功。不要动辄就把孩子叫来做思想工作，在做学生思想工作之前，一定要事先准备，做工作要做到点子上，更要有超越的精神，让师爱衍化为令学生感到温馨的谋略。

三、读《班主任兵法》要理智接受（王莉）

初读《班主任兵法》，很佩服作者的教育能力。再读《班主任兵法》，我也想说点什么。作者的"黔驴发威"、"以毒攻毒"、"敲山震虎"、"围而不打"等等，充满了智慧和谋略，也显示了作者的学识与才华。面对差生，作为班主任读之确实过瘾，年轻的血气方刚的男教师们可能更会觉得过瘾。但是，作为家长，假如"发威"的、所"攻"的、所"敲"的、所"围而不打"一点点折磨的对象是自己的孩子呢？你会不会心疼？所以，我想给年轻班主任们提一个醒：读《班主任兵法》要理智接受，千万不可一味照搬。

成功班主任的五个平衡

万　玮

一、人生态度：理想与现实的平衡

许多优秀班主任都是现实主义者。他们可以把一个班级管理得很好，会拿到很多荣誉，学生会很乖，成绩也很棒，表面上看起来几乎没什么缺点。但是，所有这一切评判的标准都是在学校和教师这一边的，对于学生的发展和未来却很少考虑。一个有理想的教师，一个真正用发展的眼光看待学生的班主任，他会着眼于未来，用发展的眼光对待学生，即使是一些暂时比较调皮的后进生，也会因为品格的正直和仗义被教师所欣赏和保护。因为这些教师知道，调皮的学生总有一天会懂事，而到那时候他们的自信还没有被摧毁，他们很可能会在其感兴趣的事业上达到那些听话的学生所不能企及的高度。

因此，一个成功的班主任，绝对不会安心于做一个教书匠，他应该有理想，有追求，有自己的教育理念和目标。当然，我并非希望大家做一个纯粹的理想主义者，因为我们都生活在现实中，都要食人间烟火。比如说在目前的教育体制里，没有一所学校可以公然宣称完全不在乎学生的分数。因此，我们想做一个称职的班主任，第一个要处理好的问题就是理想和现实的平衡。

二、个人品质：仁、勇、智的平衡

《论语·宪问》中孔子说："仁者不忧，知者不惑，勇者不惧。"孔子认为，能够做到这三点的人可以称得上是君子了。

《圣经》里对仁、勇、智有另一种角度的阐释：对于不能改变的事情不去改变它，叫做仁；对于能够改变的事情努力去改变它，叫做勇；能够正确地区分这两者，叫做智。

成功班主任首先必须是一个有道德的人，仁者，爱人也。他应该有这样的心胸和高度爱一切学生，即使学生再调皮，即使学生再糟糕，他都能够包容。一个心中没有大爱的人，是达不到那种待人的境界的。

我小的时候几户人家同住一个大院子，邻居一位老太太十分慈祥宽厚，赢得了所有人的尊重，她以"仁"取胜；我的一个高中同学，没有考上大学，毅然不顾家人的反对，放弃家人为他觅得的安定工作，借钱下海经商，结果赶上了机遇，事业有成，这是以"勇"取胜；而现在转型期的学生工作错综复杂，对教师的工作方式提出严峻挑战，我写的《班主任兵法》可谓是以"智"取胜。

　　冯梦龙的《智囊》里曾记载了这样一个故事：晋朝的大将桓温征讨蜀地时，遇到一个170多岁的老人，这个人和诸葛亮曾生活在同一个时代。桓温问他："世人都说诸葛亮了不起，你觉得诸葛亮有什么过人之处？"老人回答："似乎也没有什么过人之处。"桓温一向比较自负，听到这话脸上就显出傲慢的神情。不料老人接着说："但是自从诸葛孔明之后，我就再也没有看到过行事像他那样妥当无误的人。"桓温这才觉得很惭愧，因为这世界上的事，难就难在"妥当"二字，能够把所有事情都做得很妥当，一定是要有了不起的智慧的。因此，所谓"智"，并不是说要如何如何聪明，而是做事要妥当、合理，恰如其分。

　　因此，一名成功的班主任就要做到仁、勇、智三者兼备。

三、工作风格：方与圆的平衡

　　"外圆内方"是古人教诲我们为人处世的道理。有这样的教师，对学生动辄教训、呵斥，学生虽然表面顺从，但是内心却都很怨恨。这位教师过于方正，不懂得照顾学生的脸面，不考虑学生的心理感受，这就是不懂"外圆"的道理。也有教师过于软弱，对学生的错误言行只当作没有看见，即使是一些事关原则的问题都是听之之任。媒体曾报道过的学生在其课堂上打架导致猝死的"杨不管"老师，就是缺乏"内方"的典型例子。虽然学生的猝死是偶然事件，但是教师的处事原则首先就错了。

　　人不可无刚，无刚则不能自立，不能自立则不能自强，不能自强也就不能成功；人也不可无柔，无柔则不亲和，不亲和就会陷入孤立，四面楚歌，自我封闭，而拒人于千里之外。然而，刚柔也是有分寸的，刚太过了，产生暴虐，便会折断；柔太过了，显得卑弱，便会靡软。

　　一名成功班主任必须做好方与圆之间的平衡。他首先得认真并细致地分析自己的性格，属于刚硬还是软弱？如果本性比较软弱，那就必须在外表让自己变得强硬一些，否则内柔外也柔，那就是颓废无能了；如果本性比较刚硬，那就必须让自己的外表更有亲和力，否则内刚外也刚，那就不止学生遭殃，自己也要吃苦头了。

四、教育理念：教与学的平衡

我曾经写过一篇题为《教学三境界》的文章，对此作过阐述：

教师教学有三个境界。第一个境界是教知识。题海战，反复训练，不管什么题目，先让学生做几遍，混个脸熟。第二个境界是教方法。教方法的老师就比较高明了，不是就题讲题，而是通过题目讲方法，所谓"授人以鱼不如授人以渔"。可是这还不是最高的境界，我总结出来的第三个境界是教心态，或者教状态，心态或状态反映出来的就是学生的精神面貌。

当然，我们强调学生的学习经验或者学习状态并不是否定教师的教。恰恰相反，教师必须以更出色的教来实现学生高效的学。高明的教师应该能够营造、创设恰当的班级环境，这种环境能够提供实现教育目标的教学情境，并激起学生自主学习。基于此，教师的教也就没有固定的模式。他可以是口若悬河，滔滔不绝地讲一节课，也可以惜言如金，欲言又止，引而不发，鼓励学生去探究，在学习中去发现。所有这些类型的教学都有可能是好的教学，也有可能是坏的教学。

五、处世哲学：入世与出世的平衡

我们主张教师首先要有入世的工作和生活态度。因为认真积极地对待每一天，是有为教师的最基本工作态度。事实上，有不少教师，在工作了十多年之后，产生了倦怠感。他们带了两三个循环的学生，教材已经烂熟于胸了，有时简单备备课也能上一节不错的课。职称也评到了中级以上，再往上评有难度，因此缺乏继续追求的动力。

朱光潜先生说："以出世的态度做人，以入世的态度做事。"对待过程，我们应该向孔子学习，提倡抓住一切机会建功立业，过一种积极的人生。只要有1%的希望，就要付出100%的努力，不抛弃、不放弃，甚至像孔子本人一样，"知其不可而为之"；而对于结果，则应该有一种超然的态度，学习佛家的"诸行无常诸法无我"，对人对事都不应该太过执着。谋事在人，成事在天，无论结果如何，只要我努力了，就不遗憾、不后悔，"不以物喜，不以己悲"。

　　禅宗有一则著名的公案：一个禅院里的老禅师有一天晚上到院子里散步，发现墙角那边有一张椅子，他一看就知道有出家人越墙出去溜达了。这位老禅师便走过去，把椅子移开，自己就地蹲着。过一会儿，果然有一位小和尚翻墙，踩着老和尚的背跳进院子。小和尚看到自己刚刚踏的不是椅子，而是自己的师父，惊慌失措，张口结舌。可是，老禅师并没有厉声责备，只是以平静的语调说："夜深天凉，快去多穿一件衣裳。"小和尚羞愧地跑回自己房中，从此一心修道，再也不偷跑出去了。

　　在老禅师的身上，我们看到了理想主义和现实主义，看到了智、仁、勇，看到了坚定与宽容结合而成的刚与柔，看到了入世的优雅与出世的从容。一名成功的班主任，当以此为目标！